Meine Damen und Herren, herzlich willkommen zu …

Erfolgreich präsentieren

Ein Praxistraining für Schule und Ausbildung

Autoren:

Senta Amann
Dietmar Kegel
Bernhard Rausch
Alexander Siegmund

unter Mitarbeit
der Verlagsredaktion

Redaktion: Sabine Schneider
Bildredaktion: Peter Hartmann
Umschlaggestaltung, Layout und technische Umsetzung:
    V+I+S+K Büro für Visuelle Kommunikation, Berlin
Illustration: Klaus Puth, 63165 Mühlheim
Titelfoto: CORBIS/Image Source

www.cornelsen.de

1. Auflage, 1. Druck 2007

Alle Drucke dieser Auflage sind inhaltlich unverändert und können im
Unterricht nebeneinander verwendet werden.

© 2007 Cornelsen Verlag, Berlin

Das Werk ist urheberrechtlich geschützt.
Jede Nutzung in anderen als den gesetzlich zugelassenen Fällen bedarf
der vorherigen schriftlichen Einwilligung des Verlages.
Hinweis zu §52a UrhG: Weder das Werk noch seine Teile dürfen ohne
eine solche Einwilligung eingescannt und in ein Netzwerk eingestellt
werden.
Dies gilt auch für Intranets von Schulen und sonstigen Bildungs-
einrichtungen.

Druck: CS-Druck CornelsenStürtz, Berlin

ISBN 978-3-06-455790-1

 Inhalt gedruckt auf säurefreiem Papier aus nachhaltiger Forstwirtschaft.

Vorwort

Licht aus! Vorhang auf! Spot on! It's showtime – oder so ähnlich?

Nein, so sicher nicht!
Aber seine Ideen, sein Wissen, seine Arbeitsergebnisse und sich selbst optimal darstellen zu können, ist eine Grundvoraussetzung für Erfolg in Schule, Studium und Beruf – sowie in vielen Alltagssituationen bei Vereinen, Jugendgruppen, Parteien oder sogar in der Familie.

Monoton abgelesene Vorträge und langweilige Referate – mögen sie noch so interessante Themen aufgreifen – passen nicht mehr in unsere Zeit. Wer in der Lage ist, seine Inhalte und Botschaften auch attraktiv verpackt zu präsentieren, stärkt damit nicht nur sein Selbstvertrauen, sondern verbessert auch seine Chancen, andere erfolgreich zu informieren und letztlich zu überzeugen.

Die Präsentation in der Schule, z. B. im Seminarkurs oder Projektfach, das Referat an Fachhochschule oder Universität, das Vorstellungsgespräch beim möglichen Arbeitgeber oder die Präsentation einer Projektidee in der Firma erfordern heute Kenntnisse und Fähigkeiten, die Ihnen meist nicht in die Wiege gelegt worden sind, die Sie jedoch – und das mit viel Spaß – auch lernen können.

Das vorliegende Trainingsbuch begleitet Sie deshalb praxisnah und in leicht verständlicher Form auf dem Weg zur erfolgreichen Präsentation. Zahlreiche Aufgaben ermuntern Sie dabei zu selbstständigem Üben – allein oder in der Gruppe.

Die Autoren haben dazu eine Fülle notwendiger Sachinformationen, motivierender Anregungen und Beispiele zusammengetragen sowie eigene Erfahrungen mit Schülern, Studenten und Lehrern verarbeitet. Die CD im Anhang dieses Buches bietet zudem audiovisuelle Ergänzungen, Zusatzmaterialien und Erläuterungen zu einzelnen Buchkapiteln sowie Lösungsvorschläge und Strukturhilfen zu verschiedenen Übungsaufgaben.

Als Hinweis finden Sie dann jeweils das CD-Symbol: → ◎

Wir wünschen Ihnen, dass Sie bald feststellen:

Präsentieren macht Spaß!

Das Autoren-Team
im Januar 2007

Übrigens: Wenn vom Präsentator, dem Redner, dem Zuhörer usw. die Rede ist, dann dient die Beschränkung auf die männliche Form lediglich zur Verkürzung des Textes und schließt natürlich die jeweilige weibliche Variante mit ein.

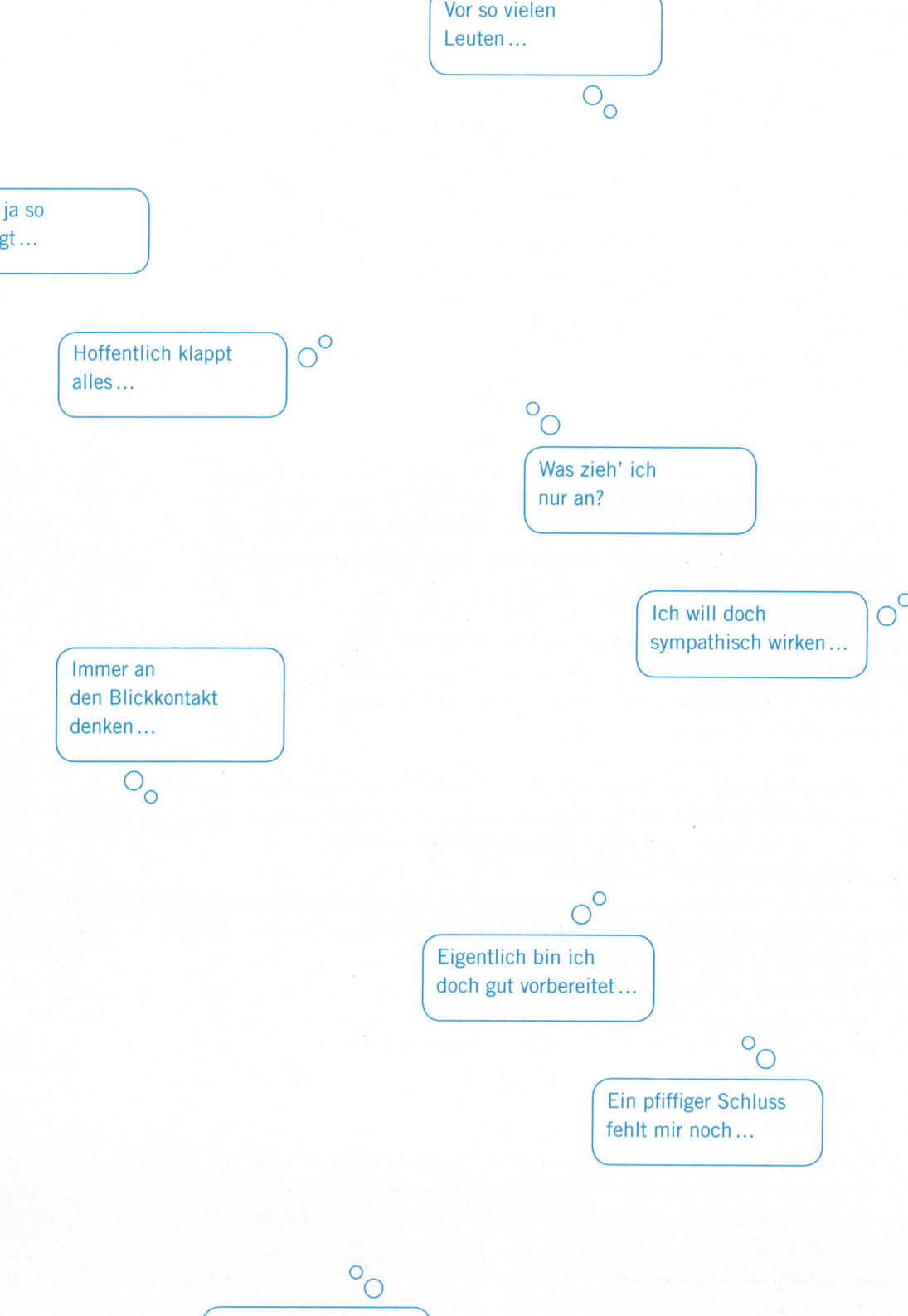

Inhalt

Die gelungene Präsentation
1 Was ist eine Präsentation? — 7
2 Welche Kommunikationssituation stellt eine Präsentation dar? — 8
3 Wie man eine Präsentation vorbereitet — 9

Ziele wirken wie Magnete
1 Ziele setzen — 10
2 Vom Thema zum Ziel — 11
3 Wollen Sie informieren oder überzeugen? — 11
4 Ziele schriftlich, präzise und als Ergebnis formulieren — 13
5 Ziele positiv formulieren — 14
6 Wie wollen Sie wirken? — 14
7 Sind Ihre Ziele realistisch? — 19
Übungen — 20

Lernen Sie Ihre Zuhörer kennen
1 Wer hört Ihnen zu – und warum? — 22
2 Nur der eigene Nutzen überzeugt — 23
3 Maßgeschneidert für Ihre Zuhörer — 24
Übungen — 27

Planen, Sammeln, Auswerten
1 Das Problem „Aufschieberitis" — 29
2 Planen mit der ALPEN-Methode — 30
3 Das Thema erschließen — 34
4 Informationen sammeln — 35
5 Texte auswerten — 36
6 Informationen ordnen — 36
Übungen — 38

Inhalte strukturieren: Der rote Faden
1 Grobstruktur: Einleitung, Hauptteil, Schluss — 39
2 Herz und Verstand ansprechen — 41
3 Die Einleitung: Sympathien gewinnen — 41
4 Der Hauptteil: Inhalte überzeugend anordnen — 45
5 Der Schluss: In guter Erinnerung bleiben — 52
Übungen — 53

Das Präsentationsmanuskript
1 Vom abgelesenen Vortragstext zur freien Rede — 58
2 Die „greifbare" Sicherheit: Stichwortkärtchen — 59
Übungen — 60

Visualisieren – Kommuniukation mit Bildern
1 Der Mensch ist ein „Augentier" — 61
2 Die beiden Gehirnhälften — 64
3 Visuelle Lösungen im Überblick — 65
4 Listen und Tabellen — 69
Übungen — 72

5 Diagramme und Strukturbilder	73
Übungen	86
6 Das Mindmap	89
7 Bilder und Symbole	90
8 Wie Texte bildhaft werden	94
9 Visualisierung zum „Anfassen"	95
Übungen	96

Medien – von der Tafel zum Beamer

1 Die Qual der Medienwahl	97
2 Einteilung von Medien – auf die Sinne kommt es an	98
3 Grundregeln des Medieneinsatzes	100
4 Medieneinsatz – gewusst wie!	103
Übungen	117

Rhetorik und Körpersprache

1 Sprechen – schauen – sich bewegen	118
2 Wie Sie mit Rhetorik und Körpersprache Wirkung erzielen	119
3 Wie Sie Ihre rhetorischen und körpersprachlichen Fähigkeiten überprüfen	120
4 Übungen zur Verbesserung Ihrer Ausdrucksfähigkeit	122
Übungen	123
5 Körpersprache – die Macht der Sprache ohne Worte	126
6 Bildbeispiele zur Körpersprache	127
Übungen	130

Kleidung ist ein Stück Erfolg!

1 Der erste Eindruck hat Gewicht!	131
2 Was zieh' ich nur an?	132
3 Wie Sie das passende Outfit finden	133
Übungen	134

Lampenfieber – wer kennt es nicht?

1 Lampenfieber hat viele Gesichter	135
2 Welche Ursachen hat Lampenfieber?	136
3 Sieben Strategien, um Lampenfieber abzubauen	137
4 Positive Auswirkungen des Lampenfiebers	143
5 Sicher und überzeugend auftreten	144
Übungen	145

Bewertung der Präsentation

1 Grundsätze zur Bewertung einer Präsentation	150
2 Bewertungskriterien – Leitfaden für ein faires Feedback	151
3 Kritik ertragen, Lob annehmen – Feedback-Regeln	154
Übungen	156

Weiterführende Literatur — 159

Bildquellenverzeichnis — 160

Die gelungene Präsentation

Auf einen Blick: In diesem Kapitel lernen Sie
⟶ was eine Präsentation ist,
⟶ welche Kommunikationssituation sie darstellt,
⟶ wie man eine Präsentation vorbereitet.

Präsentieren heißt verkaufen. (Slogan einer Werbeagentur)

1 Was ist eine Präsentation?

Eine Präsentation ist der mündliche Vortrag einer oder mehrerer Personen, bei dem einem Publikum bestimmte Inhalte in strukturierter Form unter Verwendung visueller Hilfsmittel dargeboten werden.

Letztlich bedeutet Präsentieren nichts anderes als das Verkaufen von Informationen, Meinungen, Ideen oder Konzepten zu einem bestimmten Sachverhalt. Hierzu müssen ausgewählte Inhalte strukturiert, zusammengefasst und visualisiert werden, um die Ziele der Präsentation optimal umsetzen zu können.

⟶ Seite **39**
Inhalte strukturieren

Man stellt bei einer Präsentation Informationen, Erkenntnisse oder Projektergebnisse vor, die einen Bezug zum Zuhörerkreis haben. Den Vortragenden und sein Publikum verbinden zum Beispiel das Interesse an einem bestimmten Thema oder Projekt, vielleicht auch die Zusammenarbeit in einem Team. Die ausgewählten Inhalte müssen visualisiert werden, so dass sich mündliche Ausführungen und bildhafte Darstellung gegenseitig unterstützen bzw. ergänzen. In der Regel gehört zu einer Präsentation auch eine Frage- oder Diskussionsrunde, die mit den einzelnen Vortragsphasen fließend (moderativ) verknüpft werden sollte.

⟶ Seite **61** *Visualisieren*

2 Welche Kommunikationssituation stellt eine Präsentation dar?

Grundlage einer Präsentation ist die klare Festlegung ihrer jeweiligen Ziele. Sollen die Zuhörer über einen Sachverhalt lediglich informiert oder sogar für eine Verhaltensänderung motiviert werden? Erst nach Klärung genauer Zielvorgaben beginnt die Arbeit an den inhaltlichen Gesichtspunkten der Präsentation, wobei aber nur jene Aspekte einfließen dürfen, die zum Erreichen der angestrebten Ziele unbedingt notwendig sind. Bei der Gestaltung dieser *Sachebene* spielt die Erwartungshaltung des Publikums eine wichtige Rolle.

⟶ Seite **12**
Ziele der Präsentation

Eine Präsentation ist immer auch eine sensible Kommunikationssituation. Daher ist es wichtig, dass der Vortragende auf die Wünsche und Bedürfnisse seiner Zuhörer eingeht und damit deren Aufmerksamkeit erhöht. Dieses planbare Verhältnis zwischen Präsentator und Publikum bezeichnet man als *Beziehungsebene*.

Zudem macht jeder Vortragende, ob bewusst oder unbewusst, Aussagen über sich selbst, er offenbart dem Hörerkreis damit eine *Selbstaussage*. Dabei kann der Präsentator informiert, fachkompetent, überzeugend oder auch unvorbereitet und sogar langweilig wirken. Schließlich wird in der *Zuhöreraussage* die Wertschätzung des Redners seinem Publikum gegenüber deutlich, nämlich *womit* und vor allem *wie* er seine Zuhörer anspricht.

⟶ Seite **26**
Was dem Zuhörer gefällt

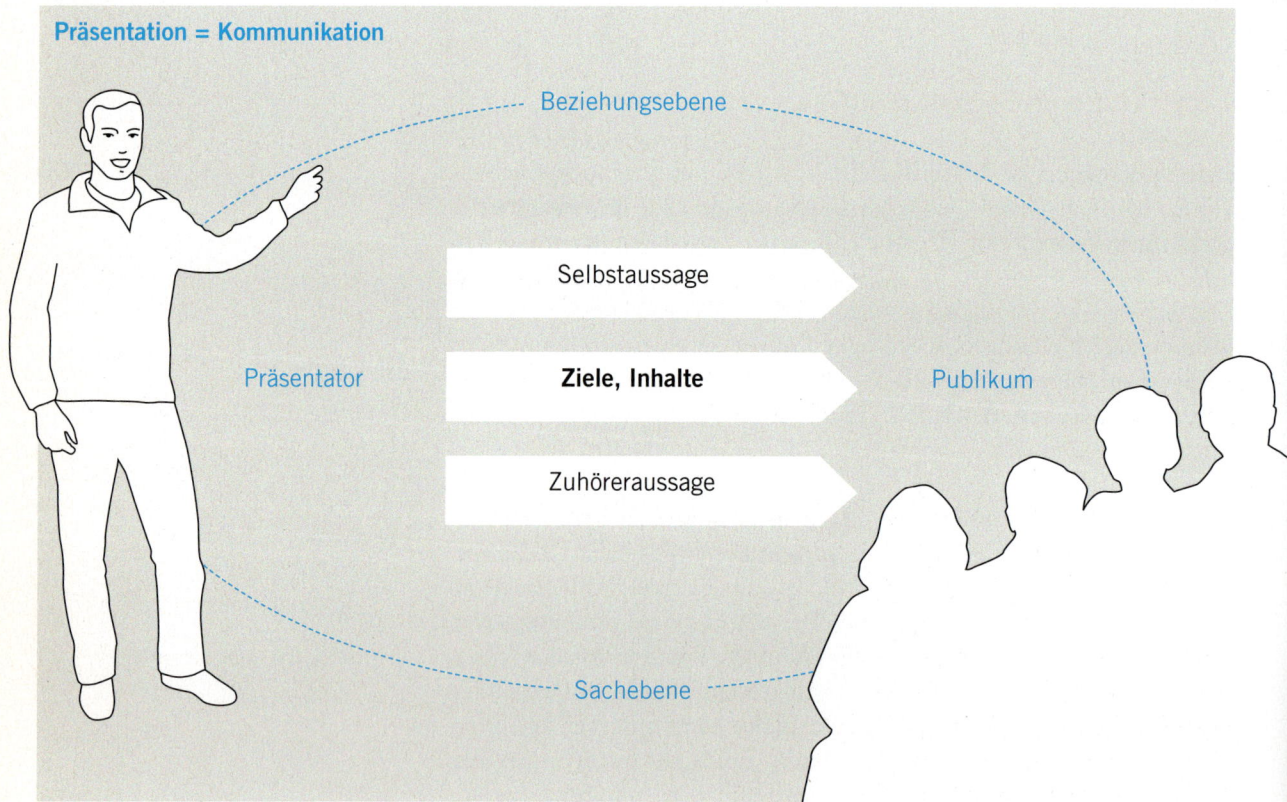

Präsentation = Kommunikation

3 Wie man eine Präsentation vorbereitet

Die Vorbereitung einer Präsentation läuft von der Idee bis zum fertigen Konzept in folgenden Stufen ab:

1. Ziele festlegen

Möchte ich informieren oder überzeugen?

2. Das Publikum einschätzen

Wer hört mir zu – und warum?

3. Planen, sammeln, auswählen

Welche Arbeitsschritte und Arbeitstechniken sind notwendig?

4. Inhalte strukturieren: Der rote Faden

Welche Gesichtspunkte enthalten die Bausteine Einleitung, Hauptteil und Schluss?

5. Visualisieren

Wie setze ich Informationen bildhaft um?

6. Medien nutzen

Von der Tafel zum Beamer – gewusst wie!

7. Rhetorik und Körpersprache trainieren

Welche rhetorischen und körpersprachlichen Mittel unterstützen die Wirkung meiner Präsentation?

8. Sicherheit gewinnen

Wie gehe ich mit Lampenfieber und Nervosität um?

Trotz der großen Bedeutung, die den Medien bei einer Präsentation zukommt, bleibt der *Präsentator* in einer zentralen Rolle. Als Mittelpunkt des von ihm zu steuernden Kommunikationsprozesses ist er für die Beziehungsebene zum Publikum verantwortlich. Noch so schön verpackte Inhalte sprechen nämlich die Zuhörer kaum an, wenn es zwischen den Kommunikationspartnern „nicht stimmt".

→ Seite **97** *Medienwahl*

Ziele wirken wie Magnete

Auf einen Blick: In diesem Kapitel lernen Sie
⟶ warum Präsentationsziele wichtig sind,
⟶ wie sich Informations- und Überzeugungspräsentationen unterscheiden,
⟶ wie Sie Ziele für Ihre Präsentation formulieren,
⟶ welche Bedeutung die persönliche Ausstrahlung hat.

Wer im Leben kein Ziel hat, verläuft sich!
(Abraham Lincoln)

1 Ziele setzen

Der schnellste Läufer kann sein Ziel nicht erreichen, wenn er nicht weiß, wo er ankommen will. Ähnlich geht es dem Vortragenden, der nicht weiß, was er mit seiner Präsentation erreichen will. Ohne klare Zielsetzung, wird Ihr Vortrag nur eine Anhäufung von Informationen. Es fehlt die Struktur, d.h. der zielgerichtete logische Aufbau. Der Zuhörer kann somit keinen roten Faden erkennen. Deshalb wird es ihm schwerfallen, die einzelnen Informationen aufzunehmen und zu behalten. Es besteht die Gefahr, dass das Publikum Ihnen nach wenigen Minuten nicht mehr zuhört.

> **Ohne Ziel keine überzeugende Argumentation!**

Überlegen Sie sich deshalb Ihr Präsentationsziel und formulieren Sie es möglichst präzise. Nur wenn Sie Ihr Ziel immer im Auge behalten, gelingt es Ihnen, überzeugende Argumente zu finden und diese schlüssig aneinanderzureihen.

Formel für die Mindestanforderungen an eine gelungene Präsentation

| klare Zielvorstellung | + | überzeugende Argumente | + | lebensnahe Beispiele | = | **gelungene Präsentation** |

2 Vom Thema zum Ziel

Das Thema einer Präsentation wird in der Regel von Lehrern oder Vorgesetzten vorgegeben. Doch damit ist noch nicht eindeutig festgelegt, welche Aspekte des Themas behandelt werden sollen. Der Präsentierende muss entscheiden, welche Aspekte für den Zuhörer interessant und wichtig sind. Überlegen Sie genau:
– Welche Ziele wollen Sie erreichen?
– Was sollen die Zuhörer nach der Präsentation wissen?
– Was soll der Zuhörer nach der Präsentation tun?
– Sie sollen z. B. über das Thema Arbeitslosigkeit referieren. Mit diesem sehr allgemein gehaltenen Thema steht noch nicht fest, welche konkreten Ziele Sie bei den Zuhörern anstreben. Wollen Sie den Zuhörern die Ursachen der Arbeitslosigkeit nahe bringen, die Folgen der Arbeitslosigkeit erläutern oder den Zuhörern klar machen, wie sie von der Arbeitslosigkeit verschont bleiben?

3 Wollen Sie informieren oder überzeugen?

Grundsätzlich gibt es zwei unterschiedliche Arten von Präsentationen, je nachdem, ob Sie Ihre Zuhörer informieren oder überzeugen wollen:

Informationspräsentation Sie soll das Publikum über ein Thema informieren. Typische Beispiele dieser Präsentationsart sind der Fachvortrag und das Referat. Die Informationspräsentation stellt an den Vortragenden hohe fachliche Anforderungen. Er muss in der Lage sein, anspruchsvolle Fachinhalte zu vereinfachen und für die Zuhörer verständlich darzustellen. Erfolgreich wird eine Informationspräsentation, wenn die abstrakten Fachinhalte durch unterhaltsame Beispiele aus dem Lebensbereich der Zuhörer veranschaulicht werden.

Auch bei schwierigen Themen ist es Ihre Aufgabe als Vortragender, beim Publikum Einsichten und Aha-Erlebnisse herbeizuführen. Um dies zu erreichen, müssen Sie oft stark vereinfachen. Als Fachfrau oder Fachmann kann Ihnen das durchaus schwer fallen. Der Meister zeigt sich aber genau darin, schwierige Inhalte *auf das Wesentliche zu reduzieren* und mit einfachen Worten auszudrücken.

Überzeugungspräsentation Sie sollen z. B. Mitarbeiter, Vorgesetzte, Kunden, Vereinsmitglieder für eine Idee, ein Projekt, ein Produkt begeistern. Dieses Ziel setzt beim Vortragenden neben Begeisterungsfähigkeit natürlich auch die notwendige Fachkompetenz voraus. Denn ohne fachlich fundierte Aussagen lässt sich eine anspruchsvolle Zielgruppe nicht überzeugen.

Die eindeutige Trennung zwischen Informations- und Überzeugungspräsentation ist in der Praxis nur selten möglich. In der Regel werden Sie zuerst informieren, um anschließend zu überzeugen.

Ziele wirken wie Magnete

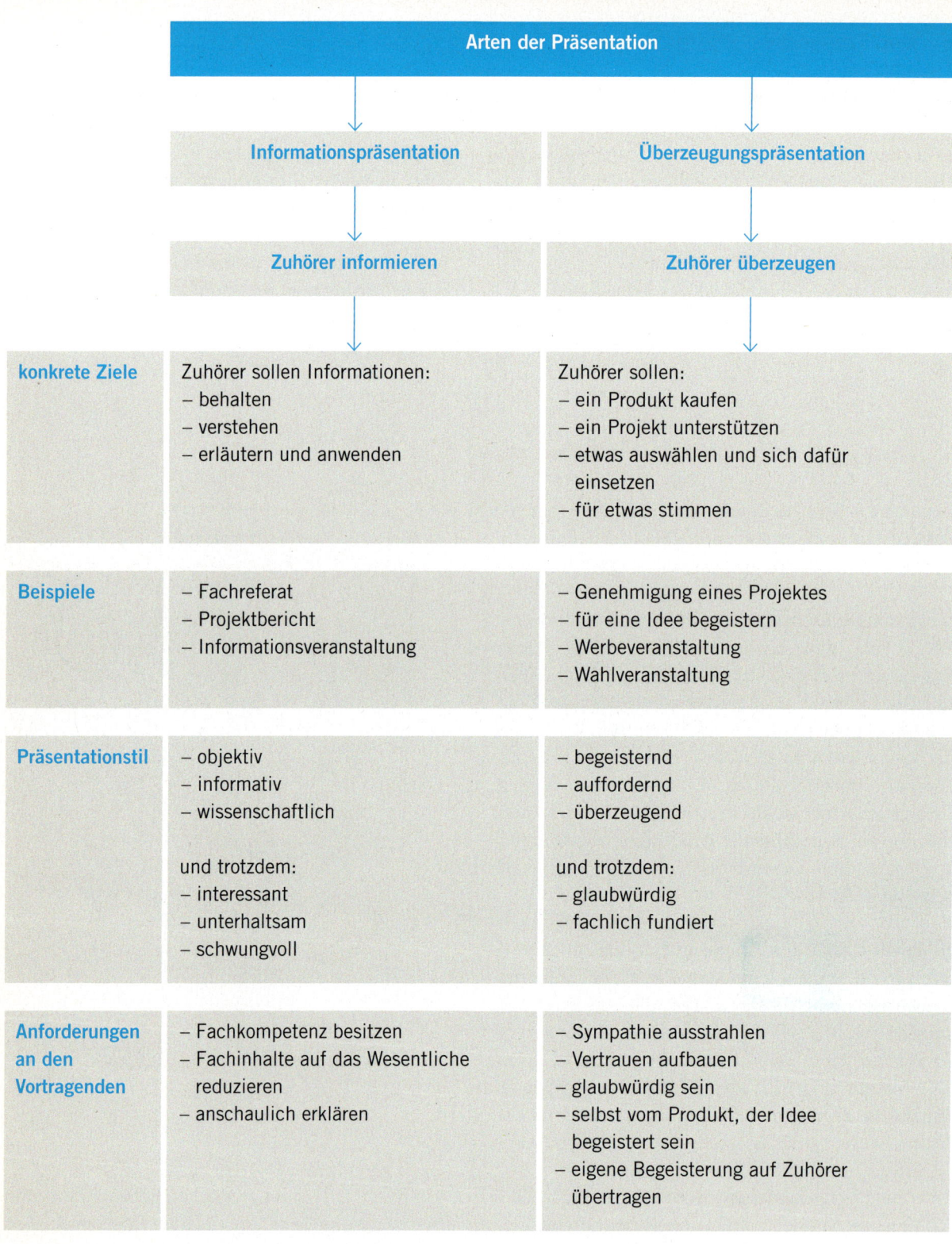

4 Ziele schriftlich, präzise und als Ergebnis formulieren

Legen Sie Ihre Präsentationsziele schriftlich fest. Schreiben Sie Ihre Ziele am besten auf ein Stück Papier und hängen Sie es gut sichtbar an Ihrem Arbeitsplatz auf, so dass Sie an Ihre Ziele immer wieder erinnert werden. Beschreiben Sie möglichst konkret und präzise, was Sie erreichen wollen. Empfehlenswert ist es, ein Ziel als angestrebtes Ergebnis – als Endzustand – und nicht als Tätigkeit zu formulieren.

Es reicht nicht aus, wenn Sie als Ziel angeben: „Ich möchte meine Zuhörer informieren." Diese Formulierung ist zum einen ungenau und zum anderen als Tätigkeit des Vortragenden nicht als angestrebtes Ergebnis bei den Zuhörern formuliert. Beides ist zu vermeiden. Die folgenden Beispiele sollen Ihnen das verdeutlichen:

Beispiel 1	Beispiel 2	Beispiel 3
Ich möchte meine Zuhörer über das Thema Arbeitslosigkeit informieren.	Ich möchte meine Zuhörer über die fünf wichtigsten Ursachen der Arbeitslosigkeit informieren.	Meine Zuhörer sind nach der Präsentation in der Lage, die fünf wichtigsten Ursachen der Arbeitslosigkeit aufzuzählen und zu erklären.
Dieses Ziel ist ungenau und außerdem als Tätigkeit des Vortragenden formuliert.	Dieses Ziel ist zwar genau, aber leider noch als Tätigkeit des Vortragenden formuliert.	Das Ziel ist genau und außerdem als angestrebtes Ergebnis beim Publikum formuliert. So ist es richtig!

Beantworten Sie einfach folgende Frage:

Was sollen meine Zuhörer nach der Präsentation wissen oder tun?

Ziele

1. …
2. …

> Haben Sie Mut zur Lücke!

Je genauer Sie festlegen, was Ihre Zuhörer nach der Präsentation wissen oder tun sollen, desto besser können Sie aus den vielen Informationen die wichtigen auswählen. Nicht alle gesammelten Informationen helfen Ihnen, Ihre Präsentationsziele zu erreichen. Konzentrieren Sie sich auf das Wesentliche. Wählen Sie nur die Informationen aus, die zum Erreichen Ihrer Ziele notwendig sind.

> *Das Geheimnis zu langweilen besteht darin, alles zu sagen. (Voltaire)*

Ziele wirken wie Magnete

5 Ziele positiv formulieren

Achten Sie darauf, dass Sie Ihre Ziele positiv formulieren, also keine Verneinung verwenden. Menschen stellen sich zu Begriffen passende Bilder vor. Bei Zielformulierungen haben Sie also ein Bild im Kopf, das Sie erreichen wollen. Dadurch wird Ihr Ziel anschaulicher und es gelingt Ihnen eher, ihr Verhalten danach auszurichten. Diese Bilder können wie Magnete wirken. Bei Verneinungen jedoch funktioniert diese bildliche Vorstellung nicht. Menschen sind nicht in der Lage, sich zu Verneinungen entsprechende Bilder vorzustellen.

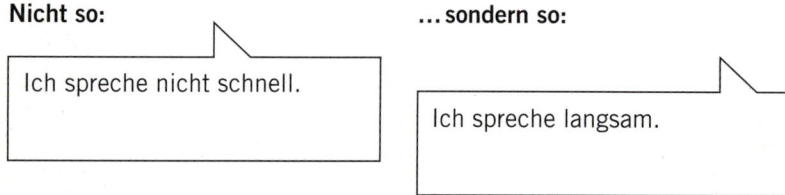

Probieren Sie es aus: „Ich denke nicht an eine Schlange!" Welches Bild erscheint in Ihren Gedanken? Sie sehen genau das, woran Sie nicht denken wollten, nämlich eine Schlange. Deshalb: Formulieren Sie Ihre Ziele positiv, ohne Verneinung.

6 Wie wollen Sie wirken?

Die Tür geht auf, jemand kommt herein, sagt ein paar Worte und wir sind fasziniert! Was ist das, was uns so beeindruckt? Es ist sicherlich nicht das Fachwissen, der logische Aufbau des Vortrages, die Fähigkeit mit Medien umzugehen. Vermutlich ist es der Gesichtsausdruck, die Art sich zu bewegen oder zu sprechen, das Aussehen und die Kleidung, was uns beeindruckt. Es ist schwer zu beschreiben, doch die Summe dieser Signale beeinflusst den Erfolg einer Präsentation in hohem Maße. Psychologische Untersuchungen bestätigen diese Alltagserfahrung.

Denken Sie an prominente Personen wie Angela Merkel, Günther Jauch oder Thomas Gottschalk. Wie wirken diese Personen auf Sie? Welche Eigenschaften verbinden Sie mit ihnen?

> Freundlich, kompetent, konservativ, sympathisch, witzig, intelligent, gepflegt, inkompetent, lahm, seriös, gut gekleidet, clever, arrogant, langweilig, schüchtern, humorvoll, souverän, ruhig, vertrauensvoll, innovativ, ruhig, dynamisch, hektisch, glaubwürdig, mitreißend…?

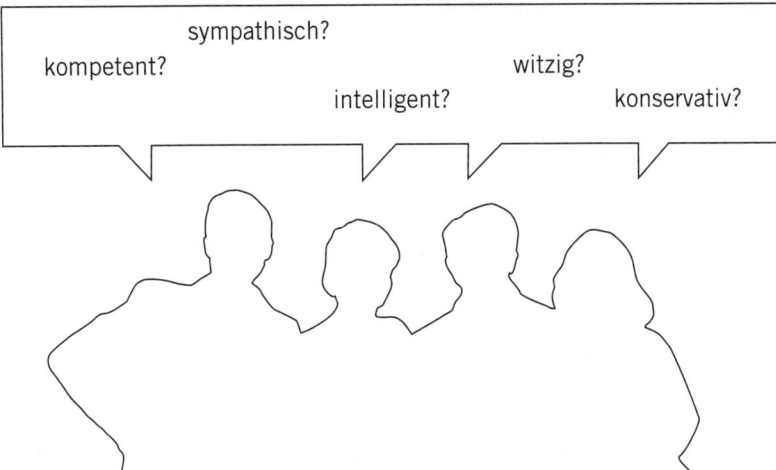

Die Eigenschaften, die Sie z. B. Angela Merkel zugeordnet haben, geben Aufschluss darüber, wie Angela Merkel auf Sie und vermutlich auch auf andere wirkt. Denken Sie daran: Auch Sie wirken bei Präsentationen auf Ihre Zuhörer – natürlich anders als Angela Merkel. So verschieden wie Menschen aussehen, so unterschiedlich ist auch Ihre persönliche Ausstrahlung.

Da Ihre Ausstrahlung den Erfolg der Präsentation wesentlich beeinflusst, ist es wichtig, Ihre Wirkung nicht dem Zufall zu überlassen. Überlegen Sie sich genau, wie Sie wirken wollen.

Sie können natürlich sagen, ich will keine Show veranstalten, sondern Sachinhalte vermitteln, also steht meine Persönlichkeit nicht zur Debatte. So einfach ist es aber nicht. Ihre Inhalte sind fest verbunden mit Ihrer persönlichen Art zu präsentieren. Parallel zu Ihrem Fachvortrag senden Sie unentwegt Signale, welcher Mensch Sie sind und was Sie über Ihre Zuhörer denken. Sie vermitteln einen ganz bestimmten Eindruck, ob Sie wollen oder nicht. Der Kommunikationswissenschaftler Watzlawick drückt es so aus: „Man kann nicht *nicht* kommunizieren."

In der Regel bildet sich das Publikum mit Hilfe von vier Schlüsselfragen blitzschnell einen ersten Eindruck vom Redner:

Der erste Eindruck von einer Person ist zwar nicht unbedingt der richtige, dennoch ist er von entscheidender Bedeutung. Nur ungern sind wir bereit, später unser Anfangsurteil noch einmal umzustoßen. Selbstverständlich möchte deshalb jeder Redner vom gesamten Publikum bei allen vier Aspekten positiv beurteilt werden. Dieses Ziel wäre jedoch, auch wenn Sie sich noch so mühen, unrealistisch. Erstens ist kein Präsentator perfekt und zweitens sind die Geschmäcker der Zuhörer verschieden.

1. Phase	erste Sekundenbruchteile	Blitzeinschätzung: Die Zuhörer ordnen den Redner in ein Raster ein: bekannt/unbekannt, männlich/weiblich, alt/jung, ansprechend/uninteressant
2. Phase	erste drei Sekunden	grobe Einschätzung auf Grund Ihres Gesichtsausdrucks, Ihrer Körperhaltung, Ihrer Kleidung, Ihrer Stimme, Ihres Duftes. Visuelle Eindrücke spielen die Hauptrolle.
3. Phase	erste drei Minuten	Nachdem Sie die ersten Sätze gesprochen haben, wird die spontane Einschätzung bestätigt oder korrigiert. Dabei ist weniger entscheidend, was Sie sagen, sondern vielmehr, wie Sie es sagen.

Folgende Eigenschaften sind je nach Thema und Redesituation für erfolgreiche Redner günstig:

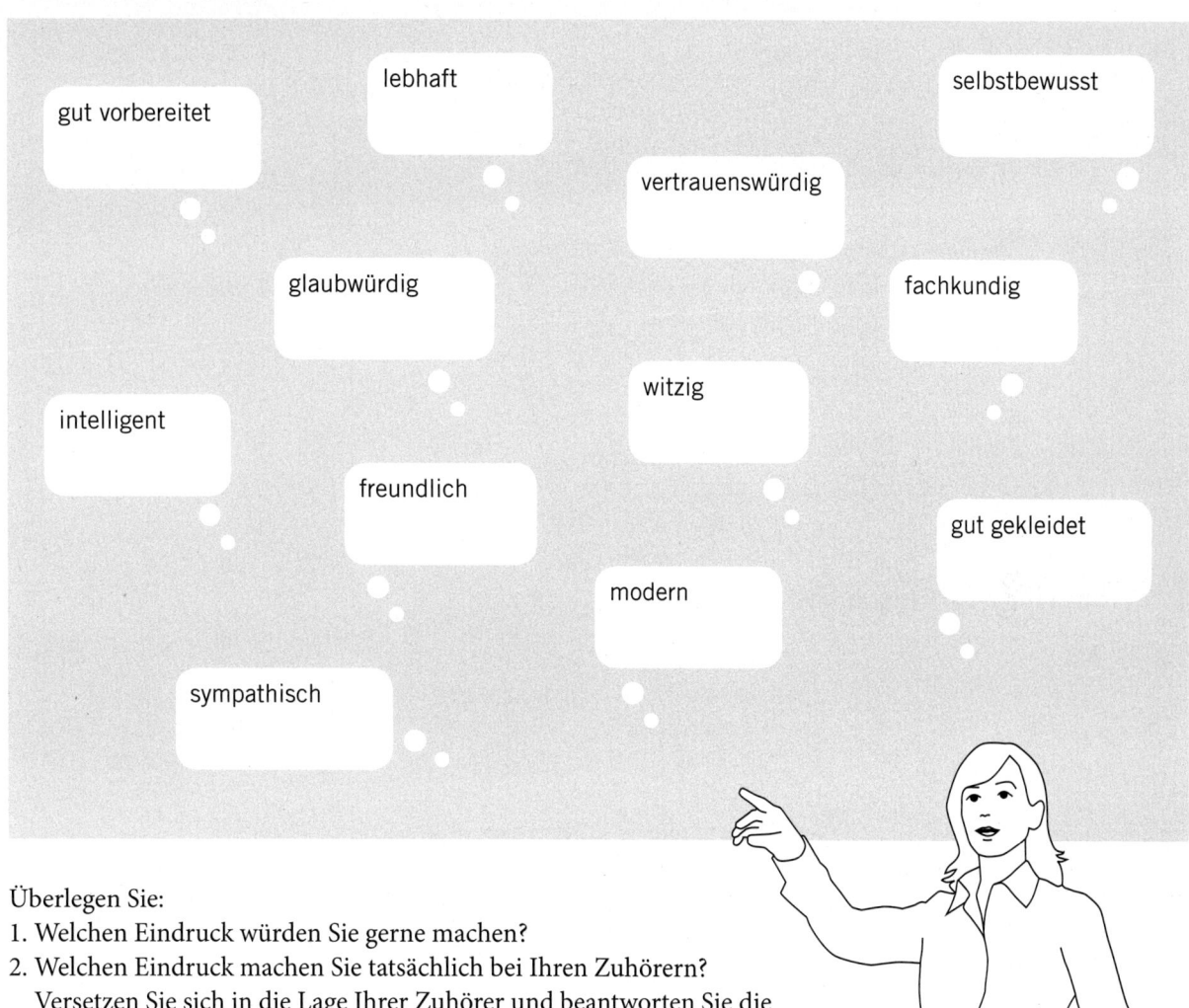

Überlegen Sie:
1. Welchen Eindruck würden Sie gerne machen?
2. Welchen Eindruck machen Sie tatsächlich bei Ihren Zuhörern? Versetzen Sie sich in die Lage Ihrer Zuhörer und beantworten Sie die Frage ehrlich sich selbst gegenüber.
3. Wählen Sie zunächst nur *zwei* Eigenschaften aus, die Sie sich für Ihre nächste Präsentation als Ziel setzen wollen. Sie wären überfordert, wenn Sie sich auf mehr als zwei Ziele konzentrierten. Achten Sie darauf, dass die angestrebten Eigenschaften in Ihnen bereits angelegt sind und nur noch „herausgeholt" werden müssen. Wenn Sie eher ein ernster Mensch sind, wäre es falsch witzig wirken zu wollen. Sie würden nicht echt wirken und könnten bei den Zuhörern kein Vertrauen aufbauen.

Als Nächstes ist abzuklären, welche konkreten Verhaltensweisen die angestrebte Ausstrahlung bewirken.

Angestrebte Ausstrahlung	Was können Sie dafür tun? Wie können Sie sie erreichen?
freundlich	– lächeln – Blickkontakt zu den Zuhörern – Zuhörer begrüßen – sich vorstellen
sympathisch	– angemessene Kleidung – freundliche Mimik – Blickkontakt zum Publikum – Wertschätzung gegenüber dem Publikum zeigen
gut vorbereitet	– klare Gliederung – aktuelle Inhalte – passende Beispiele – Medien funktionieren
fachkundig	– komplexe Inhalte verständlich erklären – wesentliche Inhalte auswählen – Fragen zulassen
lebhaft	– Thema schnell ansprechen, keine lange Einleitung – mehrere Medien einsetzen, Präsentator steht jedoch im Mittelpunkt – ansprechende Folien mit PowerPoint aufbauen – rhetorische Fragen stellen
glaubwürdig	– Gliederung bekannt geben – Körpersprache und Aussagen sind kongruent (sagen das Gleiche) – die eigene Meinung nicht als Tatsache darstellen
vertrauenswürdig	– aufrechte und offene Körperhaltung – langsam sprechen – angenehme Stimme

Sie sollten jedoch darauf achten, dass Sie diese Verhaltensweisen auf keinen Fall übertreiben. Denn dann besteht die Gefahr, dass Sie keinen guten, sondern eher einen schlechten Eindruck machen. Wer zu freundlich ist, wirkt schnell unsicher oder wie ein „Schleimer".

Nur nicht übertreiben!

Versuchen Sie das richtige Maß zu finden. Beobachten Sie Menschen, die eine positive Ausstrahlung haben und arbeiten Sie heraus, an welchen Verhaltensweisen und Äußerlichkeiten das liegt. Vielleicht können Sie sich die eine oder andere Verhaltensweise abschauen und antrainieren. Einen anderen Menschen können und sollen Sie aber nicht aus sich machen. Bleiben Sie, wer Sie sind – so wirken Sie echt.

Negative Ausstrahlung	**lahm** lasch schwerfällig	**stillos** geschmacklos ungepflegt	**unsympathisch** unhöflich ungehobelt	**inkompetent** dumm naiv
Positive Ausstrahlung	**aktiv** dynamisch lebhaft	**gut gekleidet** geschmackvoll gepflegt	**sympathisch** freundlich vertrauensvoll	**kompetent** intelligent clever
Übertreibung = negative Ausstrahlung	**hektisch** chaotisch unruhig	**protzig** overdressed aufgedonnert	**anbiedernd** unterwürfig Schleimer	**oberlehrerhaft** besserwisserisch akademisch

7 Sind Ihre Ziele realistisch?

Prüfen Sie, ob Sie Ihre festgelegten Ziele überhaupt erreichen können. Denn ebenso wichtig wie die Frage „*Was will ich erreichen?*" ist auch die Frage „*Was kann ich erreichen?*".

Nicht vergessen: Wie wollen Sie wirken?

Zu hochgesteckte Ziele führen zu Enttäuschungen, was wiederum Ihrem Selbstbewusstsein schadet. Zu niedrig angesetzte Ziele vergeuden Ihre Fähigkeiten und schmälern den Erfolg Ihrer Präsentation. Überprüfen Sie Ihre Ziele und lassen Sie sich dabei von guten Freunden, Kollegen oder Lehrern beraten. Korrigieren Sie gegebenenfalls Ihre Ziele.

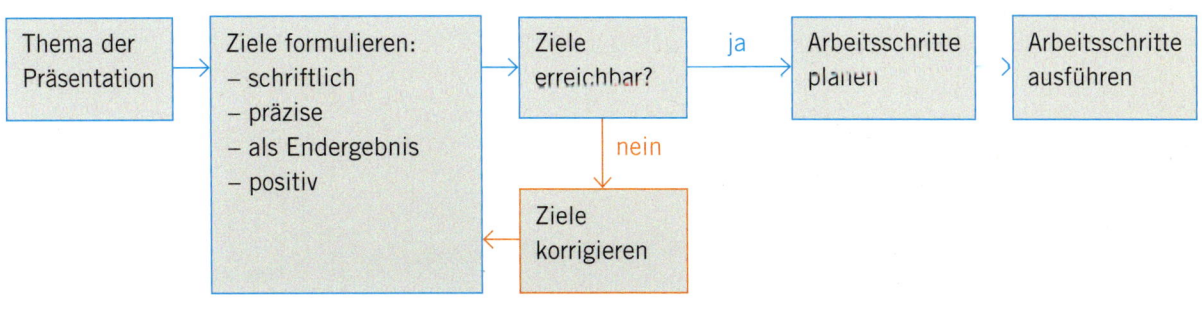

Ziele wirken wie Magnete

Übungen

1 *Nur wer sein Ziel kennt, findet den Weg.* (Laotse)

a Führen Sie folgenden Satz weiter: „Wer sein Ziel nicht kennt, …"
b Erläutern Sie die Aussage von Laotse durch Beispiele.
c Welchen Rat können Sie aus diesem Zitat ableiten?
d Visualisieren Sie Ihre Ergebnisse auf einer Metaplantafel oder auf einem Plakat.
e Präsentieren Sie Ihre Ergebnisse im Plenum.

2 Sketch: Eine Präsentation ohne Ziel

Bilden Sie Teams mit 2 bis 3 Teilnehmern.
– Studieren Sie einen Sketch ein, in dem in gröbster Weise gegen die Forderung der Zielorientierung verstoßen wird.
– Spielen Sie Ihren Sketch vor.

3 Redner – wer und was beeindruckt Sie?

Durch welche Verhaltensweisen, Merkmale und Eigenschaften zeichnet sich ein Ihnen bekannter Redner aus:

An wen denken Sie?

4 Guter oder schlechter Redner – woran liegt es?

Welcher Vortragende, den Sie in der letzten Zeit gehört haben, hat Ihnen gut gefallen bzw. nicht gefallen? Versuchen Sie genau zu beschreiben, woran es lag.

Guter Vortragender: ...	Schlechter Vortragender: ...
Mir hat *gefallen*, – ... – ...	Mir hat *nicht gefallen*, – ... – ...

5 Vom Ziel zur Tat

Denken Sie an Ihre nächste Präsentation oder wählen Sie eines der folgenden Themen aus:
Ganztagsschule, „Benimm-Regeln", Entspannungstechniken, Stress.

a Welche fachlichen Ziele streben Sie an?
  Formulieren Sie drei fachliche Ziele präzise und ergebnisorientiert.
b Welchen Eindruck wollen Sie machen?
  Nennen Sie drei persönliche Eigenschaften, mit denen Sie die Zuhörer beeindrucken wollen.
c Wie können Sie beim Publikum den gewünschten Eindruck erreichen?
  Legen Sie eine Tabelle nach folgendem Muster an:

Gewünschter Eindruck	Wie verhalte ich mich?
...	...
...	...
...	...

6 Reden lernt man durch Reden!

Überlegen Sie nach jeder Präsentation, ob Sie Ihre gesetzten Ziele erreicht haben oder nicht. Wenn Sie Ihre Ziele nicht erreicht haben, versuchen Sie die Gründe zu finden. Setzen Sie die Ziele dann bei Ihrer nächsten Präsentation um. Nehmen Sie jede Möglichkeit wahr, eine Rede zu halten. Nicht aufgeben!

Lernen Sie Ihre Zuhörer kennen

Auf einen Blick: In diesem Kapitel lernen Sie
⟶ was Sie über die Zuhörer wissen sollen,
⟶ warum der Nutzen für die Zuhörer wichtig ist,
⟶ wie Sie eine maßgeschneiderte Präsentation für Ihre Zuhörer planen,
⟶ was Ihren Zuhörern gefällt.

Wenn du ein Schiff bauen willst, so trommle nicht die Männer zusammen, um Holz zu beschaffen und Werkzeuge vorzubereiten oder die Arbeit einzuleiten und Aufgaben zu vergeben – sondern lehre die Männer die Sehnsucht nach dem endlos weiten Meer.
(Antoine de Saint-Exupéry)

1 Wer hört Ihnen zu – und warum?

Oft sind Vorträge schlecht, weil die Inhalte und die Art des Vortrages nicht zu den Zuhörern passen. Stellen Sie sich vor, ein Professor hält über die Gründe der Arbeitslosigkeit einen hochwissenschaftlichen Vortrag vor einer Gruppe von arbeitslosen Bauarbeitern. Der Misserfolg wäre vorprogrammiert, obwohl derselbe Vortrag, vor interessierten Studenten gehalten, sehr erfolgreich sein könnte. Es ist also ratsam, sich genau zu erkundigen, wer Ihre Zuhörer sind. Nur wenn Sie den Wissensstand und die Interessen Ihres Publikums bei der Vorbereitung berücksichtigen, kann ihre Präsentation erfolgreich werden.

Sie benötigen Informationen über Ihr Publikum, um
– den passenden Einstieg zu finden,
– interessante Inhalte auszuwählen,
– das angemessene Schwierigkeitsniveau zu treffen,
– lebensnahe Beispiele zu finden und
– mit dem passenden Schluss zu beeindrucken.

Versuchen Sie also folgende Informationen über Ihre Zielgruppe zu bekommen:

Persönliche Daten
- Alter
- Geschlecht
- homogene Gruppe?

Wissen
- Schulbildung
- Berufsausbildung
- ausgeübter Beruf
- Vorkenntnisse
- Fachausdrücke bekannt?

Interessen
- berufliche Interessen
- private Interessen

Einstellung
- Einstellung zum Thema
- Werden Sie als Vortragender akzeptiert?
- Kommen die Zuhörer freiwillig?

Erwartungen
- theoretische, fundierte Informationen
- praktische Ratschläge
- Zukunftsentwicklungen

Nutzen
- Nutzen der Informationen
- Auswirkungen der Informationen auf den privaten und beruflichen Erfolg

2 Nur der eigene Nutzen überzeugt

Eine alte Verkäuferweisheit sagt: „Niemand braucht eine Waschmaschine. Was die Leute brauchen, ist saubere Wäsche." Tatsächlich wird eine Waschmaschine nicht um ihrer selbst willen gekauft. Kunden kaufen das Gerät, weil sie saubere Wäsche wollen. Wenn also der Verkäufer mit glänzenden Augen dem Kunden von den technischen Merkmalen seiner exzellenten Waschmaschine vorschwärmt, dann ist das längst nicht so wirkungsvoll wie folgender Weg: Mit strahlenden Augen beschreibt der Verkäufer das Gefühl, wie angenehm es ist, saubere Wäsche zu tragen. Dann erst führt er die Waschmaschine vor und erklärt die technischen Raffinessen des Gerätes.

Dieses Beispiel zeigt, wie vorzugehen ist:
1. Knüpfen Sie an die Bedürfnisse der Zuhörer an.
2. Machen Sie deutlich, dass Ihre Informationen, Ihr Produkt, Ihr Projekt die Bedürfnisse (nach Anerkennung, Karriere, Erfolg) der Zuhörer befriedigen. Machen Sie den Nutzen für die Zuhörer deutlich.
3. Teilen Sie den jetzt motivierten und aufnahmebereiten Zuhörern Ihre Informationen und Argumente mit.

Häufig gehen Vortragende davon aus, dass die Zuhörer wissen, wofür neue Informationen nützlich sind. Vorsicht! Damit überschätzen Sie oft das Publikum. In der Regel fehlt dem Publikum der Gesamtüberblick, um den Nutzen zu erkennen. Sie dagegen haben sich intensiv mit dem Thema befasst und vermutlich alle denkbaren Vor- und Nachteile durchdacht. Für Ihre Zuhörer liegen die Vorteile nicht auf der Hand. Es ist Ihre Aufgabe, diese aufzuzeigen.

3 Maßgeschneidert für Ihre Zuhörer

Betrachten Sie das Thema aus der Sicht des Zuhörers Beantworten Sie die Frage: Welche Informationen interessieren Ihre Zuhörer? Falsch wäre es sicherlich, Informationen vorzutragen, die vor allem Sie als Experte relevant finden.

Holen Sie die Zuhörer bei ihrem Kenntnisstand ab Setzen Sie nicht zuviel Vorwissen voraus. Langweilen Sie Ihr Publikum aber auch nicht mit alt bekannten Weisheiten. Dies gelingt Ihnen umso besser, je gründlicher Sie sich über die Zuhörer erkundigt haben.

Mischen Sie Neues mit Vertrautem Bieten Sie Ihren Zuhörern eine spannende Mischung aus neuen Informationen und bereits bekannten Sachverhalten. Nur Vertrautes langweilt und ausschließlich Neues überfordert das Publikum.

Veranschaulichen Sie abstrakte Inhalte Abstraktes ist schwierig zu verstehen und im Gedächtnis zu behalten. Deshalb ist es ratsam, abstrakte Inhalte durch treffende Beispiele aus dem Lebensbereich der Zuhörer zu veranschaulichen. Berichten Sie über eigene Erfahrungen, die zum Inhalt passen und die Zuhörer zum Schmunzeln bringen. Ihr Vortrag wird dadurch einprägsam und gleichzeitig unterhaltsam.

Heben Sie den Nutzen für die Zuhörer hervor Schon zu Beginn Ihrer Präsentation sollten Sie den Nutzen für die Zuhörer hervorheben. Der Zuhörer muss wissen, was ihm die Präsentation im Beruf oder im Privatleben bringt, denn oft ist er nicht ohne weiteres in der Lage, den Nutzen selbst zu erkennen. Sie als Experte haben sich intensiv mit dem Thema beschäftigt. Es ist nun Ihre Aufgabe, den Zuhörern zu verdeutlichen, wofür sie die Informationen gebrauchen können. Wirkungsvoll ist es, wenn Sie den Nutzen nicht nur zu Beginn herausstellen, sondern auch während der Präsentation an passenden Stellen darauf hinweisen. Damit erreichen Sie, dass die Zuhörer von Anfang bis Ende folgen können. Denken Sie daran, Zuhörer sind nicht bereit, unnützliche Information aufzunehmen.

Sprechen Sie zuhörerorientiert Verwenden Sie oft *Sie* statt *man* und *ich*. Die Zuhörer fühlen sich mit Sie-Formulierungen direkt angesprochen und die Chance ist größer, dass sie auch wirklich zuhören.

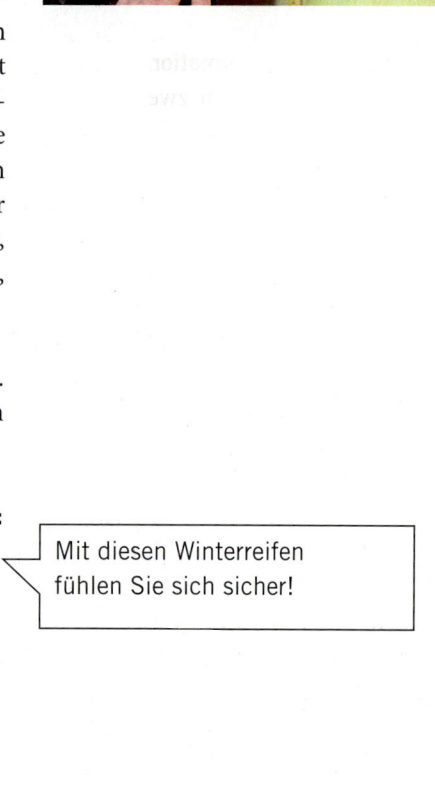

Nicht so:

> Mit diesen Winterreifen fühlt man sich sicher!

> Mit diesen Winterreifen fühle ich mich sicher!

… sondern so:

> Mit diesen Winterreifen fühlen Sie sich sicher!

Wählen Sie die Informationen für die Zuhörer aus – bestimmen Sie die Schnittmenge. Sie haben sich in das Thema eingearbeitet, sorgfältig recherchiert. Das Ergebnis sind viele Informationen, wahrscheinlich zu viele. Es besteht die Gefahr, dass Sie die Zuhörer mit allen Informationen regelrecht erschlagen. Weniger ist hier oft mehr. Da Sie sich genau mit Ihren Zuhörern beschäftigt haben, kennen Sie deren Wissensstand und Interessen. Die Informationen des Vortragenden und die Interessen des Publikums sind oftmals nicht deckungsgleich. Deshalb ist es ratsam, die Schnittmenge zu bilden, also diejenigen Informationen auszuwählen, die sowohl für Sie als auch für die Zuhörer wichtig sind. Diese Schnittmenge bildet die Basis Ihrer Präsentation.

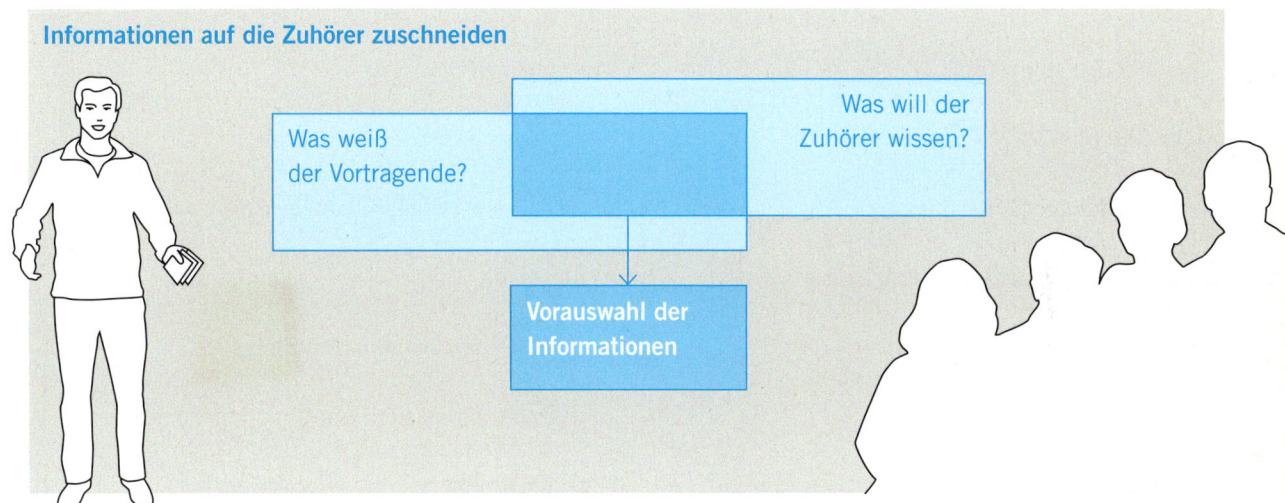

Streichen Sie Informationen, die nicht zwingend nötig sind, um Ihr Ziel zu erreichen. In einem zweiten Auswahlverfahren sollten Sie überprüfen, ob die Informationen, die in der Schnittmenge liegen, auch wirklich alle unbedingt nötig sind, um Ihr anvisiertes Ziel zu erreichen. Vielleicht können Sie sich noch von dem einen oder anderen Argument trennen und sich auf die wesentlichen Kerninformationen beschränken. Ihre Zuhörer werden es Ihnen danken.

→ Seite **10** *Ziele der Präsentation*

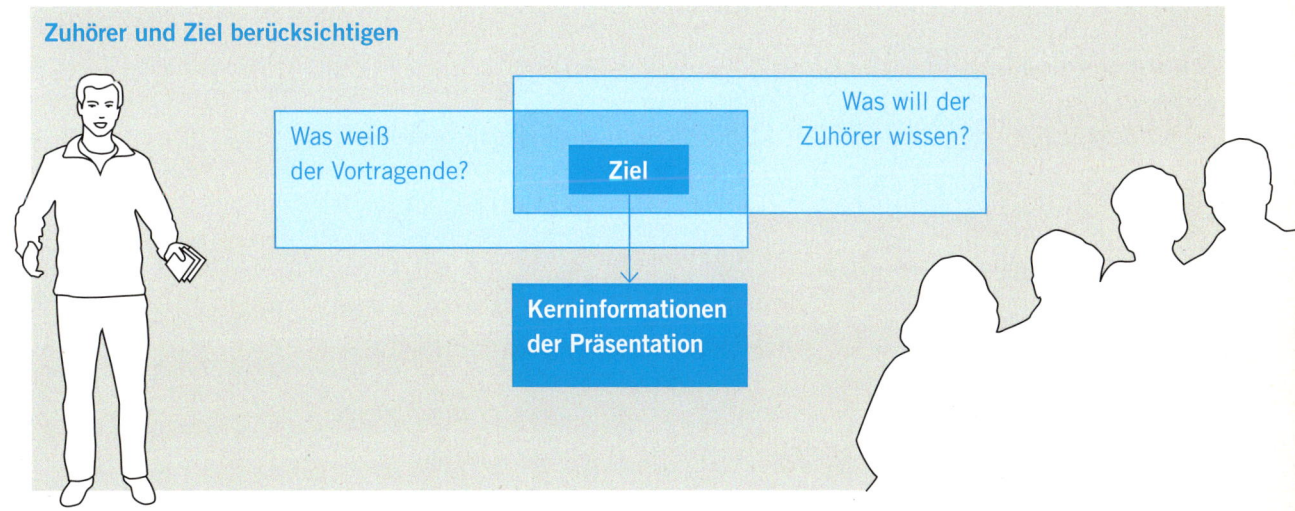

Was dem Zuhörer gefällt	Was den Zuhörer ärgert
– freie Sicht, lesbare Folien	– schlechte Sicht, kleine Schrift
– gut verständliche Stimme	– leise, undeutliche, monotone Stimme
– langsame Sprechweise, Sprechpausen	– zu schnelle Sprechweise, keine Pausen
– geläufige Wörter, kurze Sätze	– umständliche, komplizierte Sprache
– Erklärung von Fachausdrücken	– unverständliche Abkürzungen und Fachausdrücke
– Blickrichtung zu den Zuhörern	– Blickrichtung zur Projektionswand
– Nutzen für die Zuhörer	– Inhalte ohne Nutzen für den Zuhörer
– neue, interessante Informationen	– altbekannte, langweilige Informationen
– lebensnahe, unterhaltsame Beispiele, Erlebnisse des Präsentators, „Geschichten"	– abstrakte Aussagen, für den Zuhörer lebensfremde Beispiele
– vorangestellter „Fahrplan"	– fehlender „Fahrplan"
– klare Struktur, erkennbarer roter Faden	– keine erkennbare Struktur, kein roter Faden
– erkennbares Ziel	– kein erkennbares Ziel
– visuelle Hilfsmittel	– Vortrag ohne visuelle Unterstützung
– respektvoller Umgang mit Zuhörern	– anbiedernde Schmeicheleien
– aufrichtige Freundlichkeit	– aufgesetzte Höflichkeit
– Lächeln	– mürrischer, gelangweilter Blick

Übungen

1 Zuhöreranalyse

Informieren Sie sich: Welche Zuhörer werden zu Ihrer nächsten Präsentation kommen?

Analysieren Sie Ihre Zuhörer. Vervollständigen Sie dazu folgendes Mindmap. Versuchen Sie, jeden vorgegebenen Hauptast mit mindestens zwei Unterästen zu ergänzen.

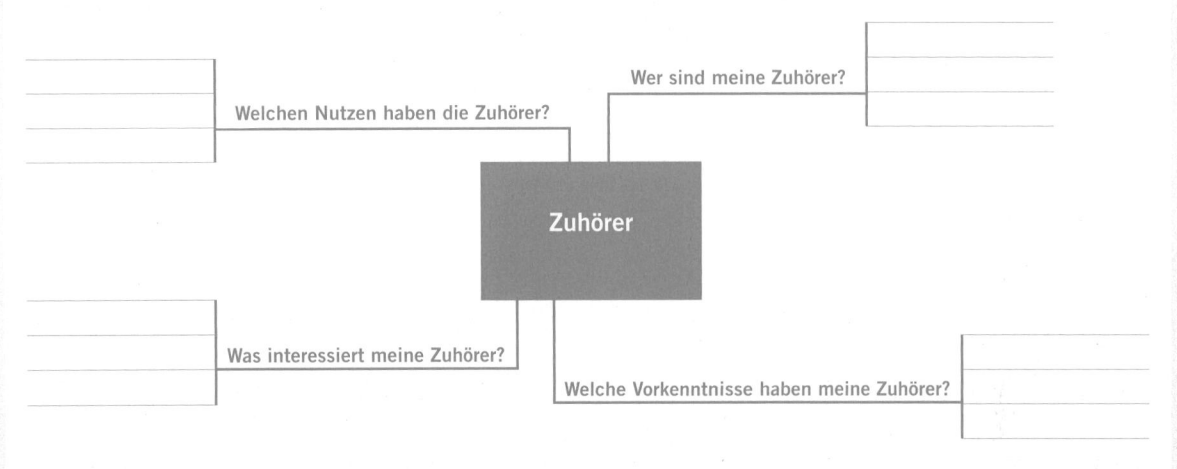

2 Fachvortrag

In einem Unternehmen wurde ein neues Datenverarbeitungsprogramm eingeführt. Der Projektleiter informierte in einer Betriebsversammlung die Mitarbeiter über technische Details. Er führte genau aus, welche Systemkomponenten installiert wurden und wie die Datensicherung, die Zugriffsberechtigungen geregelt sind. Er ging nicht darauf ein, wie sich das neue DV-Programm auf den Arbeitsablauf der Mitarbeiter auswirkt und welche Vereinfachungen oder auch Komplikationen damit verbunden sind.
Obwohl der Projektleiter in Sachen DV ein anerkannter Fachmann ist, verstanden die Mitarbeiter nicht viel. Die meisten Mitarbeiter passten nach kurzer Zeit nicht mehr auf.

a Warum schalteten die meisten Zuhörer bei diesem Vortrag ab?
b Geben Sie dem Projektleiter Tipps, was er bei seiner nächsten Präsentation zum gleichen Thema und vor gleichem Publikum besser machen kann.
c Schlagen Sie dem Projektleiter einen ansprechenden Einstieg und einen passenden Appell für den Schluss vor.

3 Kurzvortrag

Als Jugendwart im Sportverein suchen Sie Sponsoren für ein Trainingslager in den Sommerferien in Spanien. Sie haben die Aufgabe, bei der nächsten Vereinsversammlung Ihr Anliegen vorzutragen und möglichst viele Sponsoren zu gewinnen.

a Wählen Sie eine beliebige Sportart aus.
  Schreiben Sie auf, welches Ziel Sie in der Vereinsversammlung verfolgen.
b Machen Sie eine Zuhöreranalyse.
c Planen Sie Ihre Präsentation zuhörerorientiert:
  – Einstieg
  – Hauptteil: 3 Kernpunkte
  – Schluss: Appell

4 Ziele – Nutzen für die Zuhörer

Denken Sie an Ihre bevorstehende Präsentation. Formulieren Sie in einem Satz Ihr Präsentationsziel möglichst konkret.
Versetzen Sie sich in die Rolle der Zuhörer.

Überlegen Sie: Wenn ich in der Haut meiner Zuhörer stecken würde,
– was würde mich interessieren,
– was würde mich überzeugen,
– was würde mich begeistern?
Legen Sie nach folgendem Muster eine Tabelle an und füllen Sie diese aus.

Hiervon will ich überzeugen:	Auswirkungen auf die Zuhörer:	Vorteile für die Zuhörer:	So formuliere ich es:
–	–	–	–
–	–	–	–

5 Welche Zuhörer erwarten mich?

Beschreiben Sie die möglichen Eigenarten der dargestellten Zuhörertypen.
a Überlegen Sie sich Vorgehensweisen, wie Sie mit diesen Eigenarten umgehen können.
b Mit welchen Zuhörern würden Sie zu Beginn der Präsentation Blickkontakt aufnehmen? Begründen Sie Ihre Meinung.
c Inszenieren Sie eine kleine Präsentation mit beliebigem Thema. Ein Teilnehmer präsentiert. Andere Teilnehmer spielen die Zuhörer mit den im Bild ausgedrückten Eigenschaften. Die restlichen Teilnehmer beobachten die Präsentation. Die Beobachter geben nach der Präsentation ihre Eindrücke wieder.

Planen, Sammeln, Auswerten

Auf einen Blick: In diesem Kapitel lernen Sie
→ was den Einstieg in die Präsentationsvorbereitung oft schwierig macht,
→ wie Sie trotzdem alle Aufgaben in den Griff bekommen,
→ welche Arbeitstechniken und Verfahrensweisen bei der Vorbereitung hilfreich sind.

Gegenüber der Fähigkeit, die Arbeit eines einzigen Tages sinnvoll zu ordnen, ist alles andere im Leben ein Kinderspiel.
(Johann Wolfgang von Goethe)

Eigentlich scheint doch alles ganz einfach: Das Thema eines Referats, einer Facharbeit oder einer Präsentation ist ja bereits vorgegeben. Jetzt braucht man nur ein paar Sachbücher durchzuschauen, einige Stichwörter im Lexikon nachzuschlagen und eventuell eine Suchmaschine im Internet zu bemühen, dann hat man in ein paar Tagen sicher schon alles erledigt. Doch dann ist sie auf einmal da, die Angst vor dem leeren weißen Blatt. Wie denn nur genau anfangen, das Thema konkret zu fassen bekommen, wo die entsprechenden Informationen finden und wie schließlich aus dem zusammengetragenen Material ein durchdachtes Referat oder eine Präsentation anfertigen? Und außerdem, es gibt ja bereits einen festgelegten Abgabe- oder Vortragstermin. Also, Planung tut Not, *was* soll *wann* und *wie* erledigt werden?

1 Das Problem „Aufschieberitis"

Damit Ihre Präsentation erfolgreich wird, müssen Sie sich sorgfältig, systematisch, vor allem aber rechtzeitig vorbereiten. Ist der Termin der Präsentation bekannt, tauchen Gedanken auf wie: „Ach, da ist noch genügend Zeit." – „Heute habe ich noch keine Zeit, vielleicht morgen." Viele schieben die Arbeit aus verschiedenen Gründen immer wieder auf. Der Perfektionist möchte alles supertoll machen, so dass er vor lauter Angst, kein perfektes Ergebnis abzuliefern, erst gar nicht anfängt. Der eher bequeme Typ macht um den Schreibtisch einen großen Bogen und schiebt die Arbeit immer wieder auf. Der „Nicht-Nein-Sager" geht viele Verpflichtungen ein, sagt keine Party ab, steht den Freunden immer zur Verfügung. Seine eigentliche Arbeit aber bleibt liegen.

Mit einer ordentlichen Arbeitsplanung und entsprechenden Arbeitstechniken verliert der Weg zur erfolgreichen Präsentation jedoch seine Schrecken. Wenn Sie die notwendigen Arbeitsschritte diszipliniert planen, motivieren Sie sich selbst und steigern Ihr Leistungsvermögen.

2 Planen mit der ALPEN-Methode

Für die systematische Vorbereitung einer Präsentation eignet sich die ALPEN-Methode von Seiwert. Er ist Experte für Zeitmanagement. Diese Methode teilt den Arbeitsablauf in fünf Schritte ein. Sie hilft bei der Erstellung eines Grobplanes, aber auch Tagespläne lassen sich damit strukturieren. Die ALPEN-Methode ist zudem ein hervorragendes Instrument, berufliche oder private Projekte zu planen.

Die fünf Schritte der ALPEN-Methode im Überblick

Schritt 1
Aufgaben notieren.

Schritt 2
Länge des Zeitbedarfs für die Erledigung der Aufgaben realistisch schätzen.

Schritt 3
Pufferzeiten für nicht vorhersehbare Aufgaben einplanen.

Schritt 4
Entscheidungen über die Priorität (Rangfolge) und die zeitliche Reihenfolge der Aufgaben treffen.

Schritt 5
Nachkontrolle, ob die geplanten Aufgaben erledigt wurden. Neuen Zeitpunkt für unerledigte Aufgaben festlegen.

Erster Schritt: Aufgaben notieren

Als erstes überlegen Sie, welche Arbeiten bis zur Fertigstellung der Präsentation zu erledigen sind. Schreiben Sie alle Arbeiten in eine Aufgabenliste. Zerlegen Sie größere Arbeitsschritte in Teilschritte. Es fällt Ihnen leichter, kleine überschaubare Arbeitsschritte in Angriff zu nehmen. Erfolgserlebnisse stellen sich damit schneller ein. Das motiviert Sie für die nächste Aufgabe. Eine Aufgabenliste für die Grobplanung könnte so aussehen:

Aufgaben Grobplanung

– Informationen beschaffen
– Texte bearbeiten
– Informationen auswählen
– Gliederung erstellen
– Redemanuskript anfertigen
– Aussagen visualisieren
– Medien vorbereiten
– Präsentation üben

Zweiter Schritt: Länge des Zeitbedarfs schätzen

Der zweite Schritt besteht darin, den Zeitbedarf für die Erledigung der Arbeitsaufgaben zu schätzen. Diese Einschätzung ist dann schwierig, wenn Sie noch wenig Erfahrung haben. Holen Sie sich Rat bei anderen. Bedenken Sie, dass Sie neben Ihrer Präsentationsvorbereitung noch Zeit für andere Aufgaben einplanen müssen, z. B. für Hausaufgaben, Klassenarbeiten und private Verpflichtungen. Vielleicht hilft Ihnen dabei die folgende Formel:

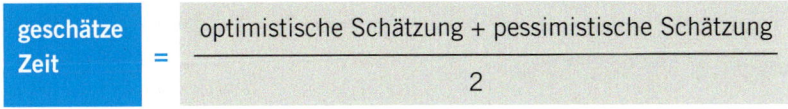

$$\text{geschätze Zeit} = \frac{\text{optimistische Schätzung} + \text{pessimistische Schätzung}}{2}$$

Ergänzen Sie die obige Aufgabenliste für die Grobplanung mit der geschätzten Zeit.

Aufgaben Grobplanung	geschätzte Zeit
– Informationen beschaffen	5 Tage
– Texte bearbeiten	…
– Informationen auswählen	…

80-20-Regel Wer eine perfekte Präsentation vorbereitet, braucht nicht selten 80 % seiner Zeit für den Feinschliff: für perfekte Formulierungen, perfekte Schaubilder, perfekte Farbabstimmung, perfektes Layout. Diese Arbeiten sind sehr zeitaufwendig, bringen aber nur noch einen zusätzlichen Erfolg von etwa 20 %.

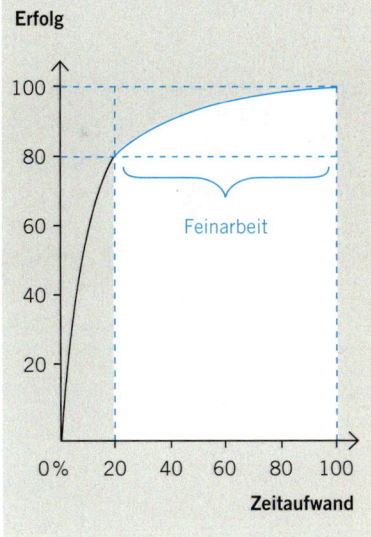

Diese 80-20-Regel sollten Sie sich vor allem dann zu Herzen nehmen, wenn Sie zum *Perfektionismus* neigen, d. h. wenn Sie schon öfters die Erfahrung gemacht haben, unverhältnismäßig viel Zeit aufzuwenden, bis Ihr Ergebnis hundertprozentig ist.

Die 80-20-Regel sollte allerdings vom eher *bequemen Typ* nicht missverstanden werden. Denn der bequeme Typ verzettelt sich nicht in Feinarbeiten, er plant häufig nicht einmal die unbedingt notwendige Zeit ein, um ein passables Ergebnis zu erzielen. Wollen Sie mit Ihrer Präsentation einen besonders guten Eindruck machen, ist es ratsam, mit der Vorbereitung so frühzeitig zu beginnen, dass auch für den Feinschliff noch genügend Zeit bleibt. In diesem Falle besitzt auch heute noch die alte Lebensweisheit „Gut Ding braucht Weile" ihre Gültigkeit.

Zeitlimits Außerdem neigen viele Menschen dazu, alle zur Verfügung stehende Zeit aufzubrauchen, auch wenn die Arbeit in kürzerer Zeit erledigt werden könnte. Legen Sie deshalb im Voraus fest, wie viel Zeit Sie investieren wollen – setzen Sie sich Zeitlimits!

Dritter Schritt: Pufferzeit einplanen

Häufig brauchen Sie mehr Zeit für eine Aufgabe als geplant, weil Unvorhergesehenes dazwischenkommt. Deshalb ist es sinnvoll, nicht die gesamte Arbeitszeit zu verplanen, sondern Pufferzeiten einzubauen. Durch Pufferzeiten können Sie unvorhergesehene Störungen ausgleichen. Die Puffer-Regel des Zeitmanagements besagt, dass Sie nur 60 % Ihrer Zeit fest verplanen und 40 % als Pufferzeit für zusätzlich auftretende Arbeiten reservieren sollten.

Vierter Schritt: Entscheidung über Rangordnung und zeitliche Anordnung treffen

ABC-Analyse In diesem Arbeitschritt treffen Sie zwei wichtige Entscheidungen. Zunächst legen Sie fest, welche Aufgaben erstrangig, zweitrangig und welche nachrangig zu behandeln sind. Hilfreich hierfür ist die ABC-Analyse. Mit ihr werden die Aufgaben in drei Gruppen eingeteilt.

Priorität der Aufgaben	Wichtigkeit für den Erfolg	Beispiel
A-Aufgaben	sehr wichtig	Gliederung erstellen
B-Aufgaben	wichtig	Medien gestalten
C-Aufgaben	weniger wichtig	Unterlagen abheften

Tagesleistungskurve Nachdem Sie Ihre A-B-C-Aufgaben bestimmt haben, müssen Sie noch entscheiden, *wann* Sie welche Aufgaben in Angriff nehmen. Sehr wichtige Aufgaben sollten Sie nicht aufschieben, sondern sofort erledigen. Sinnvoll ist es, bei der Terminfestlegung Ihre *Leistungsfähigkeit* zu berücksichtigen, denn Sie sind nicht zu jeder Tageszeit gleich leistungsstark. Die Leistungsfähigkeit steigt morgens steil an und erreicht zwischen acht und etwa elf Uhr ihren Höhepunkt. Zur Mittagszeit fällt sie ab und steigt am späten Nachmittag wieder an.

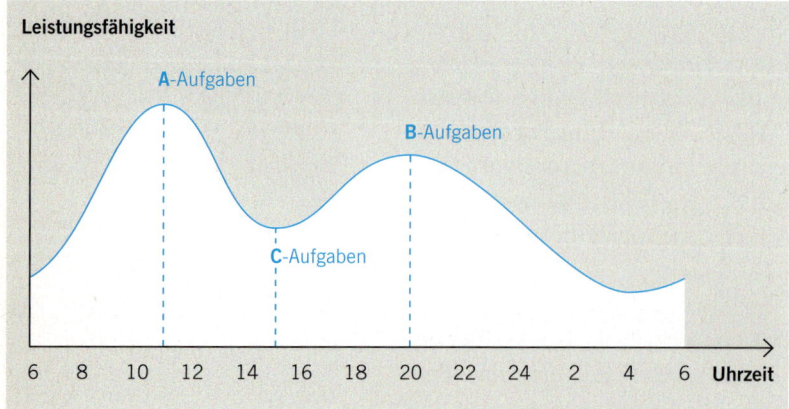

Ihre individuelle Tagesleistungskurve kann jedoch anders aussehen. Zeichnen Sie Ihre persönliche Tagesleistungskurve in ein eigenes Diagrammraster. Berücksichtigen Sie dabei Ihre Erfahrungen, zu welcher Tageszeit Ihnen die Arbeit leichter von der Hand geht, wann sie Ihnen schwer fällt und wann Sie überhaupt nichts zustande bringen.

Wenn Sie Ihre Leistungskurve bei der Einteilung Ihrer Arbeiten berücksichtigen, fällt die Arbeit leichter und die Ergebnisse sind besser. Erledigen Sie auf jeden Fall die A-Aufgaben in den Leistungshochs; B- und C-Aufgaben können Sie auch erledigen, wenn Sie weniger leistungsfähig sind.

To-do-Liste Es ist ratsam, in der Aufgabenliste für einen Arbeitstag zu jeder Aufgabe die Priorität anzugeben, und in welchem Zeitrahmen die Aufgabe erledigt werden soll. So könnte im folgenden Beispiel die Aufgabenliste für einen Arbeitstag aussehen, an dem Sie von 8.00 Uhr bis 20.00 Uhr (z. B. Samstag oder Sonntag) die Möglichkeit haben, an Ihrer Präsentation zu arbeiten:

Aufgabenliste für einen Arbeitstag: die To-do-Liste

ABC	Aufgaben	Zeitbedarf	Zeitpunkt von bis
A	Texte bearbeiten	4 Stunden	08:00 – 12:00 Uhr
B	Text in PC eingeben	2 Stunden	14:00 – 16:00 Uhr
C	Diagramme erstellen	1 Stunde	19:00 – 20:00 Uhr

Aufgabenliste für die Grobplanung einer Präsentation: Balkendiagramm

ABC	Aufgaben	1. Woche	2. Woche	3. Woche	4. Woche	5. Woche	6. Woche
A	Info beschaffen	■	■				
A	Texte bearbeiten		■				
A	Info auswählen			■	■		
A	Gliederung erstellen				■	■	
B	Redemanuskript anfertigen			■	■		
B	Aussagen visualisieren				■	■	
B	Medien vorbereiten						■
A	Präsentieren üben						■

Die Aufgabenliste für die Grobplanung einer Präsentation können Sie nach dem gleichem Schema wie den Tagesplan erstellen oder etwas anschaulicher mit einem Balkendiagramm nach obigem Muster. Ausgegangen wird dabei von einer Gesamtvorbereitungszeit von 6 Wochen.

Planen, Sammeln, Auswerten: Arbeitsschritte und Arbeitstechniken

Fünfter Schritt: Nachkontrolle

Der letzte Schritt dient der Kontrolle. Erledigte Arbeiten werden abgehakt, nicht erledigte Aufgaben werden auf die To-do-Liste des nächsten Tages übertragen. Überlegen Sie auch, woran es lag, dass Sie die geplanten Aufgaben nicht erledigen konnten. Haben Sie zu wenig Zeit einkalkuliert, haben Sie sich verzettelt oder sich ablenken lassen – konnten Sie nicht „nein" sagen? Versuchen Sie, die erkannten Fehler bei Ihrer weiteren Vorbereitung zu vermeiden. Die Zeitpläne werden dann genauer und zuverlässiger. Wenn Sie eine Aufgabe abgeschlossen haben, genießen Sie bewusst den Erfolg und belohnen Sie sich mit etwas, was Ihnen Spaß macht: So schöpfen Sie Kraft für die nächste Aufgabe!

Tipps
So bekommen Sie Ihre Zeitprobleme in den Griff:

→ Planen Sie schriftlich.
→ Erstellen Sie einen Grobarbeitsplan für die gesamten Vorbereitungsarbeiten.
→ Schreiben Sie für jeden Tag eine To-do-Liste.
→ Haken Sie Aufgaben ab, wenn sie erledigt sind.
→ Übertragen Sie nicht erledigte Aufgaben auf den nächsten Tag.
→ Zerlegen Sie komplexe Aufgaben in Teilschritte.
→ Schätzen Sie Ihre Zeit realistisch ein.
→ Erledigen Sie möglichst bald den ersten Arbeitsschritt.
→ Beachten Sie Ihre individuelle Leistungskurve.
→ Belohnen Sie sich, wenn Sie eine Aufgabe erledigt haben.
→ Denken Sie daran, wie gut das Gefühl ist, wenn Sie die Aufgabe termingerecht erledigt haben.
→ Lassen Sie sich nicht ablenken: Verzichten Sie auf andauernde Handy-Gespräche und E-Mail-Kontakte.
→ Verlangen Sie keine perfekten Ergebnisse – gute Ergebnisse sind gut genug.
→ Und vor allem: Behalten Sie immer den Termin der Präsentation im Auge.

3 Das Thema erschließen

Die erste Hürde bei der inhaltlichen Vorbereitung Ihrer Präsentation ist die strukturierte und kreative Erschließung des Themas. Oft enthält die Themenstellung Begriffe und Schlagwörter, die Ihnen zwar bekannt sind und unter denen Sie sich etwas vorstellen können, die aber bei näherer Betrachtung auch „alles oder nichts" beinhalten können. Wenn Sie zum Beispiel eine Präsentation zum Thema „Tourismus als Wirtschaftsfaktor" vorzubereiten haben, wird Ihnen rasch klar, dass Ihr Thema zunächst strukturiert, eingeschränkt und mit Schwerpunkten versehen werden muss, damit Sie gezielt mit der Erarbeitung der Inhalte beginnen können. Hierzu nutzen Sie am besten das 5-Fragen-Konzept:

5-Fragen-Konzept

1. Welche Begriffe und Aussagen fallen mir spontan zu meinem Thema ein?
2. Zu welchem dieser Sachverhalte weiß ich bereits etwas?
3. Wozu müsste ich mir noch konkrete Informationen beschaffen?
4. Welche inhaltlichen Schwerpunkte will ich setzen?
5. Welche meiner Einfälle will ich (vorerst) vernachlässigen?

Arbeitstechniken Für die Ergebnissicherung zu diesen Fragen haben sich das Brainstorming, das Clustern und die Anfertigung von Mindmaps bewährt.

→ Mindmapping:
Seite **89** *Visualisierung*

Brainstorming
Spontanes Sammeln von Begriffen, Aussagen, Ideen zu einem Thema

Verfahren
Einfälle ungeordnet auflisten oder auf kleine Karteikarten notieren.

Beispielthema „Erfolgreich präsentieren"
– Folien
– Beamer
– Vortragsweise
– Diagramm
– Einleitung
– Bilder
– Was will ich erreichen?
– Auftreten
– Ablauf
– …

Clustering
Festlegen von Oberbegriffen, denen die beim Brainstorming gesammelten Gesichtspunkte bzw. Teilaspekte zugeordnet werden

Verfahren
Tabellenartige Listen erstellen bzw. die Karteikarten sortieren und an eine Moderationswand pinnen.

Beispielthema „Erfolgreich präsentieren"

Rhetorik:	Medien:	Aufbau:
– Auftreten	– Beamer	– Einleitung
– Vortragsweise	– Folien	– Ablauf
– …	– …	– …

Ziele:	Visualisierung:	
– Was will ich erreichen?	– Diagramm	
	– Bilder	
– …	– …	

4 Informationen sammeln

Nachdem Sie Ihr Thema durch Teilaspekte konkretisiert haben, beginnen Sie auf der Grundlage Ihrer Stichwörter und Aussagen mit der gezielten Informationsbeschaffung. In der Regel stehen Ihnen für diese Recherche drei klassische Quellen zur Verfügung:

– Fach- und Sachbücher
– Zeitschriften

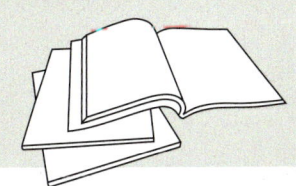

– Suchmaschinen oder konkrete Datenbanken im Internet
– Web-Adressen, die im Anhang von Veröffentlichungen zu finden sind

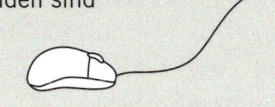

– Nachschlagewerke
– Lexika
– Wörterbücher

Ergänzen können Sie diese drei Informationsquellen eventuell durch eigene Materialerhebungen wie zum Beispiel durch Befragungen (Interviews) oder durch Besuche in Museen, Ausstellungen und Archiven.

5 Texte auswerten

ÜFA-Technik Um die bei der Recherche anfallende Informationsmenge weiterzuverarbeiten, sollten Sie durchgängig eine bestimmte Arbeitstechnik anwenden, mit der Sie möglichst zeitsparend Textinhalte erarbeiten und für Ihre Präsentation aufbereiten können. Mit der ÜFA-Technik gelingt es Ihnen, die wesentlichen Aussagen eines Textes zu erfassen und damit die Bedeutung der jeweiligen Quelle für Ihr Präsentationsthema herauszufinden.

Überblick verschaffen	– Den Text aufmerksam, aber zügig lesen und dabei Schlüsselbegriffe, unbekannte Wörter oder Eigennamen unterstreichen sowie gedankliche Abschnitte durch Querstriche markieren. – Unbekanntes im Lexikon bzw. Wörterbuch nachschlagen. – Die gedanklichen Abschnitte am Rand mit Schlagworten kennzeichnen, z. B. Argument gegen … oder Beleg für … usw.
Fragen stellen	– Welche Gesichtspunkte greift der Text auf, die zu meinem Präsentationsthema passen? – Welche Positionen/Meinungen vertritt der Autor? – Welche Textaussagen lassen sich mit den Teilaspekten meines Themas in Zusammenhang bringen? – Welche Bedeutung hat der Text für meine Präsentationsinhalte: trifft er die zentrale Thematik oder eventuell nur Randbereiche?
Antworten suchen und zusammenfassen	– Antworten auf die Fragen mit eigenen Worten knapp zusammenfassen. – Dabei die Übernahme von einzelnen Schlüsselwörtern oder ganzen Sätzen aus der Textvorlage mit Anführungszeichen als Zitate kenntlich machen und mit einer Zeilenangabe versehen. – Wo möglich, die Zusammenfassung als Randbemerkung notieren, wodurch die Textauswertung zusätzlich visualisiert wird.

6 Informationen ordnen

Damit Sie die sich mit der Zeit einstellende Informationsmenge weiterarbeiten können, ist es unbedingt erforderlich, die benutzten Quellenmaterialien hinsichtlich Ihrer wichtigsten Aussagen systematisch zu ordnen. Am besten legen Sie einen *Karteikasten* an, den Sie nach den Überbegriffen bzw. Stichwörtern aus der Clustering- bzw. Mindmapping-Phase unterteilen. Dabei hilft es Ihnen, wenn Sie die einzelnen Aspekte Ihres Themas durch eine festgelegte Karteikartenfarbe kennzeichnen. Alle Karteikarten sollten zudem mit dem gleichen Beschriftungsraster versehen sein.

Hier ein Beispiel:

B **ZS** IN EE

Überbegriff/Stichwort: Weltwirtschaft und Globalisierung

Quelle:
Engelhard, Karl: Globalisierung und Entwicklung, in: Geographie und Schule, 28. Jahrgang, Heft 161, Januar 2006, S. 4–15

Zum Inhalt:
Entstehung der Globalisierung; Rolle der multinationalen Konzerne; regionale Unterschiede im Welthandel; Für und Wider zur Frage, ob Globalisierung Wohlstand für alle bedeutet; Rolle der Nationalstaaten auf dem globalisierten Weltmarkt; Globalisierung verstärkt interkulturelle Begegnungen, trägt aber nicht unbedingt zur Entwicklung armer Länder bei; Vorschläge zur Beseitigung negativer Folgen der Globalisierung

Anlage:
Fotokopie Nr. 3 (Graphik zum Welteinkommen)

Zuordnung zum Themenaspekt:
Globalisierung und Unterentwicklung

Tipp

Vermerken Sie auf der Karteikarte auch die Informationsquelle. In unserem Beispiel stehen die Abkürzungen im rechten oberen Eck der Karteikarte für:

B = Buch
ZS = Zeitschrift
IN = Internet
EE = eigene Erhebung

Nutzen Sie konsequent das Karteikartensystem und sammeln Sie nicht wahllos Notizen auf DIN-A4-Blättern. Es entsteht dabei meist eine unübersichtliche – weil unstrukturierte – Informationsfülle, aus der sie nur schwer einen gut gegliederten Aufbau Ihrer Präsentation entwickeln können. Dennoch ist es sinnvoll, Zusatzmaterialien wie Fotokopien von Zeichnungen, Bildern, Statistiken oder handschriftliche Gesprächsnotizen, die Ihre Eintragungen auf den Karteikarten ergänzen, in einer separaten Mappe oder einem Ringbuch zu sammeln.

Schaffen Sie Ordnung!

Bevor Sie nun den Aufbau Ihrer Präsentation und das Präsentationsmanuskript in Angriff nehmen, sollten sie nochmals alle Karteikarten durchsehen und sich von Informationen trennen, die von den Teilaspekten Ihres Themas wegführen oder dem Ziel Ihrer Präsentation nur wenig oder gar nicht entsprechen. Diese aussortierten Karten belassen Sie aber in einem gesonderten Ablageordner. Vielleicht kommt Ihnen ja beim Ausarbeiten der Präsentationsgliederung noch eine zündende Idee, für die eine Stichwortkarteikarte aus der Ablage doch noch nützlich sein kann.

Übungen

1 *Es geht nicht nur darum, dass man die richtigen Dinge tut, sondern man muss die Dinge auch richtig tun.* (Peter F. Drucker)

Bilden Sie Zweierteams: Welche Bedeutung hat dieses Zitat im Zusammenhang mit der Vorbereitung einer Präsentation? Tragen Sie Ihre Meinung wechselseitig Ihrem Teampartner vor.

2 Aufgabenliste

Bilden Sie Zweierteams und erstellen Sie eine ausführliche Aufgabenliste für die Grobplanung eines der folgenden Projekte.
– Traumurlaub planen
– Hochzeitsfeier planen
– Abschlussfeier planen
– Flohmarkt „Rund um den Sport" organisieren

3 To-do-Liste

Entwerfen Sie eine To-do-Liste für den nächsten Arbeitstag. Tragen Sie den Zeitbedarf, die Rangordnung und die zeitliche Anordnung ein.

4 Zeitdiebe

Suchen Sie Ihre Zeitdiebe! Ergänzen Sie folgende Liste:

Zeitdiebe	Wie schränke ich den Zeitverlust ein?
– Telefonieren	…
– …	…

5 5-Fragen-Konzept

Wählen Sie aus der aktuellen Tageszeitung eine Überschrift als Präsentationsthema aus.
Erschließen Sie dieses Thema mit Hilfe des 5-Fragen-Konzepts und den Arbeitstechniken Brainstorming, Clustering und Mindmapping.

6 Informationsquellen ordnen

Stellen Sie zu den so erarbeiteten Teilaspekten Ihres Themas drei unterschiedliche Informationsquellen zusammen und füllen Sie jeweils die entsprechende Karteikarte aus (vgl. hierzu auch vorige Seite).

Inhalte strukturieren: Der rote Faden

Auf einen Blick: In diesem Kapitel lernen Sie
→ welche Bausteine eine Präsentation enthalten muss,
→ warum Sach- und Beziehungsebene berücksichtigt werden sollten,
→ welche Reihenfolge der Informationen im Hauptteil sinnvoll ist,
→ wie Sie eine Präsentation spannend und ansprechend beginnen,
→ wie Sie einen starken Eindruck hinterlassen.

Eine gute Rede besteht aus einem interessanten Anfang und einem wirkungsvollen Schluss – der Abstand zwischen diesen beiden soll möglichst gering gehalten werden. (Winston Churchill)

1 Grobstruktur: Einleitung, Hauptteil, Schluss

Für den inhaltlichen Aufbau einer Präsentation gibt es kein generelles Schema, nach dem sich alle Themen gliedern lassen. Es wäre auch langweilig, jede Präsentation nach dem gleichen Schema aufzubauen. Es gibt aber einige Regeln, die Sie bei der Planung Ihrer Präsentation beachten sollten.

Jede Präsentation braucht eine Einleitung, einen Hauptteil und einen Schluss. Die Einleitung und der Schluss bilden den Rahmen der Präsentation. Ähnlich wie bei einem schönen Bild kommt Ihre Präsentation erst durch einen ansprechenden Rahmen voll zur Geltung. Der Hauptteil ist der Kern Ihrer Präsentation. Hier werden die ausgewählten Inhalte vorgetragen.

Grobstruktur einer Präsentation

| Einleitung | Hauptteil | Schluss |

packend! — *überzeugend!* — *beeindruckend!*

Feinstruktur Genauer betrachtet bestehen die Einleitung, der Hauptteil und der Schluss aus weiteren Bausteinen. Folgendes Raster zeigt Ihnen die Grob- und die Feinstruktur einer Präsentation. Die Feinstruktur gibt an, aus welchen Bausteinen Einleitung, Hauptteil und Schluss bestehen sollten.

Grobstruktur	Feinstruktur	Zeitanteil
Einleitung	– Begrüßung – Vorstellung – Thema – Nutzen für die Zuhörer – Ablaufplan	15 %
Hauptteil	– Informationen – Argumente	75 %
Schluss	– Kernpunkte wiederholen – Aufforderung zum Handeln	10 %

Planungsverlauf Bei der Vorbereitung Ihrer Präsentation sollten Sie als Erstes den Schluss planen, dann den Hauptteil und als Letztes die Einleitung. Denn erst, wenn Sie das Ziel Ihrer Präsentation bestimmt haben, können Sie die geeigneten Inhalte auswählen und es gelingt Ihnen, dafür die passende Einleitung zu finden.

Denken Sie immer daran, dass für den Erfolg vor allem Einleitung und Schluss ausschlaggebend sind.

Achten Sie unbedingt auf einen gelungenen Start und einen einprägsamen Schluss!

Redeverlauf: Einleitung → Hauptteil → Schluss

Planung: Schluss → Hauptteil → Einleitung

2 Herz und Verstand ansprechen

Bevor die einzelnen Bausteine ausführlich dargestellt werden, erfahren Sie noch etwas über die Sach- und Beziehungsebene. Entscheidend für Ihren Erfolg ist es nämlich, dass Sie bei Ihrer Präsentation beide Ebenen im Blick behalten. Sie müssen sich fragen, wie Sie sowohl den Verstand als auch das Herz des Zuhörers ansprechen. Gelingt es Ihnen nicht, die Sympathie und das Vertrauen Ihrer Zuhörer zu gewinnen, öffnen sie sich nicht für Ihre – wenn auch noch so brillanten – Argumente. Sie müssen zuerst die Herzen erreichen, um dann die Informationen in den Köpfen Ihrer Zuhörer verankern zu können.

Sachebene (Verstand)

– Informationen
– Argumente
– logischer Aufbau

Beziehungsebene (Herz)

– Sympathie
– Wertschätzung
– Vertrauen

3 Die Einleitung: Sympathien gewinnen

Der Anfang prägt, das Ende haftet! (Wilfried Possin)

Ziel der Einleitung ist es, die Aufmerksamkeit und die Sympathie der Zuhörer zu gewinnen und den Zuhörern zu erklären, was sie erwartet.

Ziele der Einleitung

– Kontakt aufbauen
– Sympathie gewinnen
– Aufmerksamkeit, Interesse und Begeisterung wecken
– Orientierung geben

Der erste Eindruck ist entscheidend Bereits in den ersten drei Sekunden Ihres Auftritts entscheidet das Publikum, ob Sie sympathisch und kompetent wirken. Es ist schwer, diesen ersten Eindruck zu korrigieren.

→ Seite **16** *Der erste Eindruck*

Sie haben keine zweite Chance für den ersten Eindruck!

Es sollte Ihnen deshalb kein grober Fehler unterlaufen. Lernen Sie die ersten Sätze der Einleitung auswendig. Sehr hilfreich ist es auch, wenn Sie mit einer Folie oder einem Plakat beginnen. Das gibt Ihnen Sicherheit. Der Einsatz von Medien hilft Ihnen, Ihre anfängliche Unsicherheit in den Griff zu bekommen.

Inhalte strukturieren: Der rote Faden

Damit Ihr Start gelingt, zeigen wir zunächst, aus welchen Bausteinen die Einleitung besteht, und verraten Ihnen dann, was Sie bei den einzelnen Bausteinen beachten sollten.

Mögliche Bausteine der Einleitung

Begrüßung	Vorstellung	Aufmerksakeit wecken
– Freundliche Begrüßung Ihrer Zuhörer – Lächeln Sie!	– vollen Namen nennen – Position oder Qualifikation erläutern – Ihre Beziehung zum Thema darstellen	– aktuelles Ereignis – persönliches Erlebnis – verwunderliche Statistik – Story

Thema	Nutzen	Orientierung
– als ansprechende Schlagzeile	– Bedeutung für die Zuhörer	– Ablauf erläutern – Absprache, wann Fragen gestellt werden können

Begrüßung Die Begrüßung steht am Anfang Ihres Auftritts. Obwohl Sie noch nichts zum Thema sagen, haben die Zuhörer bereits einen ersten Eindruck von Ihnen gewonnen. An Ihrer Körperhaltung, Ihrem Gesichtsausdruck, Ihrer Kleidung und auch an der Art, wie Sie zu Ihrem Platz gehen, erkennen die Zuhörer, ob Sie sympathisch oder unsympathisch, dynamisch oder lahm, kompetent oder fachlich unsicher wirken.

Die Begrüßung ist mehr als nur eine Höflichkeitsfloskel. Hier haben Sie die Chance, zu Ihren Zuhörern einen guten Kontakt aufzubauen.

Ablauf der Begrüßung

– Stellen Sie sich vor das Publikum.
– Nehmen Sie Blickkontakt zu den Zuhörern auf.
– Lächeln Sie.
– Atmen Sie aus.
– Sagen Sie bewusst langsam, laut und deutlich:

> Guten Tag, meine Damen und Herren…

Weitere Formulierungsvorschläge

> Guten Morgen! Willkommen zu unserer Präsentation zum Thema…

> Meine Damen und Herren, ich begrüße Sie herzlich zu…

> Guten Tag, meine Damen und Herren. Ich freue mich, dass Sie…

> Meine Damen und Herren, herzlich willkommen zu…

Tipps

→ Verzichten Sie auf unterwürfige Formulierungen wie: „…*darf* ich Sie begrüßen…" Das Wort „darf" wirkt unsicher und „geschwollen". Sie wollen die Zuhörer nicht um Erlaubnis bitten sie zu begrüßen, sondern Sie freuen sich, dass die Zuhörer hier sind und begrüßen sie freundlich.

→ Der Start ist der Moment der größten Unsicherheit. Richten Sie deshalb beim Start Ihren Blick auf Zuhörer, die freundlich wirken und einen interessierten Eindruck machen. So gewinnen Sie Kraft und Zuversicht. Wenn Sie sich sicherer fühlen, können Sie mit den weniger aufgeschlossenen und distanzierten Zuhörern Blickkontakt aufnehmen.

Nicht so:

> Ich bin Frau Eva Klee aus…

> Ich bin die Eva Klee und möchte Ihnen…

…sondern so:

> Ich heiße Eva Klee.

> Mein Name ist Eva Klee.

Vorstellung Die Zuhörer wollen Ihren Namen wissen. Nennen Sie immer Ihren Vornamen und Familiennamen. Sagen Sie niemals *Herr* oder *Frau*, *der* oder *die*!

Die Zuhörer merken sich Ihren Namen besser, wenn Sie Ihren Namen nicht nur nennen, sondern ihn auch zeigen. Projizieren Sie ihn an die Wand oder schreiben Sie ihn für alle sichtbar auf ein Flipchart oder an die Tafel.

Die Zuhörer wollen aber nicht nur Ihren Namen wissen, sondern auch erfahren, wer Sie sind, was sie mit dem Thema zu tun haben, ob Sie kompetent sind. Sagen Sie aber nicht einfach: „Ich bin kompetent", sondern verpacken Sie es geschickt. Berichten Sie z. B., welche Erfahrungen Sie zum Thema haben oder welchen Beruf/welche Position sie haben.

Inhalte strukturieren: Der rote Faden

Thema Schreiben Sie Ihr Thema auf ein Flipchart oder Plakat, damit es die Zuhörer während der gesamten Präsentation sehen können. Formulieren Sie es kurz, prägnant und einprägsam – wie die Schlagzeile einer Zeitung. Das Thema muss den Kernpunkt zum Ausdruck bringen. Formulieren Sie es so, dass keine falschen Erwartungen geweckt werden. Die Enttäuschung der Zuhörer wäre sonst vorprogrammiert.

Nutzen für die Zuhörer Erklären Sie dem Publikum, was es mit den Informationen der Präsentation anfangen kann. Heben Sie hervor, welchen beruflichen oder persönlichen Nutzen es daraus ziehen kann.

Orientierung Schreiben Sie die Gliederung Ihrer Präsentation auf ein Flipchart und stellen Sie es für alle Zuhörer sichtbar auf. Während Ihrer Präsentation handeln Sie die Gliederungspunkte auf dem Flipchart systematisch ab. Diese ständig sichtbare Gliederung hilft sowohl Ihrem Publikum als auch Ihnen selbst, den Überblick zu behalten.

Tipps Vermeiden Sie die sieben häufigsten Fehler bei der Einleitung:

→ **Langweiliger Start** „In meiner Präsentation geht es um ..." – „Heute muss ich einen Vortrag halten über..." Beginnen Sie mit einem peppigen Aufhänger, einem eigenen Erlebnis, einem aktuellen Ereignis oder einer Begebenheit, die uns alle betrifft.

→ **Zu weit ausholen** Fangen Sie nicht bei Adam und Eva an. Eine Hinführung zum Thema ist gut, aber eine zu langatmige Einleitung wird schnell langweilig. Sie vergeuden dadurch die hohe Aufnahmebereitschaft des Publikums zu Beginn der Präsentation.

→ **Falsche Erwartungen wecken** Versprechen Sie nichts, was Sie nicht halten können. Kündigen Sie nur das an, was in Ihrem Hauptteil tatsächlich enthalten ist.

→ **Übertreibungen** Wertschätzende Äußerungen gegenüber dem Publikum können zwar helfen, Sympathien zu gewinnen, aber Übertreibungen können sich schnell ins Gegenteil umkehren.

→ **„Tiefstapeln"** „Leider hatte ich nicht genügend Zeit, mich gründlich vorzubereiten." Machen Sie sich und Ihren Vortrag nicht schlecht. Weisen Sie Ihre Zuhörer nicht auf Defizite hin, die häufig sowieso nur in Ihren Vorstellungen existieren oder für andere kaum erkennbar sind. Die Folge ist, dass Ihre Zuhörer nicht zuhören, sondern weghören.

→ **Abwertende Aussagen** Sagen Sie nicht, dass das Thema uninteressant oder zu kompliziert ist, dass die Zuhörer eigentlich schon alles wissen bzw. wahrscheinlich sowieso nichts verstehen werden. Selbst wenn es so wäre, sollten Sie es als Geheimnis für sich behalten. Die Atmosphäre im Vortragsraum wird durch solche Aussagen negativ beeinflusst.

→ **Peinlicher Gag** Humor ist immer auch ein Risiko. Humorvolle oder ironische Bemerkungen muss man sprachlich gut verkaufen können. Wenn Sie sich in dieser Hinsicht nicht sicher fühlen, sollten Sie lieber darauf verzichten.

4 Der Hauptteil: Inhalte überzeugend anordnen

Zielsetzung des Hauptteils ist es, ihr Publikum durch aktuelle, fachlich richtige und logisch angeordnete Aussagen zu informieren und zu überzeugen. Es ist wichtig, dass Sie die ausgewählten Informationen und Argumente so anordnen, dass die Zuhörer Ihre Gedanken leicht nachvollziehen und sie im Gedächtnis speichern können. Denken Sie daran: Geordnetes ist leichter zu verstehen und zu behalten als Ungeordnetes.

Dies kann an einem einfachen Beispiel demonstriert werden: Versuchen Sie, sich die Zahlenreihe **A** und anschließend die Zahlenreihe **B** zu merken.

A

12   9   6   21   3   15   18   24

Obwohl es die gleichen Zahlen sind, können Sie sich die Zahlenreihe B sicherlich wesentlich leichter merken als die Zahlenreihe A. Sie haben in der Reihe B eine Gesetzmäßigkeit erkannt: einen logischen Aufbau. Genauso können sich Zuhörer einen gut strukturierten Vortrag besser merken als die Aneinanderreihung von zusammenhanglosen Fakten. Die Grundvoraussetzung eines guten Vortrages ist es also, dass er gut strukturiert, d.h. dass ein roter Faden erkennbar ist.

B

3   6   9   12   15   18   21   24

Gliederung des Hauptteils Welche Gliederung geeignet ist, hängt von Ihrem Thema, Ihren Inhalten, Ihrer Zielsetzung und Ihren Zuhörern ab. Auf den nächsten Seiten werden Ihnen mehrere Gliederungsmodelle vorgestellt. Wählen Sie für Ihre Präsentation das für Sie passende Modell aus oder kombinieren Sie Gliederungen miteinander. Mit etwas Übung sind Sie damit auch für Spontanreden und Diskussionen gut gerüstet.

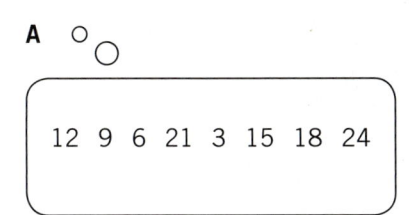

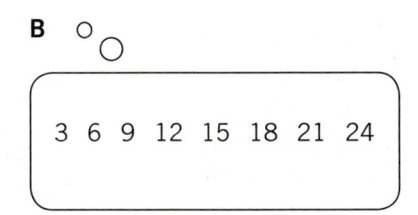

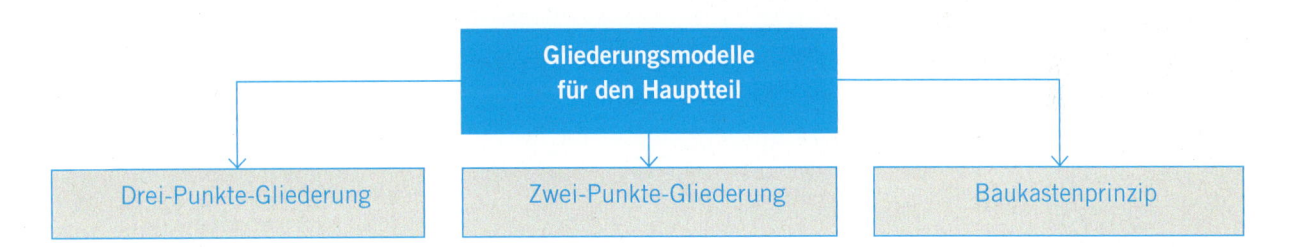

Gliederungsmodelle für den Hauptteil
- Drei-Punkte-Gliederung
- Zwei-Punkte-Gliederung
- Baukastenprinzip

Drei-Punkte-Gliederungen

In vielen Situationen sind Drei-Punkte-Gliederungen für den Hauptteil geeignet. Haben Sie einige dieser Drei-Punkte-Gliederungen parat, können Sie nahezu stressfrei in allen Situationen eine strukturierte und zielorientierte Rede halten.

Wählen Sie für den Hauptteil Ihres Themas eine passende Drei-Punkte-Gliederung aus:

Ziel-Weg-Formel	Ist	Wie ist die derzeitige Situation?	Momentan liegt die Ausschussquote bei 2%.
	Ziel	Wie sollte es sein?	Wir wollen sie bis zum Ende dieses Jahres auf 1% senken.
	Weg	Wie ist das Ziel zu erreichen?	Dieses Ziel erreichen wir durch…
Chronologischer Aufbau	Vergangenheit	Was war?	Sie haben 3 Jahre hart gearbeitet…
	Gegenwart	Was ist?	Heute feiern wir…
	Zukunft	Was wird in Zukunft sein?	Für die Zukunft wünschen wir Ihnen…
Kompromissformel	Position A	Wie lautet der erste Standpunkt?	Urlaub im Gebirge, um zu wandern
	Position B	Wie lautet der zweite Standpunkt?	Urlaub am Meer, um zu schwimmen
	Kompromiss	Welcher Kompromiss berücksichtigt beide Standpunkte?	Urlaub am Bergsee: wandern und schwimmen möglich
Lösungsformel	Problem	Welches Problem liegt vor?	zu viele Fehltage
	Bisherige Lösung	Wie wurde es bisher versucht zu lösen?	genaue Kontrolle der Krankmeldungen
	Neue Lösung	Vorschlag für die Zukunft	erster Fehltag zählt als Urlaubstag

Standpunkt-formel	Standpunkt	Eigene Position darstellen	Wir brauchen eine Umgehungsstraße.
	Argument 1 Argument 2	Standpunkt begründen und mit Beispielen stützen	1. zu hohe Abgasbelastung 2. zu hohe Lärmbelastung
	Folgerung	Deshalb ist Folgendes zu tun …	Zuschüsse beantragen
Infokette	Bedeutung des Themas	Das ist für Sie wichtig, weil …	Ladenschlusszeit betrifft Sie als …
	Info 1 Info 2	Welche Informationen sind wichtig?	1. Auswirkung auf Umsatz 2. Auswirkung auf Preise
	Folgerung	Das bedeutet für Sie …	Ladenschlusszeiten flexibilisieren!
Pro-Kontra-Argumente	Situation	Wie ist die Situation?	In Lokalen soll ein Rauchverbot eingeführt werden.
	Pro-Argumente	Vorteile aufzählen	Für ein Rauchverbot spricht: – bessere Luft – geringere Gesundheitsbelastung
	Kontra-Argumente	Nachteile aufzählen	Dagegen spricht: – Einschränkung der Raucher – möglicher Umsatzrückgang der Gastronomie

Inhalte strukturieren: Der rote Faden

Pro-Argumente überzeugend vortragen Bei Pro- und Kontra-Argumenten ist es üblich, zuerst die Pro-Argumente und dann die Kontra-Argumente vorzutragen. Alle Gegenargumente sind Punkt für Punkt sofort zu entkräften. Achten Sie unbedingt darauf, dass Ihre Pro-Argumente stärker sind als die Gegenargumente. Am besten können Sie Ihre Zuhörer überzeugen, wenn Sie von den Pro-Argumenten selbst überzeugt sind. Denn dann wirken Sie echt und der Zuhörer vertraut Ihren Argumenten. Denken Sie daran: Ihre Körpersprache, Ihr Gesichtsausdruck, Ihre Stimme verrät, ob Sie selbst hinter den vorgetragenen Argumenten stehen.

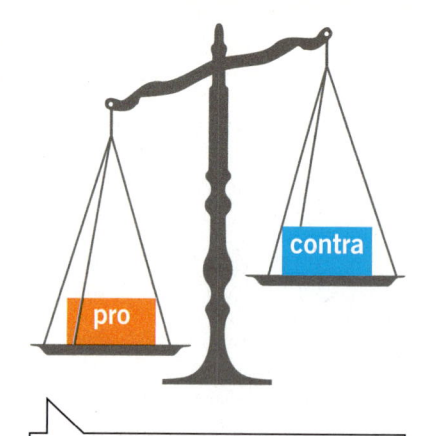

Fassen Sie die Pro-Argumente zum Schluss kurz und prägnant zusammen. Wiederholen Sie diese formelhaft in Schlagwörtern. Dadurch prägen sich die Pro-Argumente beim Zuhörer besonders gut ein.

Du kannst nur das in anderen entzünden, was in Dir selbst brennt. (Augustinus)

Argumente wirkungsvoll anordnen Besteht Ihr Hauptteil nicht nur aus einem, sondern aus mehreren Argumenten oder Informationen, die logisch nicht aufeinander aufbauen, werden Sie sich fragen, in welcher Reihenfolge Sie die Argumente anordnen sollen. Die Reihenfolge ist vor allem dann wichtig, wenn Ihre Argumente unterschiedlich stark sind. In diesem Fall empfiehlt es sich, die psychologische Wirkung der Anordnung auf die Zuhörer zu beachten, besonders dann, wenn Ihre Argumente Emotionen beim Zuhörer hervorrufen. Es gibt drei Möglichkeiten, Argumente anzuordnen.

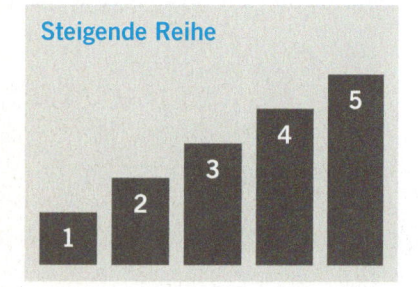

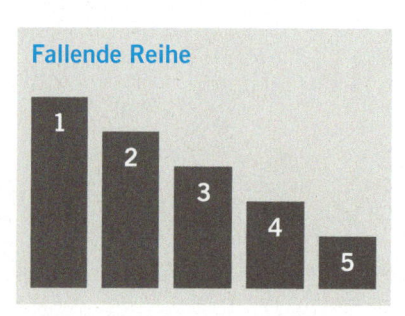

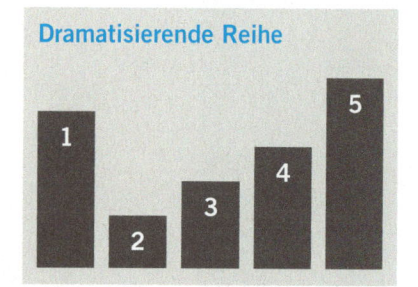

Steigende Reihe

Fallende Reihe

Dramatisierende Reihe

Ansteigende Reihe beginnt mit dem schwächsten Argument, die weiteren Argumente werden in aufsteigender Reihenfolge angeordnet und enden mit dem stärksten Argument. Gefahr: Ein schwaches Argument am Anfang führt dazu, dass viele Zuhörer sofort abschalten und Ihren weiteren Ausführungen nicht mehr folgen.

Fallende Reihe beginnt mit dem stärksten Argument, die weiteren Argumente werden in einer fallenden Reihe angeordnet und enden mit dem schwächsten Argument. Gefahr: Ein schwaches Argument am Ende hat zur Folge, dass sich gerade dieses schwache Argument am besten im Gedächtnis einprägt.

Dramatisierende Reihe (Köderprinzip) startet mit dem zweitstärksten Argument, dann werden die weiteren Argumente in einer ansteigenden Reihe angeordnet. Das stärkste Argument kommt als Paukenschlag zum Schluss. Die schwächeren Argumente sind bei dieser Anordnung im weniger beachteten Mittelteil enthalten.

Die Elefantengeschichte zeigt, welche Anordnung am wirkungsvollsten ist.

Die Sache mit den Elefanten

(…) Stellen Sie sich vor, „starke" Argumente wären große, „schwache" Argumente kleine Elefanten. Und als Glückspilz haben Sie viele dieser Tiere unterschiedlicher Größe im Stall. In welcher Reihenfolge lassen Sie die vor Publikum aufmarschieren? Starten Sie mit dem kleinen Benjamin und platzieren erst am Ende den „Dicken" („Schlussakkord")? Oder schicken Sie sofort den großen Jumbo ins Rennen, auf den dann die immer kleineren folgen?

Beide Strategien haben Schwächen: Die schrittweise aufsteigende Linie ist anfangs zu wenig spektakulär und strapaziert die Geduld der Zuhörer. Einige schalten ab, lange bevor Ihr stärkstes Argument auf die Bühne kommt. Der Start mit dem dicken „Paukenschlag" verschafft ein starkes Entree, aber mit jedem schwächeren Folgeargument geht Ihnen der Dampf aus. Der kleinste als letzter Eindruck im Gedächtnis – auch nicht gut!

Da spricht viel für das „Köderprinzip": Sie starten mit einem „mittelstarken" Argument und nehmen dann die aufsteigende Linie. Die vielen kleinen lassen Sie im Stall – als „Reserveargumente". Es macht kaum Sinn, dem Publikum Ihren ganzen Zoo zu zeigen, denn das verwirrt und verstellt den Blick. Also nur drei bis vier Ihrer Punktstücke! (…)

Quelle: Will, Hermann: Mini-Handbuch Vortrag und Präsentation, Weinheim 2006, S. 29–30

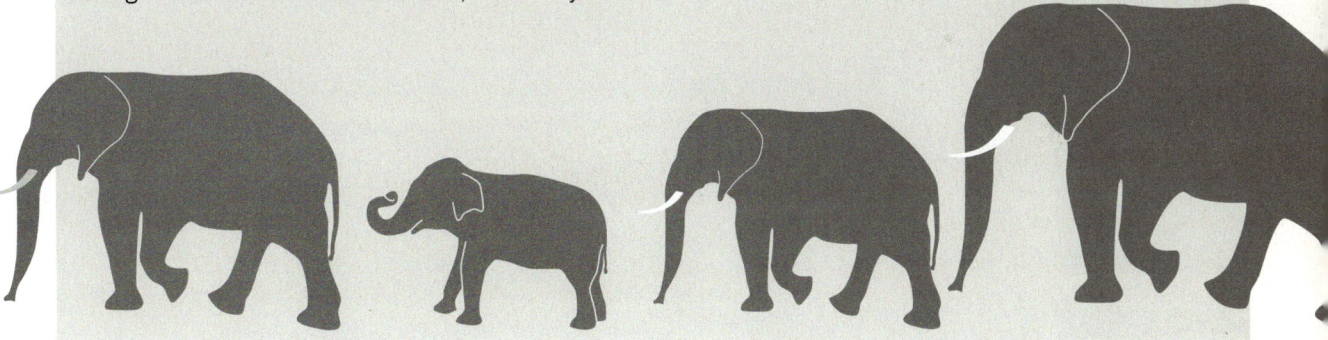

Zwei-Punkte-Gliederung: „Können Sie kurz etwas sagen?"

Die Zwei-Punkte-Gliederungen eignen sich vor allem für kurze Redebeiträge in Versammlungen, Diskussionen und Gesprächen, oder um Unterpunkte eines längeren Vortrages nochmals zu untergliedern. Die Zwei-Punkte-Gliederungen strukturieren einen Gedankengang durch zwei Stufen oder ordnen Gedanken mit Hilfe von Begriffspaaren. Mit diesen Modellen können Sie Ihre Meinung knapp, klar und strukturiert formulieren.

2-Stufen-Modelle

PU-Formel	Problem	Was ist das Problem?	Die Ozonwerte sind zu hoch.
	Ursache	Worauf ist es zurückzuführen?	Die Autoabgase haben zugenommen.
MW-Formel	Maßnahme	Welche Maßnahme wurde getroffen?	Die Sozialversicherungsbeiträge sind gestiegen.
	Wirkung	Welche Wirkung trat ein?	Der Konsum ist gesunken.
BB-Formel	Behauptung	Was wird behauptet?	Die Lebenserwartung der Menschen nimmt zu.
	Begründung	Welche Gründe sprechen dafür?	1. Die medizinische Versorgung wurde verbessert. 2. …

Begriffspaare

zeitlich	heute	Wie ist es heute?	Übergewicht von Kindern heute?
	früher	Wie war es früher?	Übergewicht von Kindern früher?
räumlich	intern	Welche Situation besteht intern?	Wie beurteilen die Vereinsmitglieder den neuen Vorstand?
	extern	Welche Situation besteht extern?	Welches Ansehen hat der neue Vorstand in der Gemeinde?
geografisch	Inland	Wirkung im Inland?	Wie wirkt Angela Merkel im Inland?
	Ausland	Wirkung im Ausland?	Wie wirkt Angela Merkel im Ausland?
Betrachtungsweise	Theorie	Wie ist es gedacht?	Deutschland ist ein Wohlstandsstaat.
	Praxis	Wie ist es tatsächlich?	Die Kinderarmut nimmt in Deutschland zu.

Baukastenprinzip

Für längere Präsentationen können Sie die verschiedenen Gliederungsmodelle zusammenbauen. So können Sie z. B. die Kompromiss-Gliederung in die Ist-Ziel-Weg-Gliederung einbauen. Das bietet sich an, wenn Sie für die Zielerreichung nicht nur eine Lösung, sondern drei verschiedene Wege aufzeigen wollen.

Vorgehen Im ersten Schritt erklären Sie den Ist-Zustand, im zweiten Schritt nennen Sie das angestrebte Ziel und im dritten Schritt zeigen Sie drei Wege, wie dieses Ziel erreicht werden kann.

Ziel-Weg-Formel und Kompromissformel

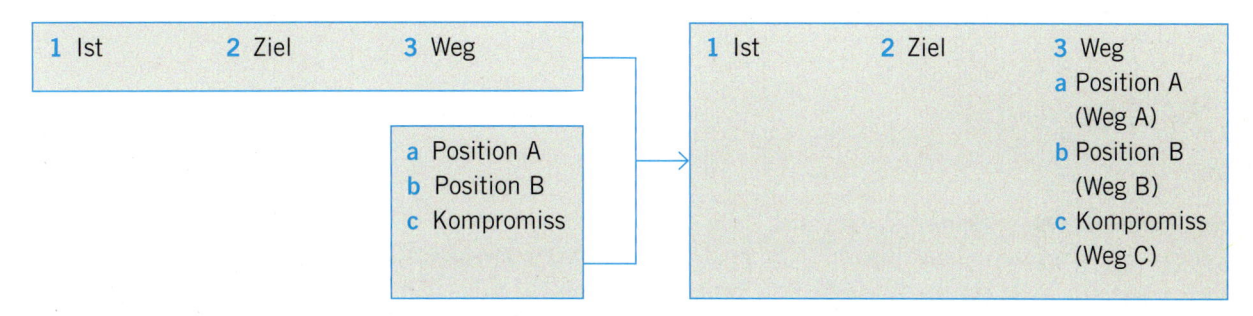

1 Ist	2 Ziel	3 Weg
		a Position A
		b Position B
		c Kompromiss

→

1 Ist	2 Ziel	3 Weg
		a Position A (Weg A)
		b Position B (Weg B)
		c Kompromiss (Weg C)

Tipps

→ **Perspektive des Zuhörers**
Betrachten Sie Ihre Argumente und Informationen mit den Augen Ihrer Zielpersonen: Wie bewegend, wie interessant, wie überzeugend sind Ihre Informationen für die Zuhörer? Prüfen Sie Ihre Unterpunkte hinsichtlich Ihrer Überzeugungskraft und ordnen Sie diese nach einem der möglichen Gliederungsmodelle.

→ **Unterpunkte abschließen**
Schließen Sie jeden Unterpunkt des Hauptteils deutlich ab.

→ **Überleitungen schaffen, Struktur hervorheben**
Schaffen Sie zwischen den Unterpunkten Überleitungen. Heben Sie immer wieder den roten Faden hervor und führen Sie die Zuhörer von einem Punkt zum anderen. Geben Sie immer wieder Orientierungshilfen: „Wir haben jetzt die rechtlichen Probleme aufgezeigt. Als nächstes untersuchen wir…"

→ **Herz und Verstand ansprechen**
Belegen Sie harte Fakten mit leicht verständlichen Beispielen und Bildern, die Ihre Zuhörer emotional ansprechen.

→ **Weniger ist mehr**
Wählen Sie nur die stärksten Argumente aus.

→ **Maximal 5 Argumente im Hauptteil**
Versuchen Sie sich auf maximal 5 Argumente zu begrenzen. Falls Sie mehr als 5 Argumente haben und der Überzeugung sind, dass alle wichtig sind, dann bilden Sie maximal 5 Überbegriffe, denen Sie alle Ihre Argumente zuordnen.

5 Der Schluss: In guter Erinnerung bleiben

Der letzte Eindruck bleibt Während der erste Eindruck über Sympathie oder Antipathie entscheidet, so entscheidet der letzte Eindruck, wie die Zuhörer Sie in Erinnerung behalten. Ungeübte Redner bemühen sich zwar um einen ansprechenden Start und verwenden für den mittleren Teil Ihrer Präsentation viel Zeit, der Schluss wird aber sträflich vernachlässigt. Häufig wirkt der Schluss dürftig und einfallslos. Viele Redner beenden Ihren Vortrag abrupt oder mit inhaltsleeren Worten. Jeder zweite Vortrag endet mit der Höflichkeitsfloskel: „Vielen Dank für Ihre Aufmerksamkeit." Zur Krönung werden diese Worte mit riesigen Buchstaben an die Wand projiziert.

Wie wirkt dieser Schluss, der kein Abschluss ist, auf das Publikum? Die Zuhörer wissen nun, dass der Vortrag zu Ende ist und – falls der Präsentator dabei nicht grimmig dreinschaut – dass er ein höflicher Mensch ist. Die Frage ist, ob Ihnen das als Vortragender ausreicht oder ob Sie Ihre Chance nutzen wollen, Ihre Kernaussage noch einmal auf den Punkt zu bringen, damit sie Ihren Zuhörern im Gedächtnis bleibt.

Unbestritten ist, dass der Start und die Qualität der Informationen im Mittelteil wichtig sind, aber der Schluss entscheidet, was den Zuhörern in Erinnerung bleibt. Falls Ihre Vorbereitungszeit knapp ist: Kürzen Sie Ihren Hauptteil um ein Argument, das Ihnen als zweitrangig erscheint oder behandeln Sie ein Argument nicht so ausführlich. Verwenden Sie die so gewonnene Zeit für einen brillanten Schluss. Es lohnt sich, probieren Sie es aus!

Vorgehen Der Schluss bleibt den Zuhörern am besten im Gedächtnis. Deshalb:
– Kündigen Sie den Schluss an. Dadurch steigt die Aufmerksamkeit nochmals an.
– Wiederholen Sie die Kernaussage. Fassen Sie sich kurz; ein Zerreden ist zu vermeiden.

Um die Kernaussage Ihrer Präsentation herauszufinden, hilft Ihnen die Überlegung:

> Woran sollen sich die Zuhörer erinnern?

Ziele des Schlusses
- Kernaussagen wiederholen
- Zuhörer zum Handeln auffordern
- positive Abschlussstimmung schaffen

Pfiffiger Schluss Mögliche Elemente für einen Schluss, der Ihre Hauptaussage auf den Punkt bringt und Ihren Zuhörern in guter Erinnerung bleibt:

Ankündigung Kündigen Sie den Schluss deutlich an.

Zusammenfassung – „Take-home-Message" Wiederholen Sie die Kernaussagen Ihrer Präsentation. Fassen Sie sich kurz. Wählen Sie einfache Worte. Bringen Sie Ihre Botschaft auf den Punkt!

Ausblick Erklären Sie den Zuhörern, womit in der Zukunft zu rechnen ist. Fordern Sie sie zu konkretem Handeln auf.

Bezug zur Einleitung „Rund" werden Präsentationen, wenn der Schluss den Eingangsgedanken wieder aufgreift, z. B. wenn es eine Antwort auf die in der Einleitung gestellte Frage gibt.

Zitat Verwenden Sie ein griffiges Abschlusszitat, aber nur, wenn es wirklich zum Inhalt und zu den Zuhörern passt.

Überleitung zur Diskussion Bringen Sie zum Ausdruck, dass sicherlich noch einige Fragen unbeantwortet blieben und teilen Sie dem Publikum mit, wie viel Zeit für die Diskussion zur Verfügung steht.

Tipps für einen eindrucksvollen Schluss:

→ Der Schluss ist das Schwierigste bei einer Präsentation. Deshalb muss er besonders gut vorbereitet werden. Es lohnt sich, den Schluss auch intensiv zu üben.

→ Überlegen Sie sich einen pfiffigen Schluss, den sich die Zuhörer leicht merken können: kurz, einfach, aussagekräftig.

→ Formulieren Sie den Schluss vollständig aus und lernen Sie die Sätze auswendig.

→ Machen Sie nach Ihrem Schlusssatz auch wirklich Schluss. Hängen Sie keine unbedeutenden Sätze an. Sie verwässern dadurch Ihre letzte Aussage.

→ Senken Sie beim letzen Wort Ihres Schlusssatzes die Stimme. Wenn Sie beim letzten Wort mit der Stimme nach oben gehen, glauben die Zuhörer, Sie wollen noch weitersprechen.

→ Blicken Sie nach Ihrem letzten Satz schweigend ins Publikum. Sagen Sie notfalls – wenn das Schweigen zu lange andauert – schlicht „danke". Der Applaus ist Ihnen sicher.

Übungen

1 Elemente einer Präsentation

Eine bekannte Empfehlung an Vortragende lautet:
*Sag' ihnen, was du ihnen sagen wirst,
sag' es ihnen,
sag' ihnen, was du ihnen gesagt hast,
sag' ihnen, was sie jetzt tun sollen.*

a Aus welchen vier Elementen ist nach dieser Empfehlung eine Präsentation aufgebaut?
b Können Sie dieser Empfehlung zustimmen? Begründen Sie Ihre Meinung.

2 Ratschläge für gute Redner

Zum Textauszug auf der folgenden Seite:
Bilden Sie Zweierteams.
a Lesen Sie den Text.
b Leiten Sie aus den „Ratschlägen für schlechte Redner" Ratschläge für gute Redner ab. Erstellen Sie eine Checkliste!
c Tragen Sie die Ratschläge jeweils Ihrem Teampartner vor. Veranschaulichen Sie dabei die Ratschläge mit Beispielen.

Inhalte strukturieren: Der rote Faden

Ratschläge für einen schlechten Redner

(…) Sprich nicht frei – das macht einen so unruhigen Eindruck. Am besten ist es: du liest deine Rede ab. Das ist sicher, zuverlässig, auch freut es jedermann, wenn der lesende Redner nach jedem viertel Satz misstrauisch hochblickt, ob auch noch alle da sind.

Wenn du gar nicht hören kannst, was man dir so freundlich rät, und du willst durchaus und durchum frei sprechen… du Laie! Du lächerlicher Cicero! Nimm dir doch ein Beispiel an unsern professionellen Rednern, an den Reichstagsabgeordneten – hast du die schon mal frei sprechen hören? Die schreiben sich sicherlich zu Hause auf, wann sie „Hört! Hört!" rufen… ja also wenn du denn frei sprechen musst: Sprich, wie du schreibst. Und ich weiß, wie du schreibst.

Sprich mit langen, langen Sätzen – solchen, bei denen du der du dich zu Hause, wo du ja die Ruhe, deren du so sehr benötigst, deiner Kinder ungeachtet, hast, vorbereitest, genau weißt, wie das Ende ist, die Nebensätze schön ineinandergeschachtelt, so dass der Hörer, ungeduldig auf seinem Sitz hin und her träumend, sich in einem Kolleg wähnend, in dem er früher so gern geschlummert hat, auf das Ende solcher Periode wartet… nun, ich habe dir eben ein Beispiel gegeben. So musst du sprechen.

Fang immer bei den alten Römern an und gib stets, wovon du auch sprichst, die geschichtlichen Hintergründe der Sache. Das ist nicht nur deutsch – das tun alle Brillenmenschen. Ich habe einmal in der Sorbonne einen chinesischen Studenten sprechen hören, der sprach glatt und gut französisch, aber er begann zu allgemeiner Freude so: „Lassen Sie mich Ihnen in aller Kürze die Entwicklungsgeschichte meiner chinesischen Heimat seit dem Jahr 2000 vor Christi Geburt…" Er blickte ganz erstaunt auf, weil die Leute so lachten.

So musst du das auch machen. Du hast ganz recht: man versteht es ja sonst nicht, wer kann denn das alles verstehen, ohne die geschichtlichen Hintergründe… sehr richtig! Die Leute sind doch nicht in deinen Vortrag gekommen, um lebendiges Leben zu hören, sondern das, was sie auch in den Büchern nachschlagen können… sehr richtig! Immer gib ihm Historie, immer gib ihm.

Kümmere dich nicht darum, ob die Wellen, die von dir ins Publikum laufen, auch zurückkommen – das sind Kinkerlitzchen. Sprich unbekümmert um die Wirkung, um die Leute, um die Luft im Saale; immer sprich, mein Guter. Gott wird es dir lohnen!

Du musst alles in die Nebensätze legen. Sag nie: „Die Steuern sind zu hoch." Das ist zu einfach. Sag: „Ich möchte zu dem, was ich soeben gesagt habe, noch kurz bemerken, dass mir die Steuern bei weitem…" So heißt das. Trink den Leuten ab und zu ein Glas Wasser vor – man sieht das gern.

Wenn du einen Witz machst, lach vorher, damit man weiß, wo die Pointe ist. Eine Rede ist, wie könnte es anders sein, ein Monolog.

Weil doch nur einer spricht. Du brauchst auch nach vierzehn Jahren öffentlicher Rednerei noch nicht zu wissen, dass eine Rede nicht nur ein Dialog, sondern ein Orchesterstück ist: eine stumme Masse spricht nämlich ununterbrochen mit. Und das musst du hören. Nein, das brauchst du nicht zu hören. Sprich nur, lies nur, donnere nur, geschichtele nur.

Zu dem, was ich soeben über die Technik der Rede gesagt habe, möchte ich noch kurz bemerken, dass viel Statistik eine Rede immer sehr hebt. Das beruhigt ungemein, und da jeder imstande ist, zehn verschiedene Zahlen mühelos zu behalten, so macht das viel Spaß.

Kündige den Schluss deiner Rede lange vorher an, damit die Hörer vor Freude nicht einen Schlaganfall bekommen. … Kündige den Schluss an, und dann beginne deine Rede von vorn und rede noch eine halbe Stunde. Dies kann man mehrere Male wiederholen…

Sprich nie unter anderthalb Stunden, sonst lohnt es gar nicht erst anzufangen. Wenn einer spricht, müssen die andern zuhören – das ist deine Gelegenheit! Missbrauche sie. (…)

Quelle: Kurt Tucholsky, Gesammelte Werke,
Hrsg. von Mary Gerold-Tucholsky und Fritz J. Raddatz, Bd. 3.
Reinbek bei Hamburg, 1960, S. 600–602

3 Selbstvorstellung

Die Teilnehmer setzen sich in Kreisform:
- Jeder Teilnehmer steht auf und stellt sich den anderen vor.
- Die Zuhörer beurteilen die Selbstvorstellung. Sie nennen positive Aspekte und machen Verbesserungsvorschläge.
- Die Teilnehmer erarbeiten Kriterien für eine gelungene Vorstellung und gestalten ein Plakat: *Die gelungene Vorstellung.*

4 Begrüßung und Vorstellung

Bilden Sie Gruppen mit jeweils zwei Teilnehmern:
- Jede Gruppe bereitet die Begrüßung und die Vorstellung zu Beginn einer Präsentation vor. Erstellen Sie dazu eine Checkliste mit den einzelnen Elementen.
- Jeder Teilnehmer geht nach vorne, begrüßt die Zuhörer und stellt sich vor.
- Die Zuhörer beobachten Begrüßung und Vorstellung und geben Feedback:
  Was hat Ihnen gut gefallen?
  Welche Verbesserungsvorschläge haben Sie?
- Jeder Teilnehmer nennt maximal drei Punkte, die er bei seinem nächsten Auftritt verbessern will.

5 Einleitung einer Präsentation

Bilden Sie Gruppen mit jeweils zwei bis drei Teilnehmern:
- Planen Sie die Einleitung einer Präsentation Ihrer Wahl.
- Ein Teilnehmer aus jeder Gruppe präsentiert die Einleitung.
- Schätzen Sie die Wirkung auf die Zuhörer ein und teilen Sie Ihre Meinung den anderen mit.
- Feedback durch die Zuhörer.
- Vergleichen Sie die Fremdbeurteilung mit der Eigenbeurteilung.

6 Schluss einer Präsentation

Bilden Sie Gruppen mit jeweils zwei bis drei Teilnehmern:
- Planen Sie den Schluss einer Präsentation Ihrer Wahl.
- Tragen Sie Ihren Schluss im Plenum vor.
- Schätzen Sie die Wirkung auf die Zuhörer ein.
- Feedback durch die Mitschüler.
- Vergleichen Sie die Fremdbeurteilung mit der Eigenbeurteilung.

7 Kurzpräsentation

Bilden Sie Gruppen mit zwei bis drei Teilnehmern:
- Planen Sie eine Kurzpräsentation!
  Wählen Sie von den gegebenen Themen eines aus:
  Die Wichtigkeit des Blickkontaktes bei einer Präsentation,
  Umgang mit Lampenfieber,
  Die Macht des Lächelns.
- Versuchen Sie dabei, die verschiedenen Phasen *Einleitung, Hauptteil, Schluss* klar abzugrenzen.
- Präsentieren Sie im Plenum.
- Schätzen Sie Ihre Wirkung auf die Zuhörer selbst ein.
- Feedback durch die Zuhörer.
- Vergleichen Sie die Fremdbeurteilung mit der Eigenbeurteilung.

8 Sketch

Bilden Sie Gruppen mit jeweils zwei bis drei Schülern:
- Studieren Sie einen Sketch ein.
- Thema: *Verpatzte Einleitung* oder *verpatzter Schluss*.
- Spielen Sie den Sketch vor.
- Feedback durch die Beobachter.

9 *Tret fest auf, machs Maul auf, hör bald auf!* (Martin Luther)

- Halten Sie die Empfehlungen von Martin Luther für sinnvoll? Begründen Sie Ihre Meinung.
- Formulieren Sie die Empfehlungen in der heutigen Sprache. Bilden Sie dabei kurze, einprägsame Sätze.
- Halten Sie die Empfehlungen auf einem Plakat fest und präsentieren Sie Ihr Ergebnis im Plenum.

10 Präsentieren? *You begin with a bang, you end with a bang!*

- Was sagt Ihnen diese Aussage?
- Prägen Sie sich diesen Tipp ein!
- Formulieren Sie diese Empfehlung einprägsam in Deutsch.
- Schreiben Sie den Tipp auf ein Plakat und veranschaulichen Sie die Aussage auch zeichnerisch.
- Stellen Sie Ihre Ergebnisse der Gruppe vor.

11 KISS-Formel: Keep it short and simple!

Bilden Sie Teams mit jeweils zwei Teilnehmern.
- Zwei Präsentations-Profis werden zu einer Podiumsdiskussion eingeladen. Sie sollen zur KISS-Formel Stellung nehmen.
- Schlüpfen Sie in die Rolle der Experten. Einer ist Verfechter der KISS-Formel, der andere ihr Gegner.
- Bereiten Sie die Podiumsdiskussion vor. Überlegen Sie sich für jeden Standpunkt mindestens drei Argumente.
- Die Podiumsdiskussion wird als Rollenspiel durchgeführt. Zwei Teilnehmer tragen die unterschiedlichen Meinungen der Experten vor, die anderen verfolgen die Diskussion.
- Die Zuhörer beurteilen die Überzeugungskraft der Argumente und die persönliche Ausstrahlung der beiden Experten.
- Die Zuhörer geben den Experten Feedback bzgl. ihrer Argumente und ihrer persönlichen Wirkung.

12 Gliederung einer Präsentation

Folgende Themen stehen zur Auswahl:
Fitnesstraining, Rauchverbot, Pisa-Studie, Teamfähigkeit, Stress, Dress-Code im Beruf, Körpersprache, Gewalt in der Schule, Umgang mit Konflikten, Mediation, Fußballweltmeisterschaft, Doping, Coaching, Assessment-Center, Vorstellungsgespräch, Zeitmanagement, Ausstrahlung, Sympathie, Mut.

– Jeder Teilnehmer sucht sich aus den gegebenen Themen eines aus.
– Wählen Sie zu Ihrem Thema ein passendes Gliederungsmodell aus und erstellen Sie dazu ein geeignetes Strukturblatt.
– Erstellen Sie mit Hilfe des Strukturblattes die Gliederung zu Ihrem gewählten Thema.
– Jeder Teilnehmer stellt sein Gliederungsschema vor, begründet seine Wahl und trägt die Gliederung des gewählten Themas vor.

So könnte Ihr Strukturblatt bei einer Drei-Punkte-Gliederung Ist-Ziel-Weg aussehen!

Thema

Einleitung

Hauptteil

1. **Ist** Wie ist die Situation?

2. **Ziel** Was soll erreicht werden?

3. **Weg** Wie kann es erreicht werden?

Schluss

13 So wird Ihre Präsentation verständlich

a Bilden Sie Teams mit jeweils zwei Teilnehmern. Ergänzen Sie in Partnerarbeit folgende Tabelle.
b Gestalten Sie dazu ein Plakat mit einer passenden Überschrift.
c *Extreme sind meistens nicht ideal!*
Interpretieren Sie diese Aussage im Zusammenhang mit der obigen Tabelle.

Eine verständliche Präsentation ist…

einfach	statt →	…
kurz	statt →	…
prägnant	statt →	…
strukturiert	statt →	…
anschaulich	statt →	…
anregend	statt →	…

Inhalte strukturieren: Der rote Faden

Das Präsentationsmanuskript

Auf einen Blick: In diesem Kapitel lernen Sie
→ wie man lernen kann, möglichst frei zu sprechen,
→ welche Funktionen ein Präsentationsmanuskript hat,
→ wie der Aufbau und die Form eines Präsentationsmanuskripts aussehen.

Am meisten Vorbereitung kosten mich immer meine spontan gehaltenen, improvisierten Reden. (Winston Churchill)

1 Vom abgelesenen Vortragstext zur freien Rede

Nichts fürchtet ein Redner mehr als ein „Blackout". Selbst der gefürchtete „Ausfall der Technik" lässt sich bei entsprechend vorbereiteten Alternativen und guten Nerven noch meistern. Wenn Sie als Präsentator einmal den „roten Faden" verloren haben und sich im Kopf eine absolute Leere breitmacht, geht häufig gar nichts mehr. Auf der anderen Seite wirkt ein Vortrag dann besonders wirkungsvoll und der Redner souverän, wenn die Inhalte möglichst frei vorgetragen werden. Das Bedürfnis nach Sicherheit und die Angst vor dem berüchtigten „Blackout" stehen daher dem Ziel der freien Rede gegenüber.

Auf dem Weg vom reinen Ablesen zur freien Rede gibt es zahlreiche Übungen und Tricks, die die eigene Sicherheit Schritt um Schritt steigern und den Vortrag wirkungsvoller gestalten. Ein komplett ausformulierter und „frei" abgelesener Redetext stellt die erste Stufe dar. Durch eine klare Gliederung des Vortragstextes und hervorgehobene Schlüsselwörter kann der Redner sich zeitweilig vom ausformulierten Text lösen, aber auch immer wieder den „roten Faden" aufnehmen, wenn er nicht mehr weiterweiß.

In einem weiteren Schritt versucht sich der Vortragende darauf zu beschränken, auf Karteikärtchen (maximal DIN A5) nur die wichtigsten Leitgedanken, Fakten etc. seiner Präsentation festzuhalten. Der Vortragende kann sich mit Hilfe der auf den Karteikärtchen notierten Stichworten, Leitgedanken und wichtigen Kernaussagen von Gedanke zu Gedanke „durchhangeln", ohne dabei den „roten Faden" zu verlieren. Dabei ist anfänglich auch eine Kombination aus besonders wichtigen ausformulierten Textpassagen und Stichworten möglich, um die Sicherheit des Redners zu unterstützen. Mit zunehmender Übung und Erfahrung als Päsentator genügt es, sich nur noch die wichtigsten Gliederungspunkte zu notieren oder Medien als „Stichwortgeber" einzusetzen. Auf diese Weise lässt sich das Ziel einer freien Rede sukzessive erreichen.

2 Die „greifbare" Sicherheit: Stichwortkärtchen

Um das sprichwörtliche „Blackout" während eines Vortrags zu verhindern und sich als Redner Sicherheit zu geben, ist es immer ratsam, ein schriftliches Präsentationsmanuskript vorzubereiten. Dabei bieten sich Karteikarten im Format DIN A5 oder DIN A6 an. Auf ihnen können Sie die wichtigsten Inhalte in Form von Gliederungspunkten, Stichworten, Kopien von Visualisierungen oder Skizzen festhalten.

Die Verwendung eines Präsentationsmanuskripts hat folgende Vorteile:
– Sie fühlen sich hinsichtlich Ihrer Inhalte sicher.
– Sie können sich jederzeit Ihren „roten Faden" vor Augen halten.
– Sie können sich jederzeit die notwendigen Informationen ins Gedächtnis rufen.

Das Präsentationsmanuskript sollte insgesamt in Form eines Stichwortmanuskripts aufgebaut sein. Dadurch sind Sie gezwungen, frei zu sprechen – nichts ist langweiliger für das Publikum als ein (schlecht) vor- bzw. abgelesener Text. Darüber hinaus erlaubt Ihnen die Stichworttechnik den häufigen *Blickkontakt* zum Publikum. Dies gestaltet die Präsentation natürlich und lebendig.

Das Stichwortmanuskript erlaubt Ihnen außerdem eine flexiblere Reaktion auf die besondere Situation der Präsentation. Auf diese Weise können Sie jederzeit auf aktuelle Sachverhalte oder Beispiele eingehen und diese mit eigenen Worten umschreiben. Mitunter kann es jedoch Sinn machen, besonders wichtige Passagen der Präsentation schriftlich auszuformulieren. Dies gilt in erster Linie für die ersten Sätze der Einleitung, den Schluss sowie wichtige Definitionen oder Zitate.

Die Karteikärtchen des Präsentationsmanuskripts in der Hand haben darüber hinaus einen wichtigen *psychologischen Aspekt*: Sie geben Ihnen als Redner das Gefühl einer „greifbaren" Sicherheit. Außerdem vermeiden Sie auf diese Weise, dass die Hände nicht „wissen", wohin sie sollen – Hände in Hosentaschen oder Ähnliches wirken bei einer Präsentation sehr unangemessen.

Die Rückseiten der Karteikärtchen lassen sich zusätzlich mit einem *einheitlichen Logo* oder *Schriftzug* versehen und verleihen Ihrer Präsentation dadurch einen zusätzlichen professionellen Eindruck

Bei der Anfertigung eines Präsentationsmanuskripts sollten Sie Folgendes beachten:

1
Beschriften Sie Karteikarten nur einseitig, um unnötiges und lästiges Blättern zu vermeiden.

2
Nummerieren Sie die einzelnen Karteikarten durch, um unnötiges Suchen der nächsten Karte zu vermeiden.

3
Schreiben Sie groß und sauber, so dass der Text auch in einer Entfernung von etwa einem halben Meter noch gut lesbar ist.

4
Verwenden Sie unterschiedliche Farben, denen eine bestimmte Bedeutung zugeordnet ist, zum Beispiel:
rot = Überschriften, wichtige Sachverhalte
blau = rhetorische Hinweise (lauter sprechen, Pausen einlegen)
grün = Medieneinsatz (Folie auflegen, Flip-Chart beschriften)

Übungen

1
Bereiten Sie – wahlweise mit oder ohne Medieneinsatz – eine kurze Präsentation von ca. 2 bis 3 Minuten zu einem Thema Ihrer Wahl vor. Bereiten Sie hierzu ein Stichwortmanuskript vor, mit dem Sie möglichst frei reden können. Besprechen Sie anschließend die Inhalte des Stichwortmanuskripts im Plenum.

2
Bilden Sie Zweierteams. Alle Teams bereiten eine kurze Präsentation (mit oder ohne Medieneinsatz) zum gleichen Thema vor. Das Thema sollte dabei möglichst allgemein gehalten und den Präsentatoren inhaltlich bekannt sein.
Die Präsentation der einzelnen Teams wird von den restlichen Teilnehmern beobachtet. Diese halten positive Aspekte und mögliche Verbesserungsvorschläge für die anschließende Diskussion im Plenum schriftlich fest. Dabei stellen die Präsentatoren ihre Präsentationsmanuskripte vor.

Visualisieren – Kommunikation in Bildern

Auf einen Blick: In diesem Kapitel lernen Sie
→ was Visualisieren ist,
→ welche Wirkung visuelle Hilfsmittel auf Ihre Zuhörer haben,
→ welche Vorteile der Prozess der Visualisierung bei der Vorbereitung und beim Präsentieren bringt,
→ welche Arten von „Bildern" Sie wann und wo einsetzen können.

Ein Bild sagt mehr als tausend Worte!

1 Der Mensch ist ein „Augentier"

Viele Menschen behaupten, sie lernten hauptsächlich visuell. Und das ist richtig! Lesen Sie einmal folgenden Text:

> Die Kapazität der Informationsaufnahme wird mit der Einheit „Bit" als kleinste Informationseinheit gemessen. Der Mensch kann über verschiedene Kanäle Informationen aufnehmen. Über die Augen (visuell) können ca. 10.000.000 Bit/Sekunde übertragen werden. Ein Zuhörer (auditiv) kann ca. 1.000.000 Bit/Sekunde aufnehmen, beim Fühlen (haptisch) sind es ca. 400.000. Riechen und Schmecken bringen es gerade einmal auf ca. 20 bzw. 13 Bit/Sekunde.

Gelesen und vergessen. Geht es Ihnen auch so? Die wesentliche Information ist zwischen einer Menge Text „versteckt". Der Leser muss sich konzentrieren, um an die für ihn wichtigen Daten zu gelangen. Leichter verständlich wird der Text durch Hervorhebungen:

Hervorhebungen verbessern die Verständlichkeit!

> Der Mensch kann über verschiedene Kanäle Informationen aufnehmen. Über die **Augen** (visuell) können ca. **10.000.000** Bit/Sekunde übertragen werden. Ein **Zuhörer** (auditiv) kann ca. **1.000.000** Bit/Sekunde aufnehmen, beim **Fühlen** (haptisch) sind es ca. **400.000**. **Riechen** und **Schmecken** bringen es gerade einmal auf ca. **20** bzw. **13** Bit/Sekunde.

Entscheiden Sie im folgendem Beispiel selbst, welche der beiden Darstellungen dem Betrachter die Bedeutung der Visualisierung besser verständlich macht.

Beispiel a)

Mit dem Auge lernt der Mensch

Kanäle	ca. Bit/Sek.
Sehen	10.000.000
Hören	1.000.000
Fühlen	400.000
Riechen	20
Schmecken	13

Beispiel b)

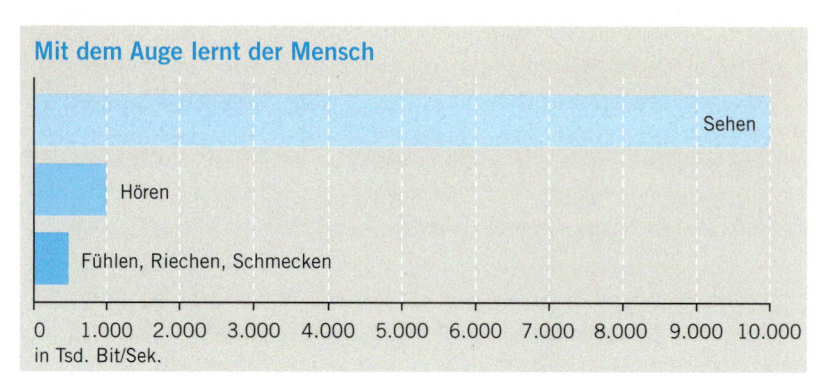

Mit dem Auge lernt der Mensch

(Balkendiagramm: Sehen, Hören, Fühlen, Riechen, Schmecken; 0 bis 10.000 in Tsd. Bit/Sek.)

Sicherlich haben Sie sich auch für die Darstellung b) entschieden. Durch die Größe der Balken erkennen Sie auf einen Blick, welche Bedeutung die einzelnen Kanäle für die Übertragung von Daten haben.

Bilder sind aber nicht nur für das Verstehen nützlich. Das Gedächtnis speichert Informationen überwiegend in Bildern ab. In Verbindung mit dem gesprochenen Wort wird die Fähigkeit, Informationen zu speichern, erheblich gesteigert (siehe nebenstehende Grafik zur Behaltensquote).

Die Behaltensquote

(Balkendiagramm: Hören und Sehen, nur Hören, nur Sehen; %, 20, 40, 60, 80, 100)

Machen wir uns diese Erkenntnis ebenso zu Nutze wie die Tatsache, dass ansprechende Bilder das Interesse der Zuhörer fördern und sie motivieren, dem Vortrag aufmerksam zu folgen.

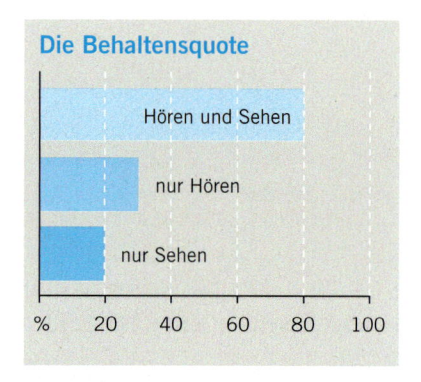

Was ist Visualisierung?

Visualisierung heißt im Allgemeinen, abstrakte Daten, Zahlen oder Zusammenhänge in eine grafische bzw. visuell erfassbare Form zu bringen. Üblicherweise dient die Visualisierung dazu, den mündlichen Vortrag zu unterstützen und zum besseren Verständnis der dargestellten Sachverhalte beizutragen.

Dieses Verfahren läuft stufenweise ab. Gehen Sie schrittweise vor:
– Zuerst müssen Sie entscheiden, wie Sie Ihre Gedanken visualisieren. Genügt eine Liste, wollen Sie Zahlen mit Hilfe eines Diagramms verdeutlichen oder benötigen Sie das Bild der ersten deutschen Bundeskanzlerin für einen politischen Vortrag?
– Dann erst erfolgt die Herstellung der beabsichtigten Folien.

Bilder erhöhen die Behaltensquote!

Durch Visualisierung wird nicht nur der Lernzuwachs beim Zuhörer verbessert. Eine Präsentation mit visueller Unterstützung ist in der Regel erfolgreicher als ohne – auch wenn der Inhalt sonst völlig gleich ist.

Dass der Einsatz visueller Hilfsmittel maßgeblich den Erfolg einer Präsentation beeinflusst, belegt eine Studie des Wharton Institute for Applied Research der University of Pennsylvania:

- Entscheidet ein Team über die von verschiedenen Präsentatoren vorgestellten Vorschläge zu einem Projekt, dann kann der Präsentator, der visuelle Hilfsmittel einsetzt, in 72 % der Fälle mit einem Sieg rechnen.
- Bei Einzelentscheidungen sind es immerhin noch 66 %.
- Dient der Vortrag zur Vorbereitung einer Entscheidung, so erhöhen visuelle Hilfsmittel die Wahrscheinlichkeit dafür von 58 % auf 79 %.
- Visuelle Hilfsmittel verkürzen die durchschnittliche Länge einer Konferenz um 28 %.

Quelle: http://sansibar.oec.uni-osnabrueck.de/uwdwi2/PV-PRT2.pdf, S. 11 (16.04.2007)

Weniger ist manchmal mehr

Angenommen, Sie sind Geschäftsführer eines Aktienclubs. Ein Gesellschafter hat gekündigt und muss mit ca. 12.000 € ausbezahlt werden. Sie sind gezwungen, eine oder mehrere Aktien zu verkaufen, da für die Rückzahlung das Kontoguthaben nicht ausreicht. Nach aktueller Satzung des Clubs soll bei der Aktienanlage darauf geachtet werden, dass sich die Gesamtkurswerte der einzelnen Aktien nicht zu sehr unterscheiden. Wenn nicht andere Gründe dagegen stehen, ist es sinnvoll, sich von den Aktien zu trennen, in denen der Club überproportional investiert ist.

Die nebenstehende Tabelle wäre nur dann das beste Hilfsmittel für die Vorbereitung der Entscheidung, wenn Sie die Zahlen gemeinsam mit Ihren Zuhörern genau analysieren wollen. Für die Verkaufsentscheidung sind aber nicht die einzelnen Werte interessant. Ihre Botschaft lautet: „In Disney hat der Aktien-Club überproportional investiert und damit ist die Aktie am ehesten für den notwendigen Verkauf geeignet!"
Welches der folgenden drei Diagramme ist beim Vortrag vor der Gesellschafterversammlung vorzuziehen?

Aktie	Kurswert
Bayer	25.756 €
Disney	50.326 €
Puma	24.700 €
Siemens	26.900 €

Vielleicht haben Sie sich für das mittlere Diagramm entschieden. Die Prozentsätze der anderen Aktien sind für die zu übertragende Botschaft nicht notwendig. Aber auch auf die 40 % bei der Disney-Aktie könnte eigentlich verzichtet werden, da die Größenordnung über das Kreissegment sofort sichtbar wird. Sicherlich wird es Zuhörer geben, die sich auch für die genauen Zahlen interessieren. Diese Zahlen müssen Sie selbstverständlich parat haben.

> **Eine Visualisierung darf nie so ausführlich sein, dass der Präsentator völlig überflüssig wird.**

Visualisieren – Kommunikation in Bildern

Für Sie und Ihre Zuhörer hat die Visualisierung folgende Vorteile:
– Argumente werden verständlicher.
– Kernaussagen können leichter hervorgehoben werden und bleiben länger im Gedächtnis.
– Die Redezeit wird ohne Informationsverlust verkürzt.
– Der Vortrag wird kurzweiliger.
– Ihr Gedächtnis wird durch die vorbereiteten Bilder mit allen Überlegungen aus der Vorbereitungsphase „aufgeladen". Durch diesen „Blitzladeprozess" wirken Sie sicher, weil Sie sicher sind.

2 Die beiden Gehirnhälften

Japaner, die sowohl der Bildschrift als auch der Silbenschrift mächtig sind, speichern die Bildzeichen in der rechten, die Silbenzeichen in der linken Gehirnhälfte.

Japanische Silbenschrift
linke Gehirnhälfte

こうかてき

Japanische (chinesische) Bildschrift
rechte Gehirnhälfte

効果的

Das Gehirn gliedert sich in eine linke und eine rechte Gehirnhälfte (Hemisphäre), die jeweils ganz spezielle Aufgaben übernehmen:

linke Gehirnhälfte

– digitales Denken
– Sprache
– Organisation
– Logisches Denken
– Mathematik
– Planung
– Details
– Analyse
– Gedächtnis für Wörter/Sprache

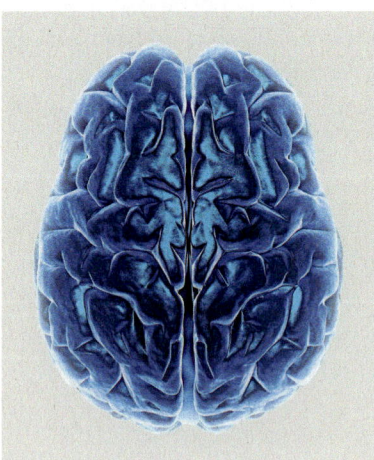

rechte Gehirnhälfte

– analoges Denken
– Bilder
– Körpersprache
– Rhythmus/Tanz
– Ganzheitliche Erfahrungen
– Emotionen
– Musikalität
– Synthese
– Gedächtnis für Sachen, Personen, Erlebnisse

Welche Erkenntnisse und Nutzanwendungen ergeben sich daraus für den Vortragenden? Die *linke Gehirnhälfte* speichert die abstrakten Informationen, insbesondere Texte und Tabellen. Sie ist „digital" organisiert – ähnlich einem Computer. Texte und Tabellen verwenden Sie daher, wenn Ihre Zuhörer sich an Zahlen erinnern oder diese analysieren sollen, oder aus Einzelheiten Schlüsse ziehen müssen.

Die *rechte Gehirnhälfte* denkt in Bildern – von der Strukturdarstellung bis zum Abbild der Realität. Sie arbeitet „analog". Damit sind Erkenntnisse, Aha-Erlebnisse und Einblicke möglich: Man erkennt Zusammenhänge, Trends etc.

Worte gehören zur linken Gehirnhälfte. Das Wort „Fisch" allein könnte bei Ihren Zuhörern in der rechten Gehirnhälfte Bilder hervorrufen, die von Ihrem Vortrag ablenken oder sogar das Ziel Ihrer Präsentation gefährden.

Der eine denkt jetzt möglicherweise an das Sushi-Restaurant in Heidelberg am Bismarckplatz, ein anderer an Jonas im Bauche des Wales, ein Dritter an sein heute gelerntes chinesisches Wort für das Sternzeichen Fisch. Während Sie weiterreden, diskutiert vielleicht der Bibelkenner mit einem Teil Ihrer Zuhörer darüber, ob der Wal überhaupt ein Fisch ist.

Sie aber wollten Ihr Publikum ausschließlich dazu motivieren, beim Serviettenfalten etwas Kreativität zu entwickeln. Ein passendes Bild „belegt" die rechte Gehirnhälfte, Ihre Zuhörer wissen nun genau, was mit dem genannten Wort gemeint ist.

> **Sprechen Sie beide Gehirnhälften an!**

3 Visuelle Lösungen im Überblick

Textbilder (Listen) eignen sich zur …

- Aufzählung von Argumenten
- Hervorhebung von Kernaussagen
- Darstellung von Vor- und Nachteilen
- Übersichten/Inhaltsverzeichnisse (z. B. Ablauf Ihrer Präsentation)

Tabellen eignen sich zur Aufbereitung von Zahlen, um Details zu vergleichen oder Zeitabläufe zu verdeutlichen.

Umsätze (€)	Januar	Februar	März
Kargermann	250.000	230.000	400.000
Ackermann	300.000	120.000	300.000
Winkelmann	250.000	240.000	260.000

Visualisieren – Kommunikation in Bildern

Grafische Schaubilder verdeutlichen Unterschiede oder lassen Entwicklungen in der Vergangenheit oder in der Zukunft erkennen. Sie sind hervorragend geeignet, große und schwer verständliche Datenmengen zu veranschaulichen.

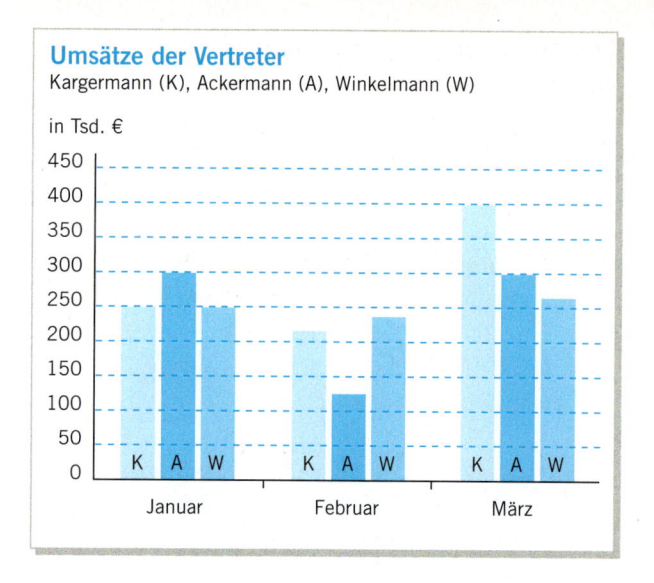

Umsätze der Vertreter
Kargermann (K), Ackermann (A), Winkelmann (W)

in Tsd. €

Strukturbilder eignen sich zur Visualisierung von Gliederungen, Abläufen, Abhängigkeiten oder stellen die Lage eines Elements in einem System dar.

Beispiel für einen Aktions- und Reaktionszusammenhang – hier Steuererhöhung und Rückgang von Steuereinnahmen:

Steuererhöhung für Zigaretten → Es wird erheblich weniger geraucht → Steuereinnahmen gehen zurück

Beispiel für die Platzierung in einem System – hier das Organigramm eines Unternehmens:

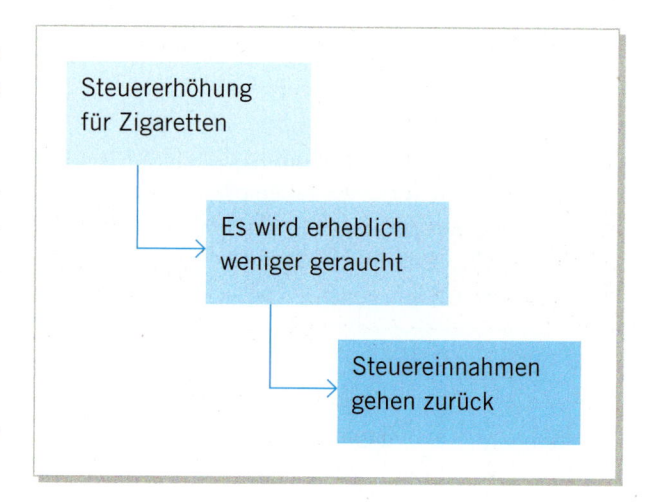

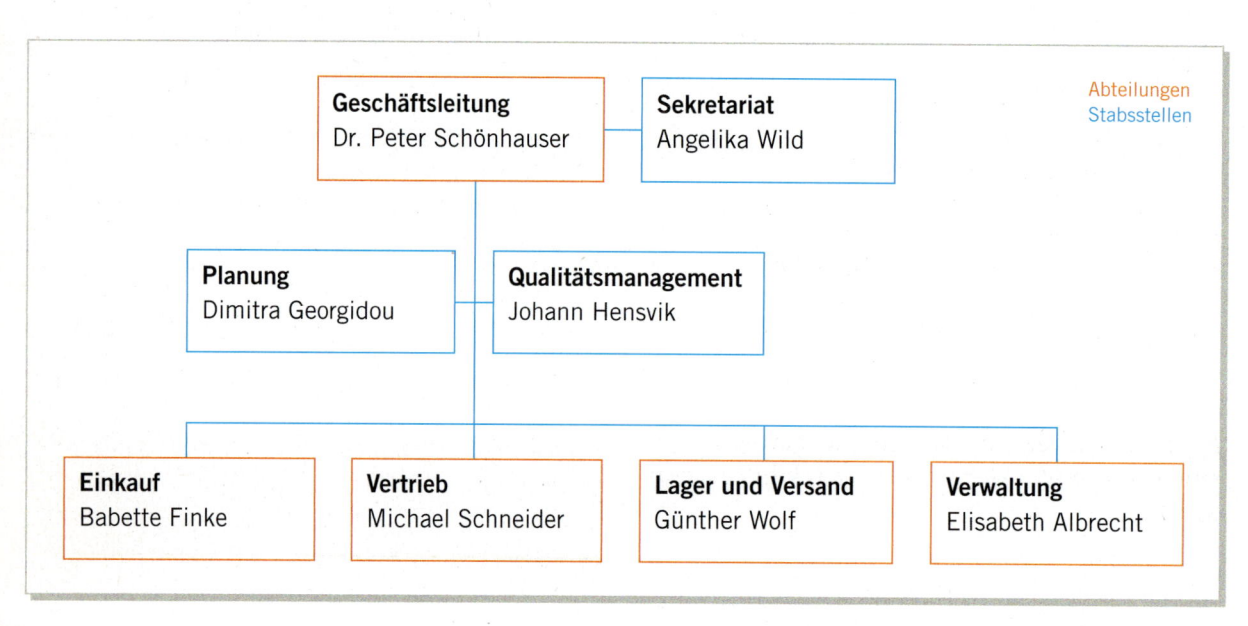

Abteilungen
Stabsstellen

Geschäftsleitung Dr. Peter Schönhauser — **Sekretariat** Angelika Wild

Planung Dimitra Georgidou — **Qualitätsmanagement** Johann Hensvik

Einkauf Babette Finke | **Vertrieb** Michael Schneider | **Lager und Versand** Günther Wolf | **Verwaltung** Elisabeth Albrecht

Grundrisse, Kartogramme oder technische Zeichnungen unterstützen das Verständnis für räumliche Gegebenheiten oder für die Zusammensetzung eines Produktes. Sie haben gegenüber Fotografien den Vorteil, dass unwesentliche Elemente weggelassen werden können. Ein schrittweiser Aufbau erhöht das Verständnis und die Merkfähigkeit. Durch den Grundriss eines Hauses erhält man z. B. nützliche Informationen zur Größe und Anordnung der Zimmer, ohne das Haus selbst zu sehen.

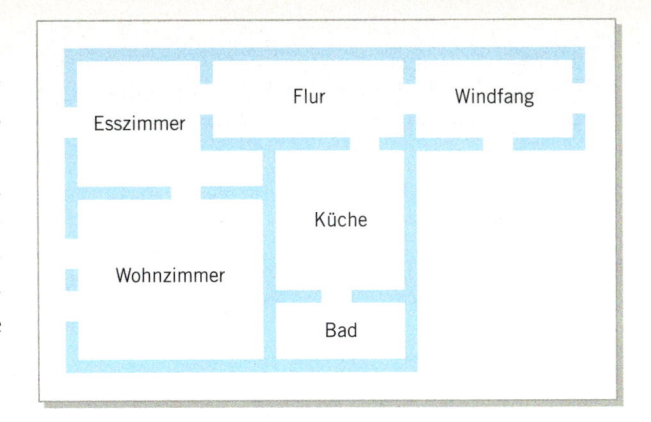

Symbole und Piktogramme werden häufig eingesetzt, wenn es darum geht, die Botschaft zu verstärken bzw. auch ohne Worte zu verstehen.

Nebenstehende Piktogramme zeigen:
Hier wird für den Gast gekocht, man kann essen, trinken und schlafen.

Illustrationen, Cartoons oder Karikaturen „erzählen" komische, satirische oder kritische Geschichten. Das Bild versucht, durch Übertreibung auf die negativen Folgen mangelnder Zahnpflege hinzuweisen.

Fotografien und Filme als wirklichkeitsgetreue Darstellungen sind wichtig, wenn Genauigkeit verlangt wird. Dieses Foto diente der Vorlage bei einem Kreditgeber. Es beweist, dass der Zwerchgiebel des Hauses fertig gestellt wurde.

Noch näher an der Realität sind während der Präsentation ausgeteilte *Muster* oder vorgeführte *Experimente*.

Visualisieren – Kommunikation in Bildern

Farben wirken emotional und beeinflussen unsere Stimmung. Der Einsatz großer Farbflächen ist für das Auge beruhigend und entspannend. Starke Farbkontraste dagegen wirken eher belebend und anregend.

Weiß steht für Klarheit, Einfachheit, Neues.

Orange, die freudig-anregende Farbe, kann ähnlich wie das Gelb eingesetzt werden.

Blau wirkt seriös und eignet sich besonders, um Fakten zu präsentieren und zu erläutern.

Das leidenschaftliche **Rot** steht für Gefahr, aber auch für Konflikte und das Aufstellen von Regeln.

Grün wirkt ausgleichend und beruhigend. Konfliktlösungen/Kompromisse lassen sich damit besonders gut visualisieren.

Braun erscheint warm und kontaktfreudig.

Gelb, die sanft-reizende Farbe, setzt man in der Phase der Ideenfindung ein. Sie fördert die Kreativität.

Vermeiden Sie Hintergrundfarben wie **violett**, **grau** und **schwarz**. Sie wirken düster.

Welche visuelle Lösung ist die richtige?

Ihre Botschaft können Sie mit den unterschiedlichsten Bildern veranschaulichen. Welche Möglichkeit Sie wählen, hängt vor allem von Ihrem Publikum und Ihrem Präsentationsziel ab.

– Ein sachkundiges Publikum möchte überzeugend informiert werden. Mit Listen, Tabellen und Grafiken wirken Sie seriös und kompetent.
– Wenn Sie z. B. vor Kunden Ihres Unternehmens präsentieren: Fügen Sie das Firmenlogo in Ihre Folien ein und beachten Sie, dass auch über die Farbgestaltung der Bezug zu Ihrem Arbeitgeber deutlich wird.
– Bei Festreden steht der Unterhaltungscharakter im Vordergrund. Emotionalisieren Sie mit Fotos und Bildern, die Sie auch selbst herstellen können.
– Präsentationen vor Schülern dienen häufig der Vermittlung neuen Lehrstoffs. Kräftige Farben, Cartoons und animierte Clips können gerade bei einer jungen Zielgruppe für erhöhte Aufmerksamkeit sorgen. Aber übertreiben Sie nicht.

Seien Sie mutig!

Tipp

→ Kein noch so gutes Layoutprogramm ersetzt den Marker in Ihrer Hand. Üben Sie das Anfertigen von spontanen Skizzen – und Sie werden bei jeder Zielgruppe gewinnen.

→ Berücksichtigen Sie bei der Visualisierung Ihres Vortrags Beschränkungen durch:
– die Vorbereitungszeit
– die finanziellen Mittel
– die vorhandenen Medien
– den Präsentationsraum

4 Listen und Tabellen

Listen, Aufzählungen und Tabellen können leicht unübersichtlich oder langweilig wirken. Sie vermeiden solche ermüdenden Listen und Tabellen, wenn Sie die folgenden Punkte beachten:

> *So fängt denn alle menschliche Erziehung mit der Anschauung an. (Kant)*

Inhalt Bei der Vorbereitung der Präsentation müssen Sie sich um möglichst umfassende Angaben zu Ihrem Thema bemühen. Auf der Projektionswand hat dann aber diese Genauigkeit nichts zu suchen. Benötigt das Publikum die exakten Zahlen oder den ausführlichen Text, fertigen Sie Kopien Ihrer Unterlagen an und teilen diese an die Interessenten aus.

Gestaltung Probieren Sie Ihre Folien im Präsentationsraum aus. Auch vom letzten Platz aus müssen Sie alles mühelos lesen können. Wer zu geringe Schriftgrößen wählt (unter 5 mm bzw. unter 20 Punkt), wird sein Publikum verärgern. Wählen Sie angenehme Farben und gut lesbare Schrifttypen. Achten Sie auf ausreichende Farbkontraste.

Listen

Strukturieren Sie Ihre Aufzählungen. Zuerst kommt der wichtigste Begriff. Das ist im folgenden Beispiel sicherlich der Ort, der besichtigt werden soll. Lange Worte sollten Sie – soweit möglich – aus Gründen der besseren Lesbarkeit mit einem Bindestrich trennen.

Reiseziel-Schwerpunkte
- Pisa: Campo dei Miraculi
- Lucca: Dom, Kirchen San Michele und San Frediano
- Florenz: Historisches Zentrum

Reisezielschwerpunkte
- Campo dei Miraculi in Pisa
- Dom, Kirchen San Michele und San Frediano in Lucca
- Historisches Zentrum in Florenz

Heben Sie das Positive hervor. Die sichtbaren Erfolge (Freundschaften, Kommunikation usw.) stellen Sie an den Anfang des Textes. Der Zuschauer weiß dann sofort, was ihm mitgeteilt werden soll. Die Überschrift „Die WGEa nach der Studienfahrt" ist hier überflüssig, da das Thema der Präsentation „Die Studienfahrt der Klasse WGEa" lautet.

Sichtbare Erfolge
- Freundschaften: neu geschlossen
- Kommunikation: erheblich verbessert
- Aggressivität: nicht erkennbar
- Schüler-Lehrer-Beziehung: verständnisvoller

Die WGEa nach der Studienfahrt
- Es wurden viele neue Freundschaften geschlossen.
- Zwischen den Schülern hat sich die Kommunikation erheblich verbessert.
- Aggressives Verhalten ist nicht mehr zu beobachten.
- Lehrer und Schüler haben nunmehr sehr viel mehr Verständnis füreinander.

Visualisieren – Kommunikation in Bildern

Allgemein gilt:

- Nie mehr als 25 Worte pro Liste einsetzen.
- Formulieren Sie im Telegrammstil.
- Nur ein Gedanke pro Punkt.
- Mit Farbe gliedern und hervorheben (aber nicht übertreiben).

Foliengesetz 1379

- Nur **1** Überschrift
- Maximal **3** Farben
- Maximal **7** Gliederungspunkte
- Maximal **9** Zeilen

Lernen Sie das so genannte „Foliengesetz 1379" als Eselsbrücke auswendig.

Tabellen – mehr als nur eine Aufzählung

Klasse: WGEa

	Name	Vorname	Note 1	Note 2	Note 3	Schnitt	Zeugnis
1	Barke	Patrick	4,75	4,00	3,75	4,17	4
2	Fuß	Maxine	4,00	2,00	3,00	3,00	3
3	Heinrich	Christiane	2,00	3,75	3,00	2,92	3
4	Jagdmann	Andreas	4,75	3,00	3,25	3,67	4
5	Koch	Christian	3,50	3,00	1,50	2,67	3
6	Laib	Karin	3,25	2,75	3,75	3,25	3
7	Maurer	Jan	1,00	1,00	1,00	1,00	1
8	Monachello	Ernst	4,00	4,00	3,00	3,67	4
9	Müller	Mandy	4,50	3,00	2,75	3,42	3
10	Özkan	Fatos	3,50	2,75	2,00	2,75	3
11	Pecorelli	Lisa	3,75	2,75	2,00	2,83	3
12	Sari	Fatma	3,00	3,50	2,25	2,92	3
13	Schreyer	Patricia	2,00	2,00	2,25	2,08	2
14	Schuster	Sven	2,50	4,00	3,25	3,25	3
15	Ullmann	Carsten	2,00	2,50	3,50	2,67	3
16	Voelkel	Christina	3,50	2,00	2,75	2,75	3
17	Winkelmann	Gertrud	4,50	4,00	2,00	3,50	3
18	Zapf	Sabrina	4,00	6,00	2,00	4,00	4
	Durchschnitte	gesamt:	3,36	3,11	2,61	3,03	3,06
		w:	3,60	3,25	2,55	3,13	3,10
		m:	3,06	2,94	2,69	2,90	3,00

Die Schlagworte der Listen werden Punkt für Punkt vom Präsentator vorgetragen. Die Tabelle dagegen kann spalten- oder/und zeilenweise erschlossen werden. Die obige Tabelle zeigt z. B. in den Spalten „Note 1" bis „Note 3" die Noten eines jeden Schülers. Der Lehrer kann somit leicht die Leistungsfähigkeit der Schüler untereinander vergleichen. Betrachtet er die Tabelle zeilenweise, kann er erkennen, ob sich ein Schüler im Jahresverlauf verbessert oder verschlechtert hat.

Mit Hilfe eines Tabellenkalkulationsprogramms kann er sich nach Bedarf weitere Informationen verschaffen, z. B. die Durchschnittsnoten der einzelnen Schüler (Spalte „Schnitt") oder die Durchschnittsnoten der einzelnen Klassenarbeiten (Zeile „gesamt:").

Auch bei Tabellen steckt der Teufel im Detail. Die Notentabelle auf S. 70 mag für einen Lehrer – nennen wir Ihn einfach Herrn Kussmann – sehr hilfreich sein. In einer Präsentation hat sie aber nichts zu suchen, denn sie ist viel zu umfangreich. Tabellen in Präsentationen müssen vom Publikum auf einen Blick erfasst werden können.

Beispiel 1

	2000	2001	2002	2003	2004	2005
Zuzüge aus dem Ausland	841 158	879 217	842 543	768 975	780 175	707 352
Fortzüge nach dem Ausland	674 038	606 949	623 255	626 300	697 632	628 399
Wanderungssaldo	24,79 %	44,97 %	35,18 %	22,77 %	11,83 %	12,56 %

Beispiel 2

	2000	2001	2002	2003	2004	2005
Zuzüge (in Hunderttausend)	8,41	8,79	8,43	7,69	7,80	7,07
Fortzüge (in Hunderttausend)	6,74	6,06	6,23	6,26	6,98	6,28
Wanderungssaldo in %	24,8	45,0	35,2	22,8	11,8	12,6

Welche der beiden Tabellen ist für eine Präsentation zu bevorzugen? Sicherlich die zweite Tabelle, denn
– Kopfzeile und -spalte sind hier besonders hervorgehoben,
– die wichtigste Aussage ist farblich markiert,
– die Zahlen sind nicht zu lang und daher gut lesbar.

Aber denken Sie daran: Wenn ein Teilnehmer die genauen Zahlen wünscht, dann müssen Sie als Präsentator diese auch liefern können. Sie können z. B. zusätzlich eine Tabelle mit den exakten Zahlen anfertigen und an interessierte Zuhörer als Kopie aushändigen.

Beispiel 3

	Zuzüge aus dem Ausland	**Fortzüge nach dem Ausland**	**Wanderungssaldo in %**
2000	841 158	674 038	24,79
2001	879 217	606 494	44,97
2002	842 543	623 255	35,18
2003	768 975	626 330	22,77
2004	780 175	697 632	11,83
2005	707 352	628 399	12,56

Wenn Sie diese Tabelle mit dem Beispiel 1 oben vergleichen, werden Sie feststellen, dass sie einfacher zu verstehen ist. Lange Zahlen sind sehr viel leichter zu lesen, wenn sie spaltenweise untereinander stehen.

Visualisieren – Kommunikation in Bildern

Übungen

1 Listen und Tabellen

Verbessern Sie die folgenden beiden Listen und tragen Sie Ihre Verbesserungen im Plenum vor. Begründen Sie die vorgenommenen Änderungen.

Welche Veränderungen in der Datenverarbeitung von uns zu berücksichtigen sind:

- Die Hardware wird immer leistungsfähiger.
- Durch neue Software wird die DV bedienerfreundlicher.
- Durch das Internet kann man an jedem Ort der Welt auf seine Daten zugreifen.
- Neue Berufe entstehen, andere verlieren an Bedeutung oder verschwinden sogar.

Was hat sich an den Wirtschaftsgymnasien im letzten Jahrzehnt verändert?

- In den Klassen gibt es häufig mehr Schülerinnen als Schüler.
- Immer mehr Lehrerinnen unterrichten auch in den Fächern Betriebswirtschaftslehre und Volkswirtschaftslehre.
- Durch den Einsatz des Computers ist die Ausstattung an den Wirtschaftsgymnasien professioneller geworden.
- Durch Projektarbeiten wird der Unterricht zunehmend abwechselungsreicher.

5 Diagramme und Strukturbilder

Diagramme

Stellen Sie zuerst fest, welche Inhalte Sie visualisieren wollen und entscheiden Sie sich dann für den passenden Diagrammtyp.

> *Nichts ist im Geiste, was nicht zuvor in den Sinnen war.*
> *(John Locke)*

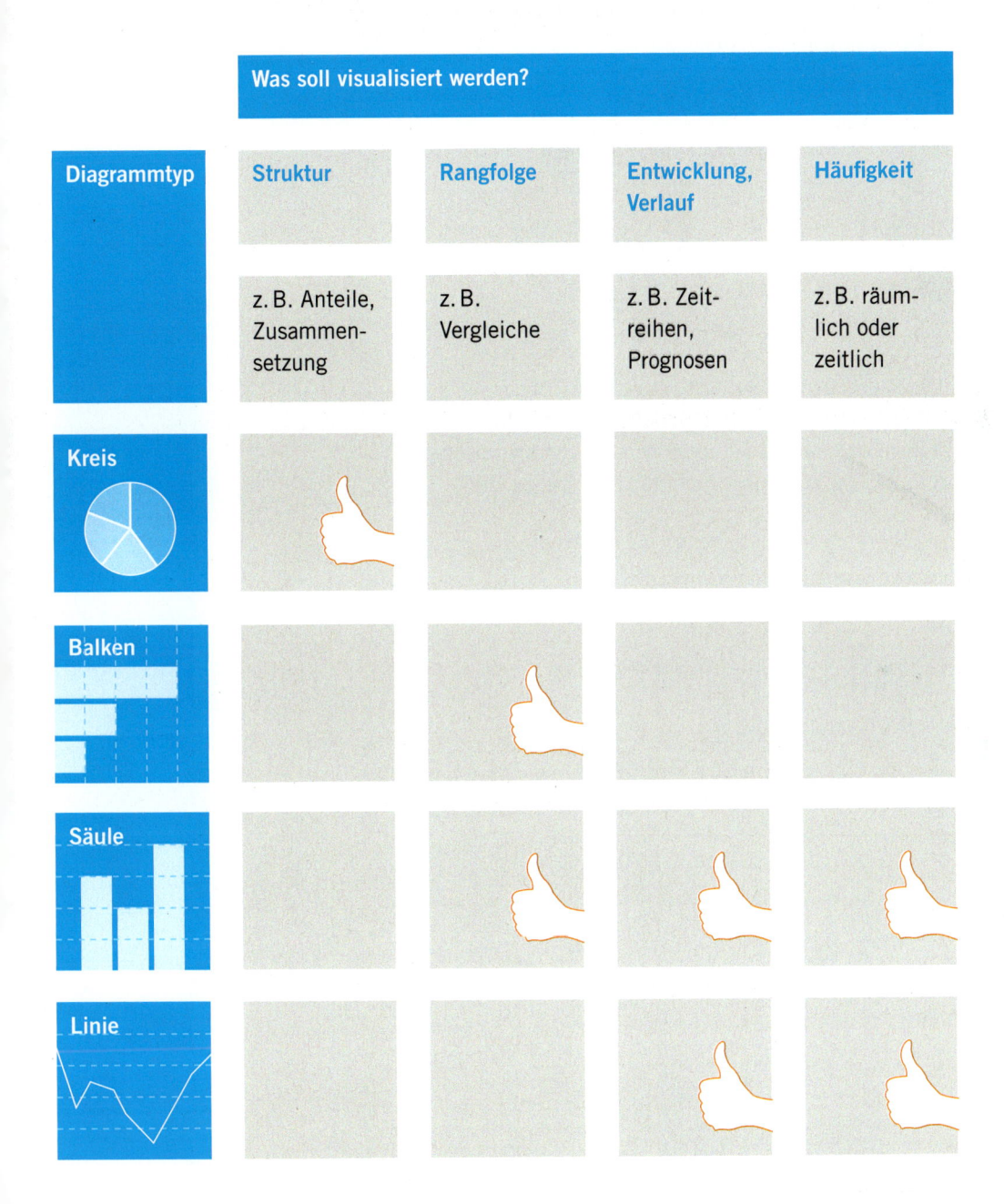

Diagrammtyp	Was soll visualisiert werden?			
	Struktur	Rangfolge	Entwicklung, Verlauf	Häufigkeit
	z. B. Anteile, Zusammensetzung	z. B. Vergleiche	z. B. Zeitreihen, Prognosen	z. B. räumlich oder zeitlich
Kreis	👍			
Balken		👍		
Säule		👍	👍	👍
Linie			👍	👍

Visualisieren – Kommunikation in Bildern

Kreisdiagramm Wie setzt sich der Umsatz eines Unternehmens zusammen? Wie viele Schüler haben in der letzten Klassenarbeit die Note 1, die Note 2 usw. geschrieben? Solche Strukturen lassen sich am besten durch Kreisdiagramme wiedergeben. Verwenden Sie dabei aber nicht mehr als 6 Segmente und ordnen Sie die Segmente nach ihrer Größe im Uhrzeigersinn. Verwenden Sie nicht zu viele Farben und wenn, müssen sie zueinander passen. Oft ist es sinnvoll, nur eine Farbe in unterschiedlicher Tönung einzusetzen. Dabei ist darauf zu achten, die größeren „Kuchenstücke" heller einzufärben als die kleinen Segmente.

So:

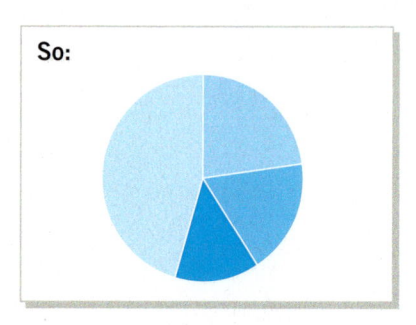

Aber nicht so:

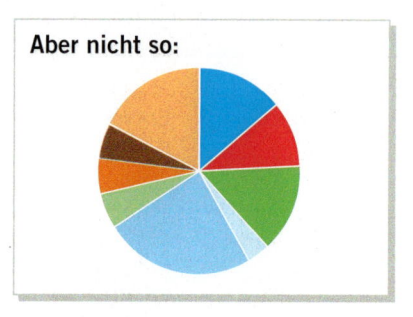

Balken sind für die Darstellung von Vergleichen und Rangfolgen geeignet. Aber Vorsicht: Wir sind daran gewöhnt, uns einen Zeitverlauf von links nach rechts vorzustellen. Setzen Sie demnach Balkendiagramme nicht für Zeitreihen und Säulendiagramme nicht für Rangfolgen ein.

Also so:

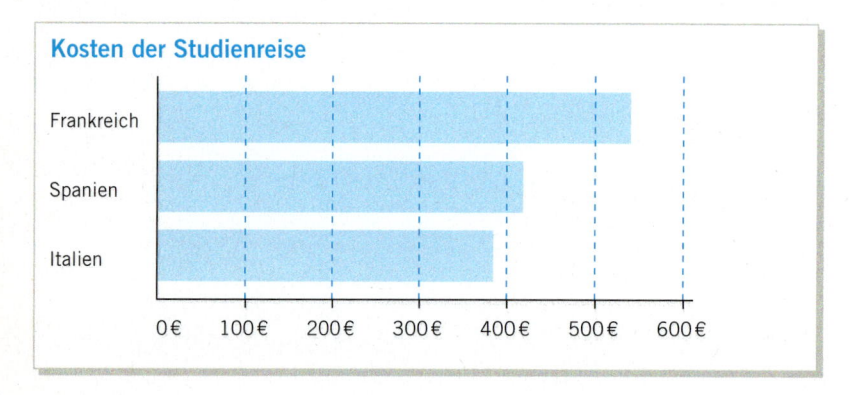

Kosten der Studienreise

Aber nicht so:

Kosten der Studienreise

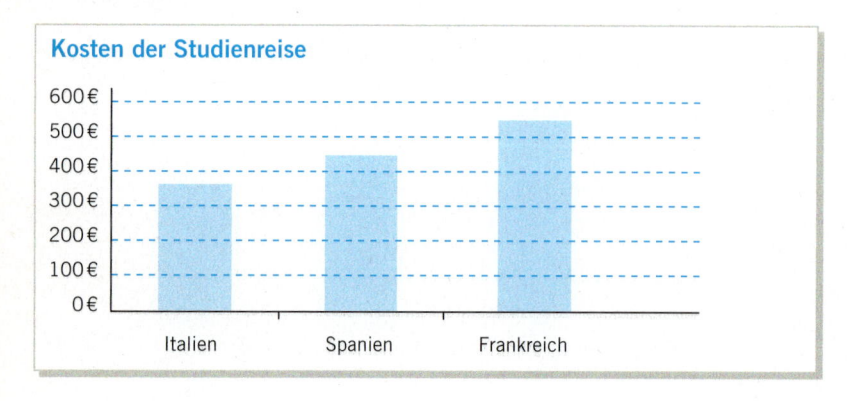

Sortieren Sie die Balken – wie oben geschehen – nach der Größe. Die Zuschauer erkennen dann sehr viel leichter die Rangfolge der Kosten in Euro.

Also nicht so:

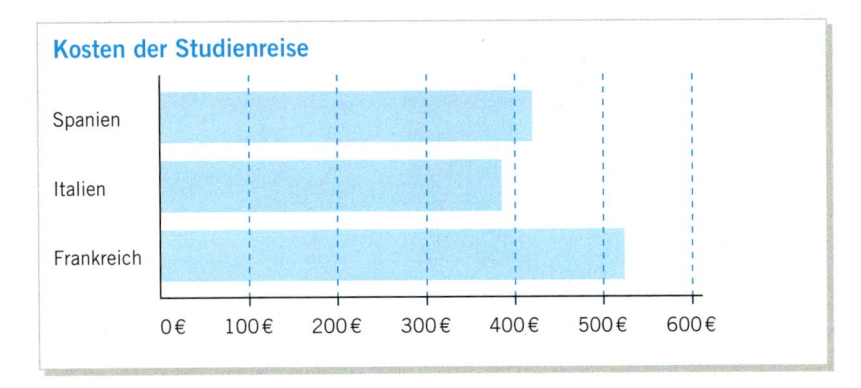

Kosten der Studienreise

Spanien	
Italien	
Frankreich	

0 €   100 €   200 €   300 €   400 €   500 €   600 €

Aber auch nicht so:

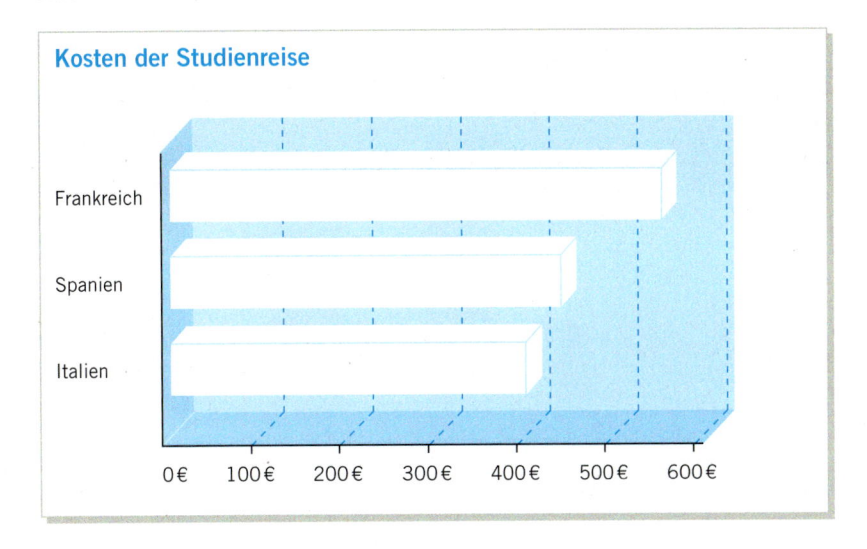

Kosten der Studienreise

Frankreich	
Spanien	
Italien	

0 €   100 €   200 €   300 €   400 €   500 €   600 €

Beliebt sind sie ja, diese dreidimensionalen Diagramme. Aber schauen Sie sich das obige Bild einmal genau an. Merken Sie, welche Schwierigkeiten Sie haben, die genauen Kosten abzulesen? Dreidimensionale Diagramme verzerren die Daten, belasten das Auge und sind damit für viele Präsentationen nicht geeignet. Verwenden Sie dreidimensionale Diagramme nur, wenn die Detailinformation eine untergeordnete Rolle spielt.

Visualisieren – Kommunikation in Bildern

Säulendiagramm Sie möchten die Umsatzentwicklung Ihrer Vertreter in den letzten drei Monaten visualisieren. Da Ihnen jeweils nur drei Werte vorliegen, ist die Entscheidung einfach: Sie wählen das Säulendiagramm.

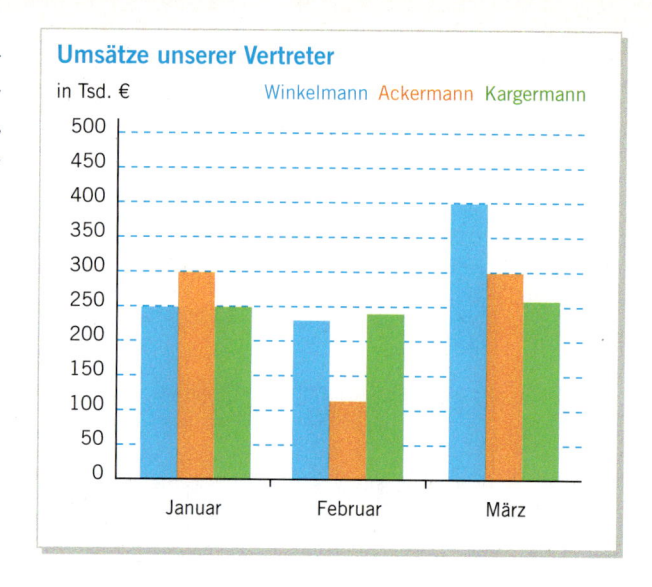

Wenn Sie auch die Entwicklung der Gesamtumsätze zeigen wollen, bietet sich das unterteilte Säulendiagramm an. Beachten Sie aber, dass eine genaue Würdigung der Entwicklung dann nur für den Gesamtumsatz und den Umsatz des Vertreters Kargermann im unteren Säulensegment möglich ist.

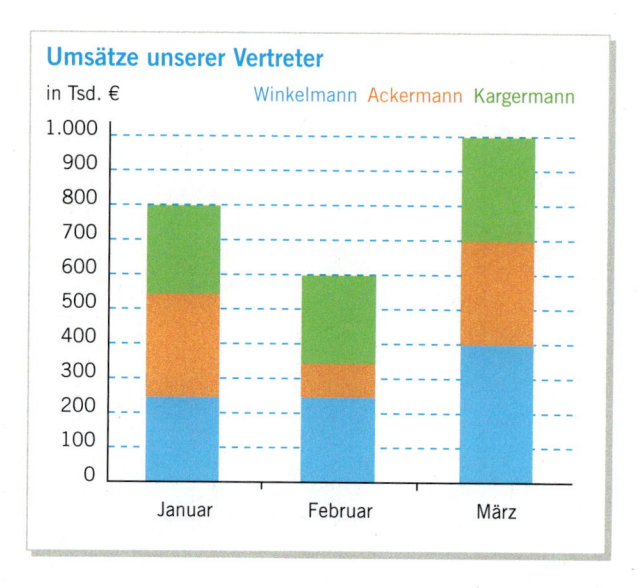

100-Prozent-Säulen Zur Darstellung der Umsatzanteile der Vertreter im Monat Januar eignet sich am besten ein Kreisdiagramm. Wenn Sie aber die Zahlen aller drei vorliegenden Perioden visualisieren wollen, werden Sie anstelle von drei Kreisdiagrammen drei 100-Prozent-Säulen wählen. Nur mit diesem Diagramm werden die Beziehungen zwischen den einzelnen Segmenten auf einen Blick deutlich.

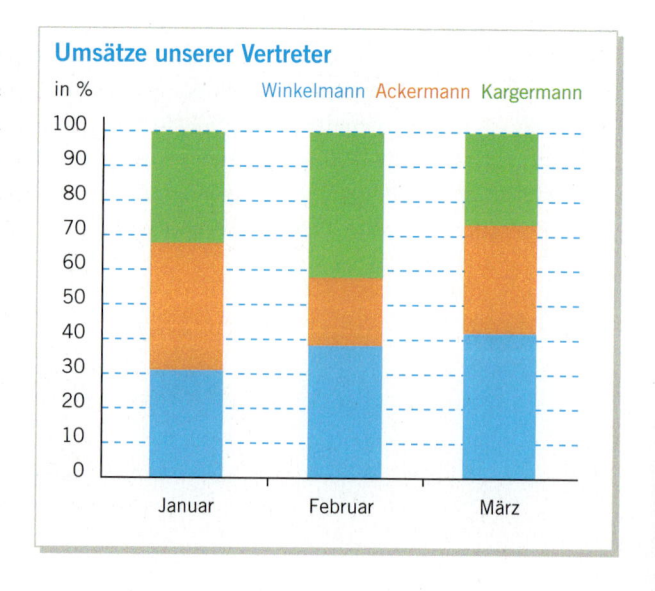

Liniendiagramm Ein Präsentator will zeigen, dass sich durch die Produktionsaufnahme von Badehosen die betriebliche Kapazitätsauslastung im letzten Geschäftsjahr verbessert hat. Offensichtlich wird das erste Diagramm diesem Anspruch besser gerecht.

So:

Kapazitätsauslastung verbessert
in 1.000 Stück

[Liniendiagramm mit Verlaufslinien für Skisocken und Badehosen, Januar–Dezember, Werte 0–40. Saison-Markierungen bei Jan, Jul und Dez.]

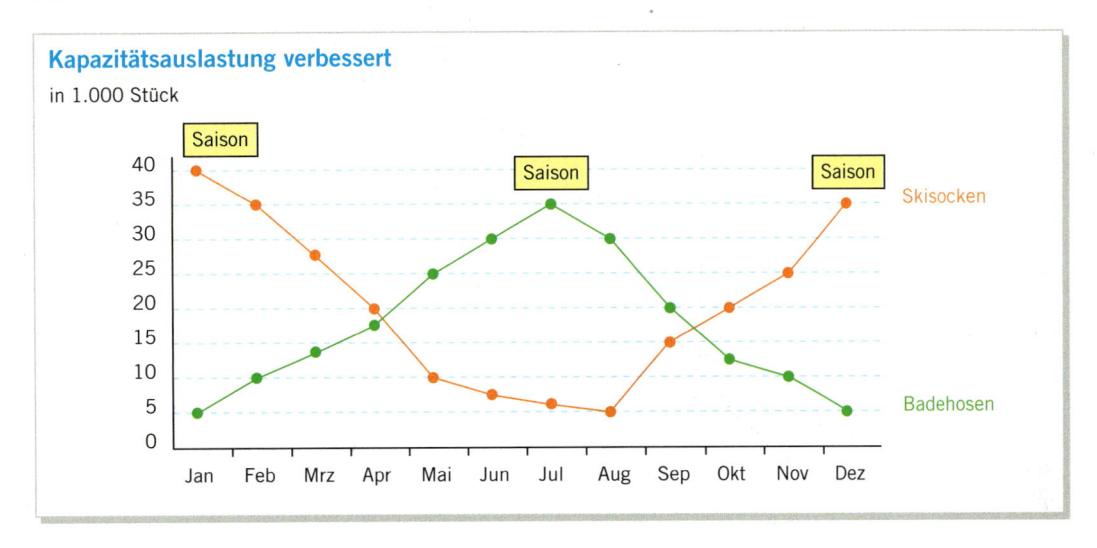

Nicht so:

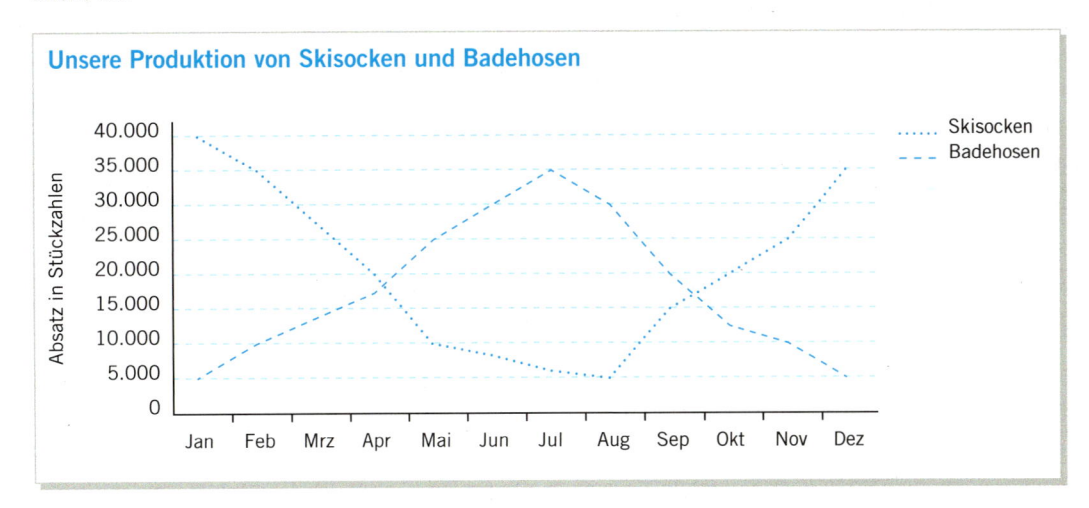

Unsere Produktion von Skisocken und Badehosen

[Liniendiagramm mit gestrichelten Linien für Skisocken und Badehosen, Absatz in Stückzahlen 0–40.000, Januar–Dezember, mit Legende.]

Was Sie beachten sollten:
– Der Titel ist kurz und aussagekräftig und fördert das Verständnis für die Botschaft des Diagramms.
– Die Farben sind angenehm, die Schrift ist deutlich lesbar. Die Verlaufslinien sind dick und die Hilfslinien dünn.
– Die Linien sind direkt beschriftet und müssen nicht mühsam über eine Legende zugeordnet werden.
– Der Verzicht auf senkrechte Schrift vermeidet „Halsverrenkungen".
– Die Zahlen bleiben im menschlichen Vorstellungsbereich.

Günstig sind Blickfänger:

Saison

Der hervorgehobenen Hinweis zeigt dem Betrachter auf einen Blick, warum die Produktionsaufnahme von Badehosen sinnvoll war.

Visualisieren – Kommunikation in Bildern

Manipulation

Präsentatoren, die visuelle Hilfsmittel zusätzlich zu Text und Sprache einsetzen, wirken glaubwürdiger. Diesen Vertrauensvorschuss sollten Sie nicht leichtfertig aufs Spiel setzen. Mit Diagrammen können Sie sehr leicht die Wirklichkeit verzerren, wie das folgende Bild zeigt:

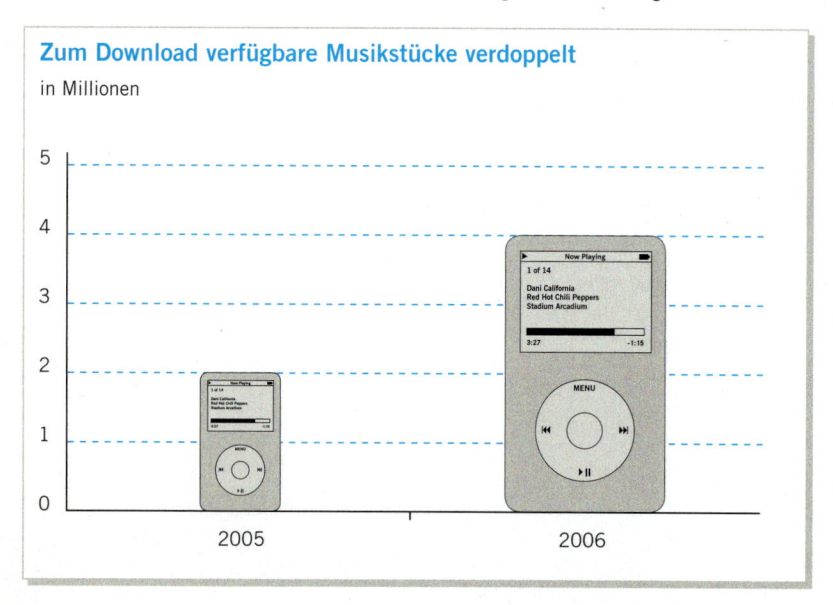

Zum Download verfügbare Musikstücke verdoppelt
in Millionen

Wenn Ihr Publikum diese visuelle Übertreibung bemerkt, wird es möglicherweise auch Ihre anderen Aussagen in Zweifel ziehen. Das folgende Diagramm zeigt den Anstieg der zum Download verfügbaren Musikstücke im richtigen Verhältnis. Mit diesem Diagramm behalten Sie Ihre Glaubwürdigkeit.

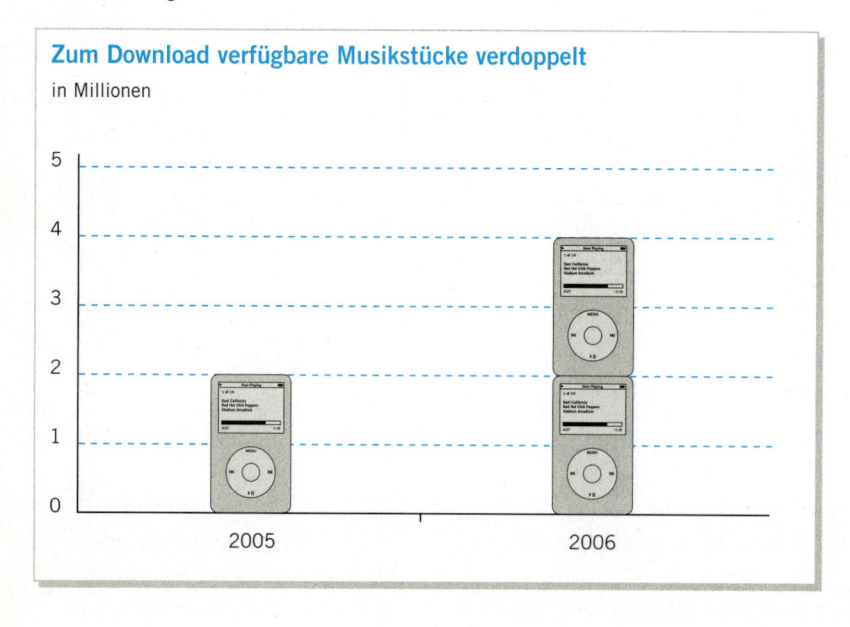

Zum Download verfügbare Musikstücke verdoppelt
in Millionen

Noch beliebter ist die Manipulation durch Veränderung der Skalierung. Das folgende Diagramm zeigt die Entwicklung richtig an:

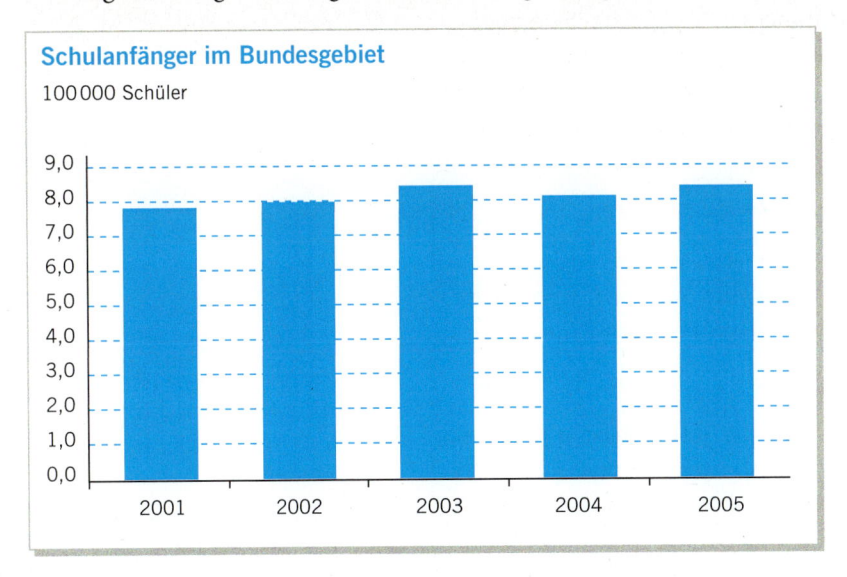

Schulanfänger im Bundesgebiet
100 000 Schüler

Ändert man die Skalierung, wie in den folgenden zwei Bildern geschehen, erscheint die Entwicklung der Zahlen viel dramatischer:

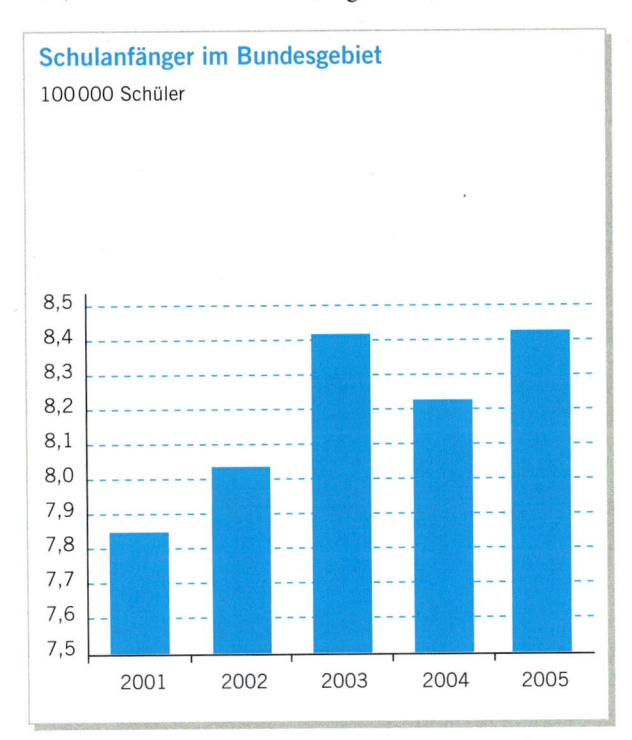

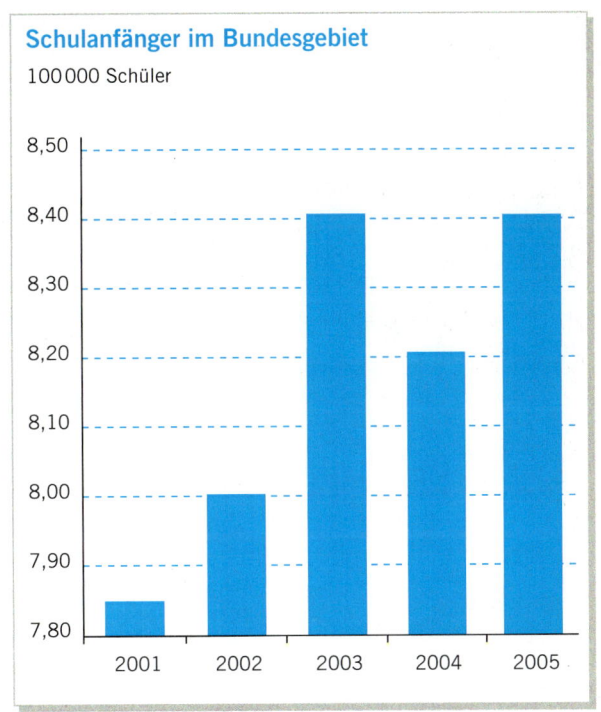

Schulanfänger im Bundesgebiet
100 000 Schüler

Schulanfänger im Bundesgebiet
100 000 Schüler

Visualisieren – Kommunikation in Bildern

Strukturbilder – vom Wort zum Bild

Strukturbilder entstehen aus der Verbindung von geometrischen Figuren mit Text und Linien. Im vorhergehenden Kapitel ging es um Zahlen. Nun sollen abstrakte Begriffe wie z. B. „Umfeld", „Position", „Flexibilität", „Teamfähigkeit" oder „Emission" visualisiert werden. Es geht aber auch um Beziehungen:

Beispiel 1:
Das Entwicklungsland A wird von Unwetterkatastrophen heimgesucht, dadurch ⟶ fällt die Ernte sehr schlecht aus, dies führt zu ⟶ politischen Unruhen, die ⟶ Asylanträge im Industrieland B steigen (Entwicklung, Kausalität).

Überprüfen Sie Ihren Text, ob er sich für die Visualisierung durch ein Strukturbild eignet. Eine Visualisierung des ersten Beispiels könnte folgendes Aussehen haben:

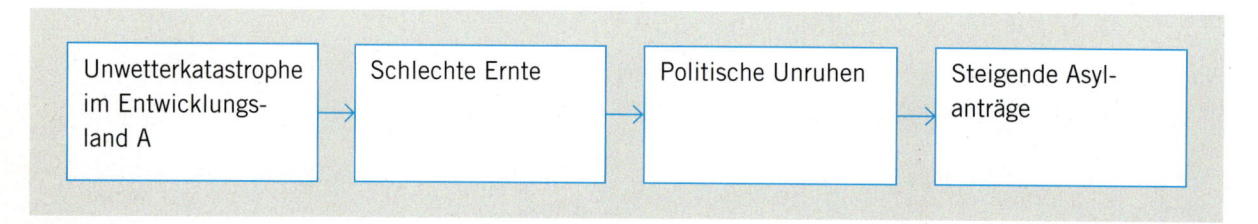

| Unwetterkatastrophe im Entwicklungsland A | → | Schlechte Ernte | → | Politische Unruhen | → | Steigende Asylanträge |

Beispiel 2:
Schüler Erwin lernt den Lehrstoff nicht und ⟶ schreibt schlechte Klassenarbeiten, deshalb ⟶ muss er die Klasse wiederholen (Auswirkung).

Angenommen, Sie möchten visualisieren, wie es mit dem Schüler Erwin im Verlauf des Schuljahrs *abwärts* gegangen ist. Die folgende „Treppe" ist dazu gut geeignet:

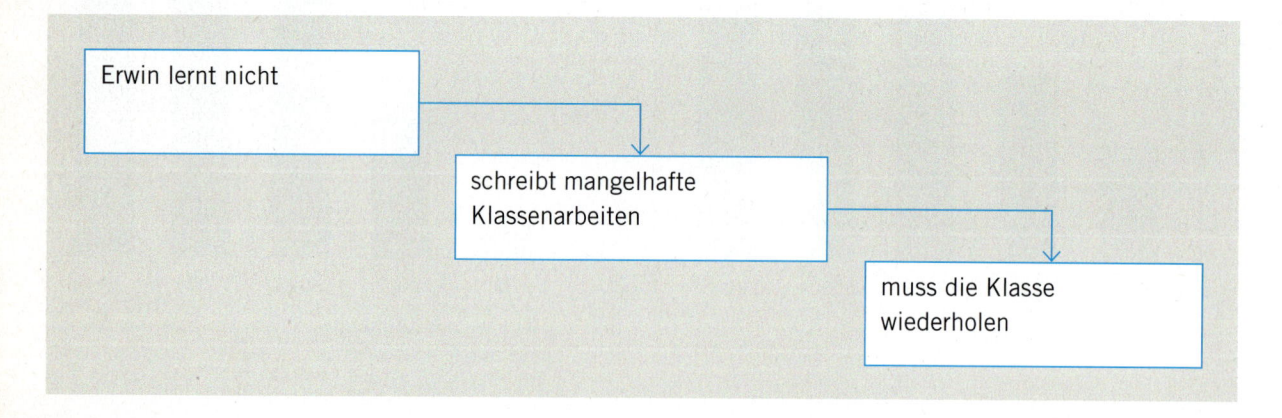

- Erwin lernt nicht
    - schreibt mangelhafte Klassenarbeiten
        - muss die Klasse wiederholen

Oder Sie visualisieren drei negative Folgen, die das Verhalten von Erwin hat:

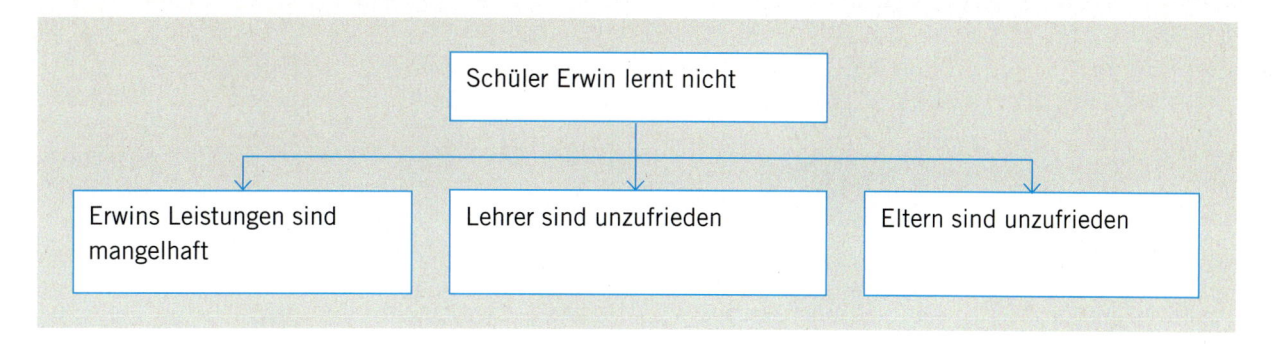

```
                    Schüler Erwin lernt nicht
                    ↓           ↓           ↓
        Erwins Leistungen   Lehrer sind    Eltern sind
        sind mangelhaft     unzufrieden    unzufrieden
```

Hat sich Schüler Erwin erheblich verbessert, so könnte man drei positive Folgen visualisieren:

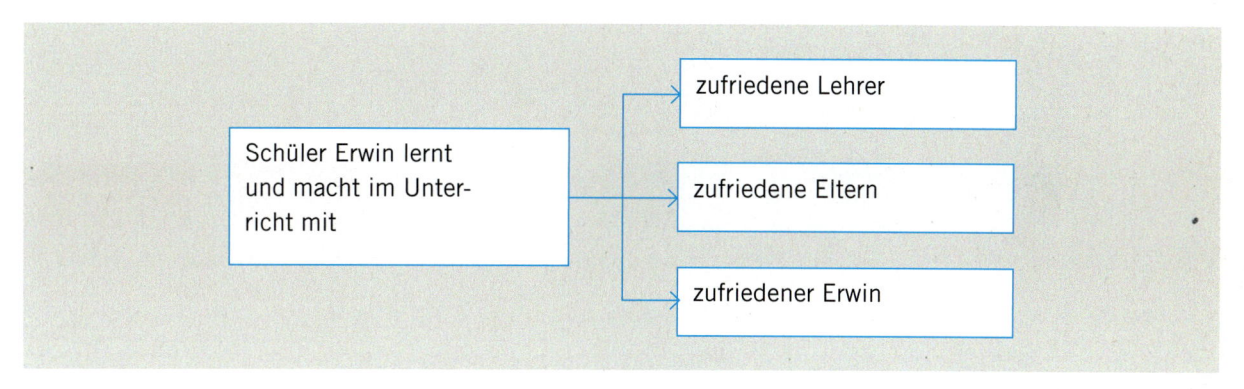

```
                              → zufriedene Lehrer
        Schüler Erwin lernt
        und macht im Unter-   → zufriedene Eltern
        richt mit
                              → zufriedener Erwin
```

Auch aus den Vorsilben von Verben können Sie räumliche Bezüge ableiten und in Bilder umsetzen:

- hineindrängen
- untermauern
- durchdringen
- hervorheben
- herankommen
- vordrängen
- hinterfragen
- danebenliegen

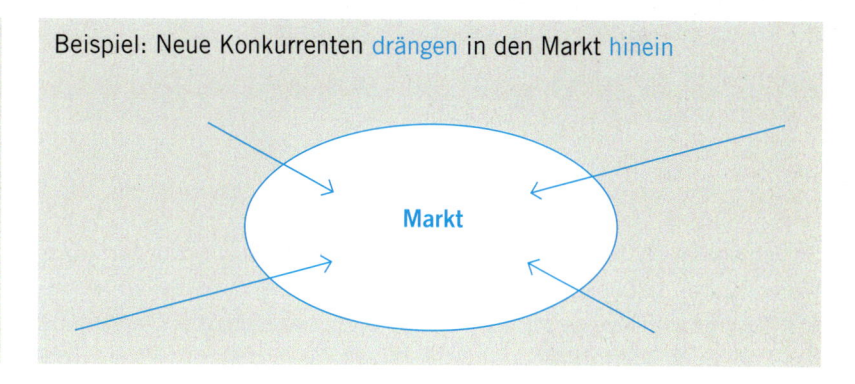

Beispiel: Neue Konkurrenten drängen in den Markt hinein

(Markt) ↘↙↗↖ arrows pointing into the ellipse

Visualisieren – Kommunikation in Bildern

Weitere Beispiele für Strukturbilder:

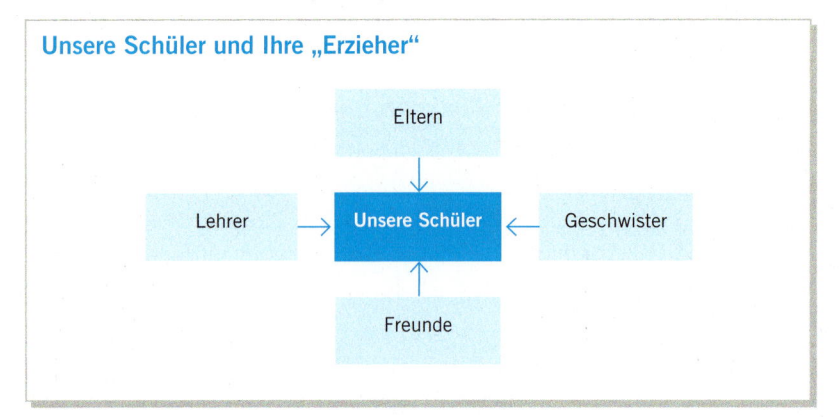

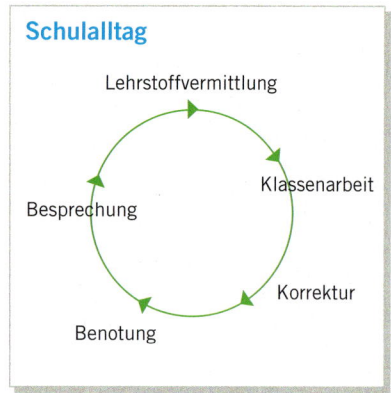

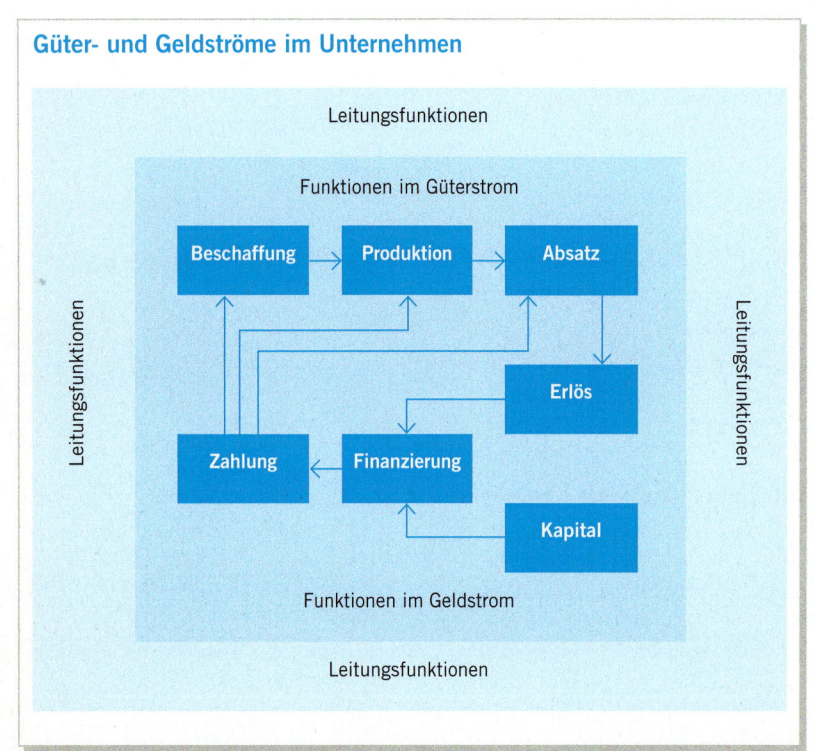

Unsere Schüler und Ihre „Erzieher"

- Eltern
- Lehrer → Unsere Schüler ← Geschwister
- Freunde

Schulalltag

(Kreislauf): Lehrstoffvermittlung → Klassenarbeit → Korrektur → Benotung → Besprechung → (Lehrstoffvermittlung)

Güter- und Geldströme im Unternehmen

Leitungsfunktionen

Funktionen im Güterstrom: Beschaffung → Produktion → Absatz → Erlös → Finanzierung → Zahlung; Kapital → Finanzierung

Funktionen im Geldstrom

Leitungsfunktionen

Erfolgsorientierung in der Schule

Klassenarbeit: Lehrer ⇄ Schüler : Stoffvermittlung

Schichtverfahren Betrachten wir noch einmal die obigen vier Strukturbilder. Zumindest beim vorletzten Bild (unten links) sind die dargestellten Zusammenhänge so kompliziert, dass eine vollständige Darstellung das Publikum überfordern könnte. Fertigen Sie in diesem Fall mehrere Folien mit Teilbildern an, die erst in ihrer Gesamtheit, wenn also alle Folien richtig übereinander liegen, das endgültige Strukturbild zeigen. Dieser schichtweise Aufbau, in Verbindung mit begleitenden Erläuterungen, erleichtert und erhöht das Verständnis und die Merkfähigkeit. Noch einfacher geht es mit einem Präsentationsprogramm.

Aber auch Listen können Strukturbilder werden:

Vorstand der Highlight-AG

- Vorsitzender: Hugo Bester
- Technik: Franz Former
- Finanzen: Horst Zinser
- Personal: John Fire
- Verkauf: Max Reiser

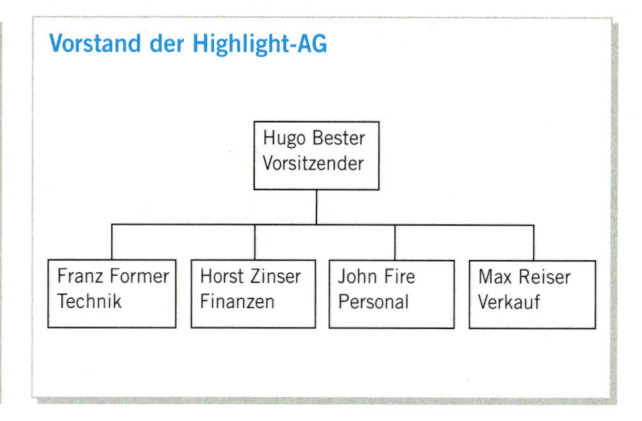

Vorstand der Highlight-AG

```
         Hugo Bester
         Vorsitzender
    ┌────────┼────────┬────────┐
Franz Former  Horst Zinser  John Fire  Max Reiser
  Technik      Finanzen     Personal    Verkauf
```

Weltbevölkerung – Asien auf dem 1. Rang

- Asien   60,5 %
- Afrika und Europa   25,3 %
- Latein- und Nordamerika   13,7 %
- Australien und Pazifik   0,5 %

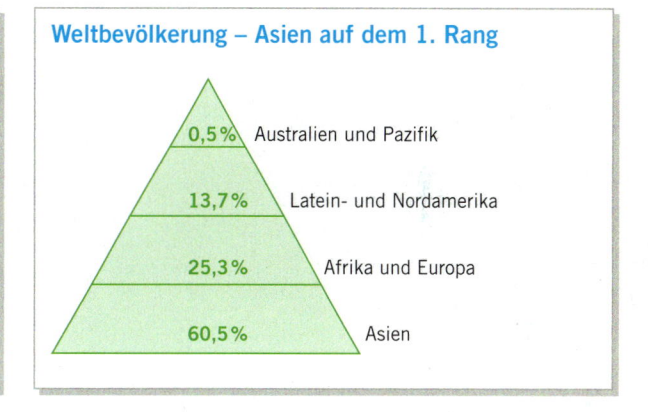

Weltbevölkerung – Asien auf dem 1. Rang

- 0,5 % Australien und Pazifik
- 13,7 % Latein- und Nordamerika
- 25,3 % Afrika und Europa
- 60,5 % Asien

Database-Marketing

- Planung
- Aktion
- Reaktion
- Analyse

Database-Marketing

Planung → Aktion → Reaktion → Analyse → Planung (Kreislauf um **Kundendaten**)

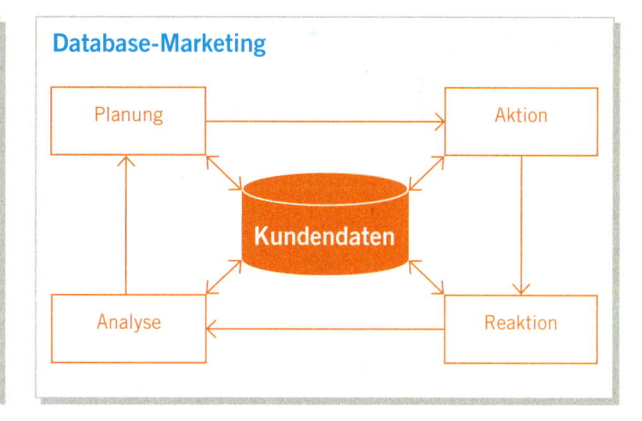

Der Zusammenhang der einzelnen Schlagworte der Listen muss vom Präsentator erläutert werden. Strukturbilder verdeutlichen zusätzlich die Beziehungen, die zwischen diesen Begriffen bestehen. Verständnis auf einen Blick ist die Folge. Der Präsentator kann sich verbal zurückhalten und doch sicher sein, dass sein Publikum die Zusammenhänge versteht.

Visualisieren – Kommunikation in Bildern

Andere wichtige Strukturbilder

Systeme/Beziehungen

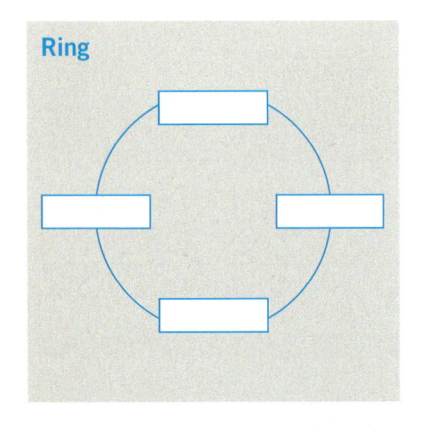

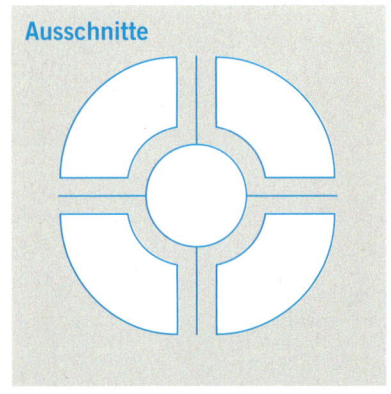

Ring

Ausschnitte

Zusammensetzung

Beziehungen

Ansprechende Gestaltung Wählen Sie Farben, Buchstaben und Linien, die zusätzlich zur linken auch die rechte Gehirnhälfte ansprechen, dann wird Ihre Botschaft vom Publikum gerne aufgenommen. Ordnen Sie die Elemente logisch an. In vielen Fällen sind Kreis und Rechteck völlig ausreichend. Achten Sie außerdem auf eine Anordnung in Leserichtung, also von links nach rechts und von oben nach unten.

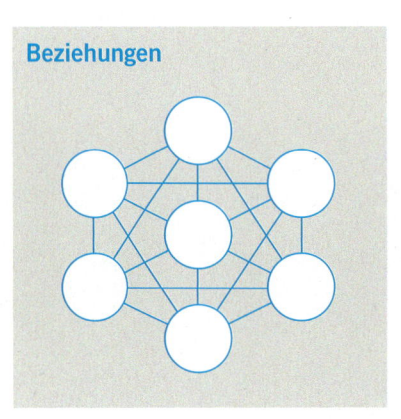

Hierarchien/Einflüsse

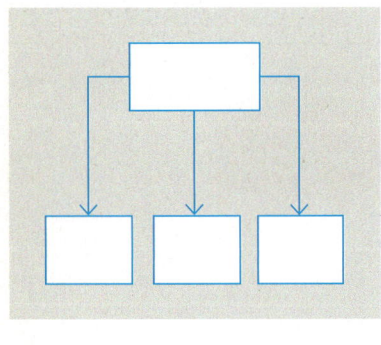

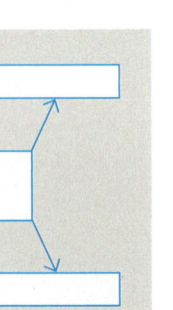

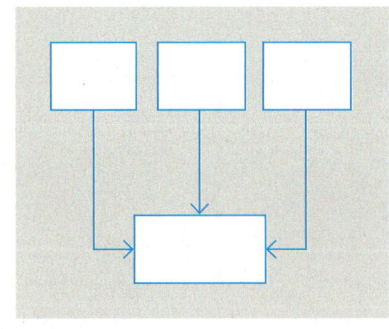

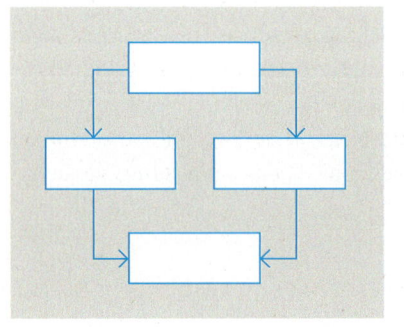

Kunst des Weglassens Das Publikum soll Ihnen zuhören, während Sie mit Hilfe des Strukturbildes vortragen. Wenn Ihr Bild zu viel Schriftliches anbietet, werden Ihre Zuhörer zu Lesern und Sie werden in dieser Zeit völlig überflüssig sein. Begnügen Sie sich deshalb mit Schlagworten in den einzelnen Elementen. Das schafft zum einen Platz, um eine gut lesbare Schrift einzusetzen. Zum anderen benötigen die Zuschauer Ihren Vortrag zum Verstehen und damit Sie als Präsentator.

Entwicklungen/Abläufe

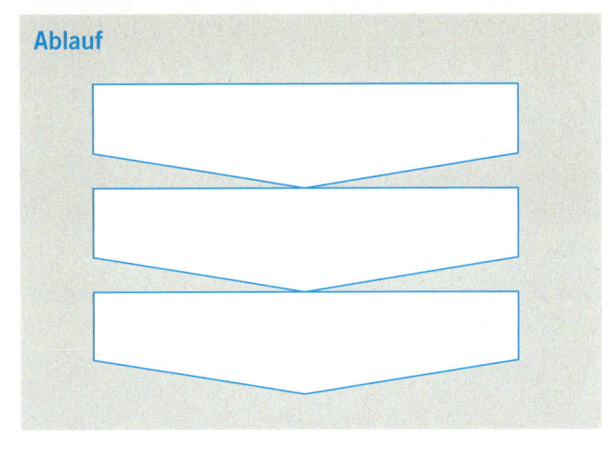

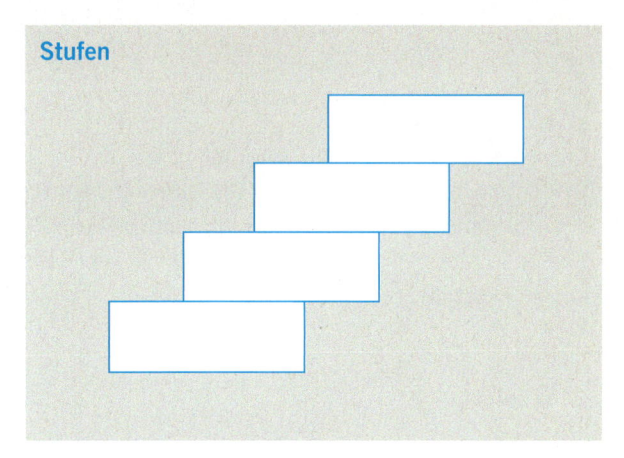

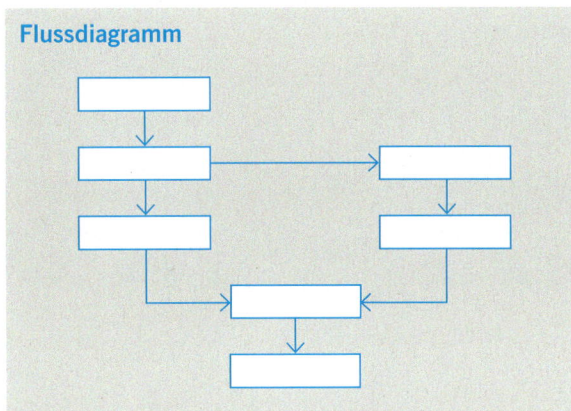

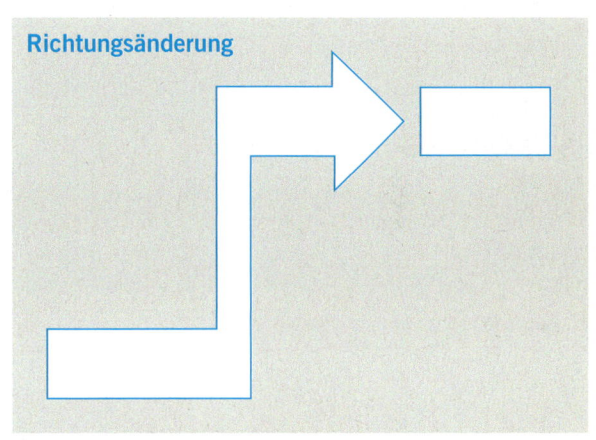

Ablauf

Stufen

Flussdiagramm

Richtungsänderung

Tipps
Gestaltung für Strukturbilder:

→ Beachten Sie die natürliche Blickrichtung von links nach rechts und von oben nach unten.

→ Nicht zuviel hineinpacken. Das Bild muss nicht selbsterklärend sein. Sie wollen sich ja als Präsentator nicht überflüssig machen.

→ Gestalten Sie die Strukturbilder einfach. Schwierige Zusammenhänge bewältigen Sie nicht mit einem einzigen Bild, sondern mit schichtweisem Aufbau.

→ Variieren Sie Linien und Farben in sinnvollem Umfang.

Visualisieren – Kommunikation in Bildern

Übungen

1 Diagrammtypen

Ermitteln Sie für mehrere Jahre die Anzahl der Schüler an Ihrer Schule. Schlüsseln Sie diese Zahl nach von Ihnen gewählten Kriterien auf (z. B. nach Geschlecht, Religion und Alter der Schüler). Fertigen Sie mit dem Ergebnis sinnvolle Diagramme vom Typ Kreis, Säule, Block und Linie an.

2 Manipulation

Sie sollen bei der Präsentation manipulieren. Fertigen Sie ein Diagramm an, das die Entwicklung der Schülerzahlen bei Weitem übertreibt.

3 Fehlersuche

Welche Fehler wurden Ihrer Ansicht nach bei folgenden Diagrammen gemacht?

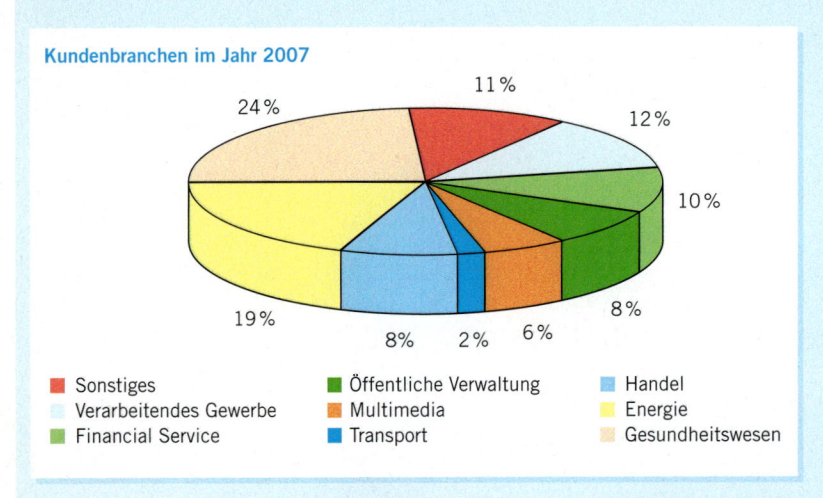

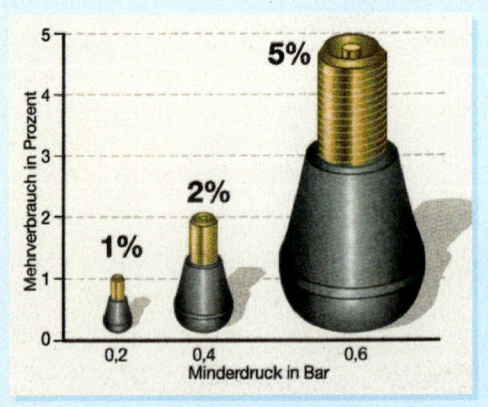

Kundenbranchen im Jahr 2007

- 11 % Sonstiges
- 12 % Verarbeitendes Gewerbe
- 10 % Öffentliche Verwaltung
- 8 % Multimedia
- 6 % Transport
- 2 % Handel
- 8 % Financial Service
- 19 % Energie
- 24 % Gesundheitswesen

aus: ADACmotorwelt, 8/2006

4 Folien erstellen

Fertigen Sie die Folien von Seite 82 an. Sie können mit PowerPoint umgehen? Dann lösen Sie diese Aufgabe am PC. Beispiele für Bilder, die sich aus einzelnen Elementen aufbauen, finden Sie auf der beiliegenden CD. Eine Fundgrube hierfür sind auch die PowerPoint-Präsentationen auf der CD.

5 Wahl des Diagrammtyps

Schauen Sie sich die folgenden zwei Visualisierungen an. Was spricht für, was gegen die gewählten Darstellungsformen? Für welche Darstellungsform würden Sie sich letztendlich entscheiden? Begründen Sie Ihre Ansicht!

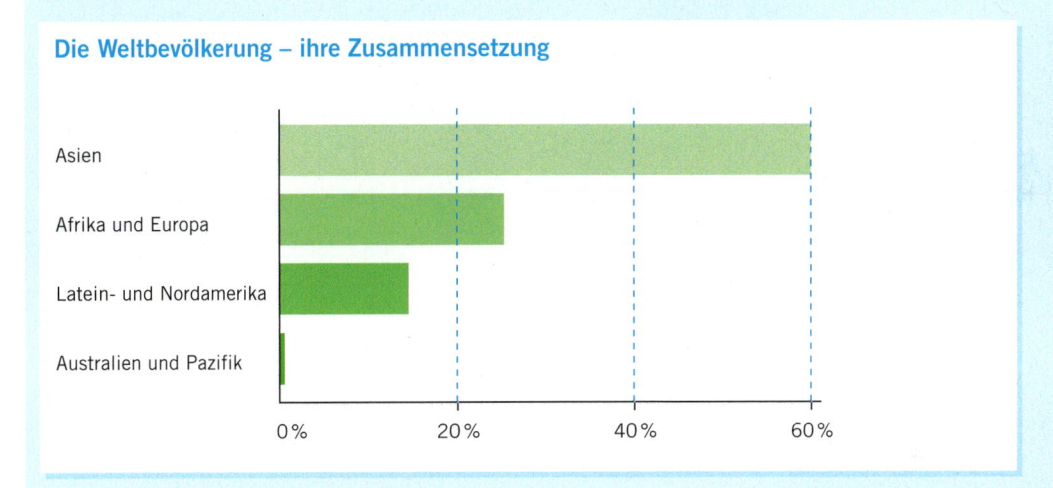

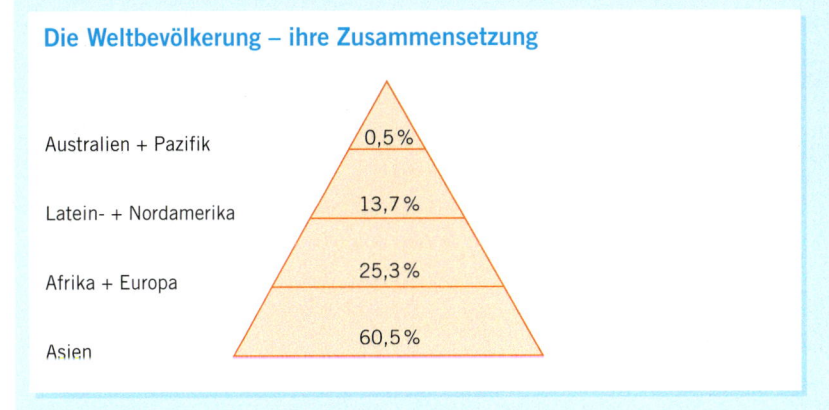

Die Weltbevölkerung – ihre Zusammensetzung

- Asien
- Afrika und Europa
- Latein- und Nordamerika
- Australien und Pazifik

0 % — 20 % — 40 % — 60 %

Die Weltbevölkerung – ihre Zusammensetzung

- Australien + Pazifik: 0,5 %
- Latein- + Nordamerika: 13,7 %
- Afrika + Europa: 25,3 %
- Asien: 60,5 %

6 Kreisdiagramm

Stellen Sie den Sachverhalt aus Aufgabe 5 in der Form eines Kreisdiagramms dar. Würden Sie das Kreisdiagramm dem Balkendiagramm und dem Strukturbild (Pyramide) vorziehen? Begründen Sie Ihre Ansicht!

Visualisieren – Kommunikation in Bildern

7 Ringdiagramm

Das folgende Ringdiagramm zeigt die Struktur der allgemein bildenden Privatschulen in Deutschland (Stand 2004).

a Fertigen Sie für das Beispiel „Weltbevölkerung" aus Aufgabe 5 ein entsprechendes Ringdiagramm an. Die absolute Gesamtzahl für die Weltbevölkerung beträgt 6,555 Mrd. (Stand 2005).
b Welche Schwierigkeiten sehen Sie, die Zahlen des Ringdiagramms mit Hilfe des Strukturbilds Pyramide zu visualisieren?

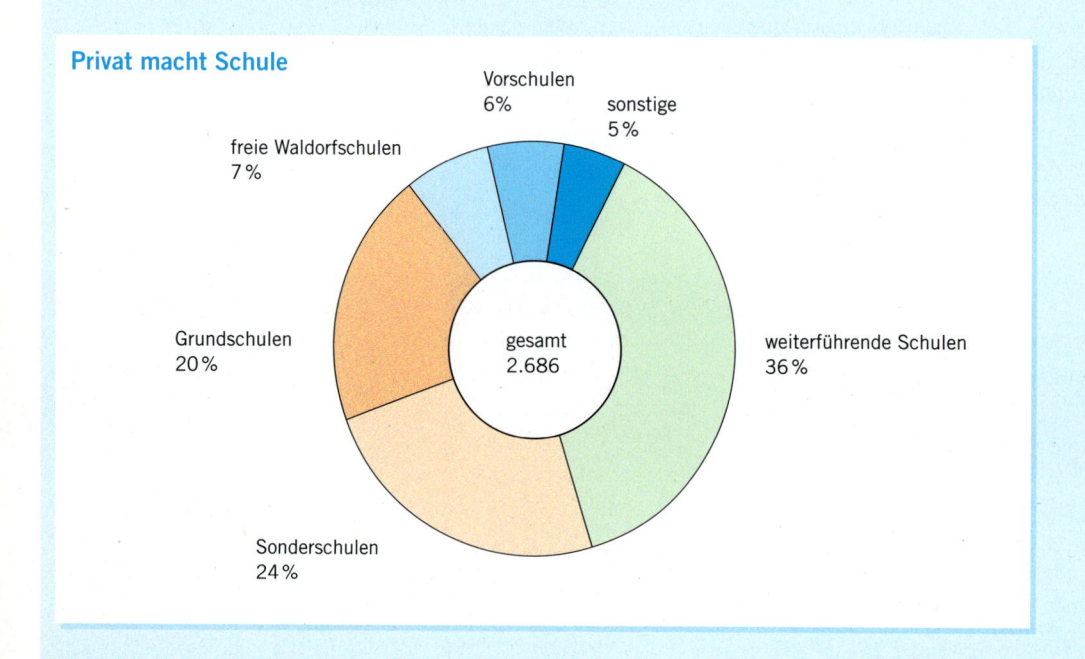

Privat macht Schule

- Vorschulen 6%
- sonstige 5%
- freie Waldorfschulen 7%
- Grundschulen 20%
- Sonderschulen 24%
- weiterführende Schulen 36%
- gesamt 2.686

6 Das Mindmap

„Gedächtniskarte" – so lässt sich der Begriff „Mindmap" direkt ins Deutsche übersetzen. Und tatsächlich stellen Mindmaps eine Möglichkeit dar, unterschiedliche Inhalte in einer Form zu visualisieren, wie sie in etwa den Strukturen der Informationsverarbeitung im menschlichen Gehirn entspricht. Dabei werden Informationen, die die einzelnen Sinnesorgane aufnehmen, nicht willkürlich aneinander gereiht. Es findet vielmehr eine strukturierte Verarbeitung und Speicherung der Inhalte im Sinne eines „Advanced Organizers" statt. Dabei werden jeweils über- und untergeordnete Begriffe zueinander in Bezug gesetzt und ergeben schließlich ein komplexes Beziehungsgeflecht, in das neue Informationen immer wieder eingebunden werden können.

Aufbau Entsprechend aufgebaut sind auch Mindmaps. In die Mitte wird ein zentraler Begriff geschrieben. Um ihn herum werden stichpunktartig verschiedene Aspekte festgehalten, die mit diesem Zentralbegriff in Bezug gebracht werden können. Im Gegensatz zu einem reinen Brainstorming, bei dem die mit der jeweiligen Fragestellung assoziierten Inhalte unstrukturiert aufgelistet werden, können Sie mit einem Mindmap eine inhaltlich orientierte Gliederung in Über- und Unterbegriffe vornehmen. Hierzu dienen Äste und Zweige, die vom Zentralbegriff in der Mitte ausgehen.

Dabei werden je nach Zahl der Gliederungsebenen Hauptäste, Nebenäste, Zweige und Unterzweige unterschieden. Auf diese Weise erhalten Sie ein strukturiertes Bild der mit dem zentralen Begriff verbundenen Inhalte und Begriffe, das sich beliebig erweitern und differenzieren lässt. Durch den Einsatz von Symbolen können die einzelnen Begriffe des Mindmaps zusätzlich veranschaulicht werden.

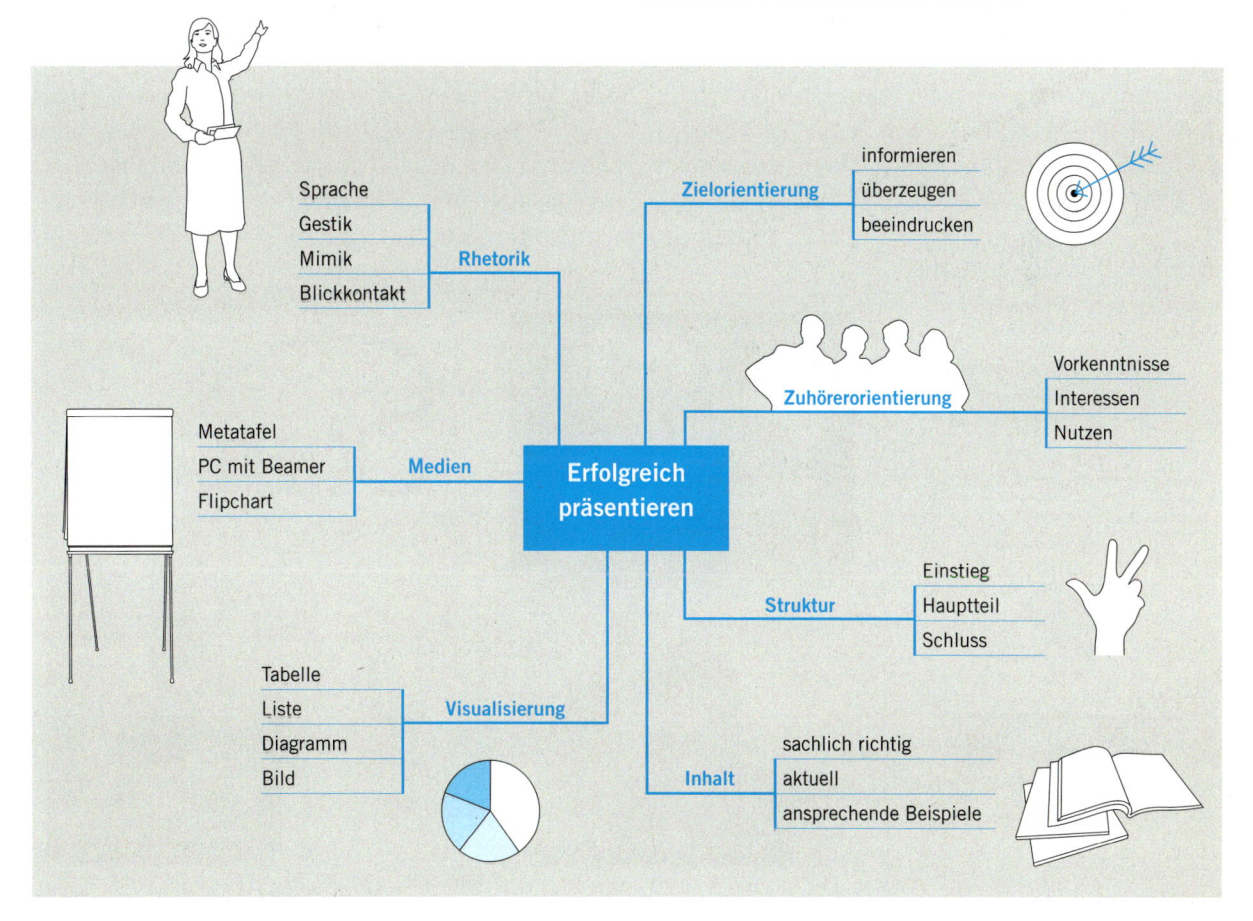

Das Beispiel zum Thema „Erfolgreich präsentieren" auf der vorigen Seite verdeutlicht die Vorgehensweise. Um den zentralen Begriff herum sind an den Hauptästen die wesentlichen Aspekte einer Präsentation aufgeführt: Zielorientierung, Zuhörerorientierung, Struktur, Inhalt, Rhetorik, Medien und Visualisierung. Jeder dieser einzelnen Faktoren setzt sich wiederum aus Teilaspekten zusammen. So beinhaltet z. B. der Begriff „Visualisierung" die unterschiedlichen Arten der grafischen Umsetzung von Informationen, nämlich Tabellen, Listen, Diagramme und Bilder. Diese ließen sich noch weiter unterteilen. So könnte etwa der Begriff „Diagramm" in Liniendiagramm, Balkendiagramm, Kreisdiagramm usw. weiter untergliedert werden.

Die Mindmap-Methode können Sie in ganz unterschiedlichen Zusammenhängen einsetzen. So kann sie beispielsweise zur Planung eines Projektes dienen. Darüber hinaus ist sie auch zur Veranschaulichung komplexer Inhalte, zur Gliederung eines Themas und zur Lernkontrolle sehr gut brauchbar. Dabei ist es sinnvoll, wenn Sie das Mindmap auf einem großen Plakat oder einer Overheadfolie festhalten. Auf diese Weise kann es nicht nur als ständige Gedankenstütze dienen – etwa bei der Bearbeitung einzelner Arbeitsschritte im Rahmen eines Projektes –, sondern es lässt sich zu unterschiedlichen Zeitpunkten immer wieder ergänzen und ausbauen.

> *Sooft als möglich ziehe man die sinnliche Wahrnehmung zu, damit alles sich leichter einprägt…*
> *(Comenius)*

7 Bilder und Symbole

In welchen Fällen lassen sich Symbole und andere Bildelemente sinnvoll einsetzen?

Sie haben z. B. die Aufgabe, über Haustiere zu präsentieren. Für jedes Haustier fertigen Sie eine Textfolie an. Wenn Sie jetzt jeweils das entsprechende Tierbild (Katze, Hund, Maus usw.) neben Ihrem Text einfügen, wird Ihr Vortrag ansprechender. Gleichzeitig fördern Sie beim Publikum die Bereitschaft, sich auf ein neues Tier einzustellen, wenn Sie die Folie wechseln. Das Publikum hört aufmerksamer zu und Sie haben die Gewissheit, dass Ihre Bilder die beabsichtigte Botschaft verstärken.

Die folgenden Bilder zum Thema „Schüler" wirken ganz unterschiedlich auf Ihr Publikum. Die gewählten Bilder sollten deshalb immer genau zum Thema der Präsentation und zu Ihrem Präsentationsstil passen.

Schüler – immer wieder anders

Der Ihnen bereits bekannte Lehrer Kussmann möchte beim nächsten Elternabend die Vorzüge der letzten Studienreise für seine Schüler präsentieren. Er hat dazu folgende Liste angefertigt:

Sichtbare Erfolge

– Freundschaften: neu geschlossen
– Kommunikation: erheblich verbessert
– Aggressivität: nicht erkennbar
– Schüler-Lehrer-Beziehung: verständnisvoller

Wenn er nun die Absicht hat, diese Aussage durch ein Bild zu unterstützen, wird er die von ihm auf der Studienreise aufgenommene Fotografie einsetzen. Mit diesem Bild gelingt es ihm, den „langweiligen Text" interessanter zu machen und die Aussage in beiden Gehirnhälften zu verankern.

Bilder und Symbole unterstützen den Text

Sichtbare Erfolge

– **Freundschaften:**
  neu geschlossen
– **Kommunikation:**
  erheblich verbessert
– **Aggressivität:**
  nicht erkennbar
– **Schüler-Lehrer-Beziehung:**
  verständnisvoller

Wenn Ihnen kein vernünftiges Bild zur Verfügung steht, sie können Bilder auch selbst zeichnen. Niemand kann von Ihnen verlangen, perfekte Bilder zu malen. Wichtig ist nur, dass es Ihnen gelingt, zum Text passende Bilder in die Köpfe der Zuschauer zu tragen.

Vermeiden Sie sinnlose Bilder oder Symbole!

Hund als Haustier
Bevor Sie einen Hund anschaffen
– Rudeltier
– Wohnungsgröße
– Auslauf
– Kosten
– Urlaub

Haustiere in der Großstadt
Bevor Sie einen Hund anschaffen
– Rudeltier
– Wohnungsgröße
– Auslauf
– Kosten
– Urlaub

Das Bild ist hier überflüssig, da nur über den Hund vorgetragen wird. Da der Kleine auch noch so „süß" ist, besteht außerdem sogar die Gefahr, dass den vorgetragenen Belastungen kein Gehör geschenkt wird.

Hier geht es um unterschiedliche Haustiere. Deswegen unterstützt das Bild den Themenwechsel (z. B. von der Katze zum Hund). Aber auch hier gilt: Sie sollten passend zum Thema einen etwas weniger netten Hund einfügen.

Visualisieren – Kommunikation in Bildern

Schwacher Start – erfolgreich gelandet

– Kreatives Management

– Motivierte Mitarbeiter

– Konkurrenzloses Produkt

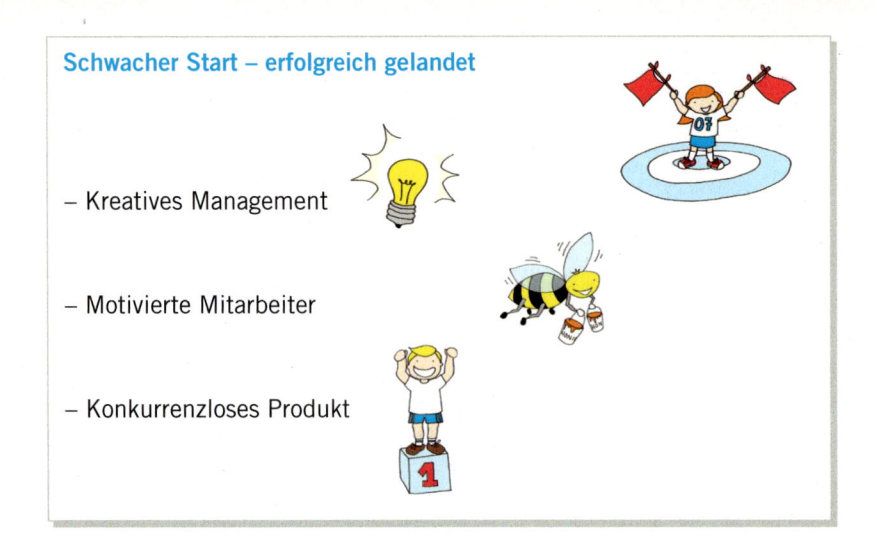

Die Überschrift „Erfolgreich gelandet" ist aussagekräftig genug und braucht keine Mehrfachverstärkung. Auch Begriffe wie „Kreatives Management", „Motivierte Mitarbeiter" und „Konkurrenzloses Produkt" müssen nicht weiter erklärt werden. Die Symbole dienen hier nicht der Verstärkung, sie können aber leicht ablenken. Man spürt förmlich, wie sich der Zuschauer fragt, warum denn neben „Motivierte Mitarbeiter" so eine Art Biene mit Eimern zu sehen ist, und warum neben „Konkurrenzloses Produkt" so ein Männchen auf dem Podest? Rechts oben – soll das vielleicht ein Hubschrauber-Landeplatz sein? In dieser Zeit, und sei sie noch so kurz, hört der Zuschauer Ihrem Vortrag nicht oder nur eingeschränkt zu.

> **Vorsicht: Überflüssige Symbole können ablenken!**

Andererseits, wenn Sie nun diesen Rat beherzigen, sieht die Liste so aus:

Schwacher Start – erfolgreich gelandet

– Kreatives Management

– Motivierte Mitarbeiter

– Konkurrenzloses Produkt

Sicherlich ist diese Form für Geschäftsleute geeignet. Wenn Sie vor jungen Leuten, also z. B. vor Schulklassen präsentieren, dann können Symbole die Aufmerksamkeit stärken und dadurch möglicherweise die leichte Ablenkung aufwiegen.

Schriftbilder

Lehrer Kussmann möchte auf dem nächsten Elternabend die frohe Botschaft verbreiten: „Die Klasse WGEa hat sich in den letzten Monaten stark verbessert." Er entscheidet sich …

… für diese Liste   … und nicht für diese:

Leistungssteigerung

– Klassenarbeiten
– Mitarbeit
– Projektarbeit
– Klassenkonferenz

Leistungssteigerung

– Klassenarbeiten
– Mitarbeit
– Projektarbeit
– Klassenkonferenz

Setzen Sie Schriftbilder gezielt ein. Die folgenden Schriftbilder lassen sich einfach mit einem Textverarbeitungsprogramm erstellen.

Die linkshirnige Botschaft wird durch die größer werdenden Buchstaben rechtshirnig verstärkt.

Unser Marktanteil **wächst**

Die kurvenartige Darstellung des Textes zeigt: nach Rezession und Boomphase hat sich das konjunkturelle Umfeld bereits wieder eingetrübt.

konjunkturelle Entwicklung

Betont wird diese Aussage durch die an einen beschützenden Schirm erinnernde Gestaltung.

Wir sind die Guten

Tipps Was Sie beim Einsatz von Grafiken und Symbolen beachten müssen:

→ Das Angebot an guten PC-Grafiken wird immer umfangreicher und ist leicht verfügbar. Nutzen Sie diese Möglichkeit.

→ Sie kennen das: Es sind immer wieder die gleichen Grafik-Männchen, und Symbole, die in Präsentationen auftauchen. Langweilen Sie Ihr Publikum nicht und vermeiden Sie Assoziationen zu anderen Vorträgen, denn das mindert die Aufmerksamkeit Ihrer Zuhörer.

→ Sie wollen steigende Aktienkurse mit einem angreifenden Bullen visualisieren? Vorsicht! Vielleicht denkt der eine oder andere dabei nicht an Aktien, sondern an seinen Spanienurlaub. Überprüfen Sie Ihre Bilder auf solche Ablenkungsmöglichkeiten.

→ Bilder von verschiedenen Grafikern unterscheiden sich oft sehr stark in Ausdrucksart und Zeichenstil. Ändern Sie den Stil innerhalb einer Präsentation möglichst nicht.

→ Auch wenn Sie manche PC-Bilder noch so schick finden, Maßstab für den Einsatz ist immer: Verstärkt das Bild Ihre Botschaft?

Visualisieren – Kommunikation in Bildern

8 Wie Texte bildhaft werden

Untersuchen Sie Ihren Text, ob er nicht auch als Bild dargestellt werden kann. Jeder kennt Witze in Bildform, Karikaturen oder ähnliche Illustrationen. Was ist bei solchen Bildern in einer Präsentation zu beachten? Sehen Sie sich die folgenden Bilder an:

> *Wir sprechen überhaupt zuviel, wir sollten viel mehr zeichnen.*
> *(Goethe)*

Unsere Anlagen

– Anleihen – Kurse steigen: Wir kaufen
– Gold – Preis stagniert: Wir verkaufen
– Dollar – Kurs fällt: Wir verkaufen
– Aktien – Baisse: Wir kaufen

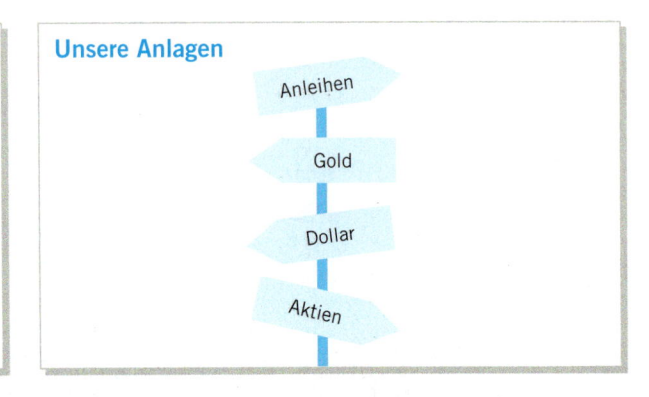

Unsere Anlagen

Anleihen
Gold
Dollar
Aktien

Marktanteile

– Mayer OHG: 19 %
– Titan AG: 43 %
– Kern & Maurer: 21 %
– Wir: 17 %

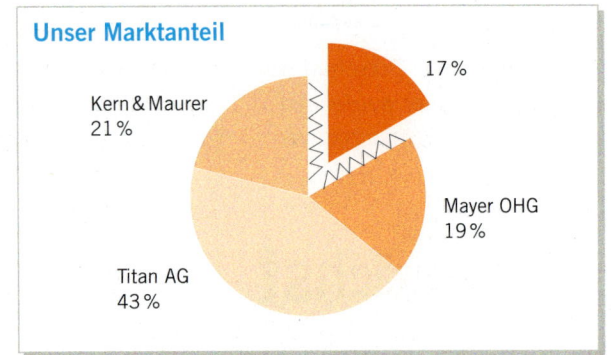

Unser Marktanteil

Kern & Maurer 21 %
17 %
Mayer OHG 19 %
Titan AG 43 %

Mit Comics oder Karikaturen werden Botschaften oft überspitzt dargestellt. Also übertreiben Sie nicht: Wenn die Marktanteile der Konkurrenten für Sie nicht bedrohlich sind, dann haben auch die „Haifischzähne" im Bild nichts zu suchen. Sie verlieren sonst Ihre Glaubwürdigkeit.

Vier Gründe (Wurzeln) für die wachsende Leistungsfähigkeit der Klasse WGEa:

Leistung

Freundschaft
Kommunikation
Lernbereitschaft
Schüler-Lehrer-Beziehung

Für eine ansprechende Gestaltung muss erheblich mehr Zeit aufgewendet werden als für eine Liste. Dafür aber wirkt Ihr „linkshirniger" Vortrag auch auf die rechte Gehirnhälfte und fördert so das Verständnis und die Merkfähigkeit Ihres Publikums. Wenn Sie Bilder herstellen können, die zeigen, wie die Inflation den Euro *weich macht*, wie wir uns gegen die Konkurrenz *wappnen* müssen, wie der jüngste Fleischskandal nur die *Spitze des Eisbergs* ist – machen Sie sich an die Arbeit! Ihr Publikum wird es Ihnen mit vermehrter Aufmerksamkeit danken.

9 Visualisierung zum „Anfassen"

Bei *Mustern* ist zu beachten:
- Bekommt jeder ein Muster und wie viel Zeit geben Sie dem Publikum zur Begutachtung?
- Wenn Sie nur ein Muster zum Durchreichen ausgeben – wie wollen Sie die Aufmerksamkeit für Ihren Vortrag erhalten?
- Soll das Muster beim Zuhörer verbleiben, damit er auch später noch angenehm an Ihren Vortrag erinnert wird?

> Für Experimente gilt:
> Sie müssen immer gelingen!

> *Alles sollte so einfach wie möglich gemacht werden, aber nicht einfacher! (Albert Einstein)*

Tipps
Grundsätzlich gilt für alle Hilfsmittel zur Visualisierung:

→ Wählen Sie angenehme Farben, Buchstaben, die gefallen.

→ Auch in der letzten Reihe müssen Ihre Bilder noch gut erkennbar sein.

→ Zeigen Sie keine Bilder mit unterschiedlicher Tauglichkeit und Gediegenheit während des gleichen Vortrags.

→ Ihre Bilder müssen mit einem Blick erfassbar sein – vermeiden Sie Vollständigkeit. Zum Vervollständigen Ihrer Bilder sind nämlich Sie da – Sie zeigen die Bilder und erläutern und ergänzen sie durch Ihren Vortrag.

Übungen

1 Mindmap

Erstellen Sie – allein oder in Zweierteams – Mindmaps zu einem Thema, das möglichst allen Teilnehmern inhaltlich bekannt ist. Stellen Sie die Mindmaps anschließend im Plenum vor und vergleichen Sie die verschiedenen Entwürfe.

2 Symbole sollen zur Präsentation passen!

Sie sollen einen Vortrag darüber halten, mit welchen Tricks in manchen Allgemeinen Geschäftsbedingungen der Versicherungswirtschaft das Verständnis für eine Lebensversicherung erschwert wird. Sie haben bereits eine Liste erarbeitet:

Sie wollen diese Liste mit einem der folgenden drei Bilder versehen. Wie entscheiden Sie sich? Begründen Sie Ihre Entscheidung! Oder haben Sie einen noch besseren Vorschlag?

Versicherungsklauseln

– Rückkaufwert
– Überschussbeteiligung
– Gewinnbeteiligung
– Beitragsfreistellung

3 Cartoons

Versuchen Sie sich an Cartoons! Setzen Sie folgende Themen um:
a Wie eine schwer zu überwindende *Mauer* wirken die Anforderungen, die eine Präsentation an uns stellt (z. B. hinsichtlich Umfang, Qualität und Informationsbeschaffung).
b Herr Kussmann hat bei drei Reisegesellschaften Angebote für die Studienreise eingeholt und letztendlich mit der Schülerreisen GmbH den Vertrag abgeschlossen. Die Schülerreisen GmbH hatte bei Vertragsabschluss *die Nase vorn*, obwohl sie nicht der billigste Anbieter war.
c Das neue Antivirenprogramm *Igel* schützt den PC vor Viren.

Medien – von der Tafel zum Beamer

Auf einen Blick: In diesem Kapitel lernen Sie
→ welche Medien Sie bei Präsentationen sinnvollerweise einsetzen können,
→ nach welchen Kriterien die Medienwahl erfolgt,
→ welche Grundsätze Sie beim Medieneinsatz berücksichtigen müssen,
→ wie Sie die einzelnen Medien möglichst effektiv einsetzen.

Der Mensch erfährt die Welt durch Bilder.

1 Die Qual der Medienwahl

Wer kennt sie nicht – die Qual der Wahl bei der Suche nach dem geeigneten Medium für die bevorstehende Präsentation? Overheadprojektor, Flipchart, Metaplanwand, Diaprojektor und was es nicht alles gibt an modernen Präsentationsmedien. Die Wahl wird dabei häufig schon allein dadurch eingeschränkt, dass Ihnen gar nicht alle Medien zur Verfügung stehen oder der schlechte technische Zustand einen Einsatz zu riskant erscheinen lässt. Aber selbst wenn dies nicht der Fall sein sollte und der „Medienpark" vollständig und einsatzbereit ist, darf die Wahl des geeigneten Mediums nicht nach dem Zufallsprinzip erfolgen, sondern ergibt sich aus der jeweiligen Situation:

Weitere Praxistipps und Beispiele zur Medienwahl →

Wem wird präsentiert?
Wie viele Personen müssen etwas hören und sehen können? An welche Standards sind sie gewöhnt?

Wo wird präsentiert?
Welche technischen Möglichkeiten sind im Vortragsraum vorhanden? Wie lassen sich die Lichtverhältnisse regeln?

Was können/wollen Sie investieren?
Wie viel Zeit und Geld steht Ihnen für den Entwurf der Vorlagen und für die Vorbereitung der Medien selbst zur Verfügung?

Was wollen Sie erreichen?
Welche Art von Inhalten wollen Sie vermitteln – eher sachlich-informative oder eher emotionale?

Was für ein Präsentator sind Sie?
Mit welchen Medien sind Sie am besten vertraut? Welches Medium „passt" zu Ihnen?

2 Einteilung von Medien – auf die Sinne kommt es an

Welche Medien kommen für eine Präsentation überhaupt in Frage? Die Vielfalt ist zwar groß, aber letztlich auch überschaubar. Zunächst einmal lassen sich alle Medien in Abhängigkeit von den jeweils angesprochenen Sinnesorganen (sehen, hören, fühlen) in vier Klassen unterteilen:
– *Auditive Medien* sprechen nur den Hörsinn an. Dazu zählen Hörbeispiele auf Tonband oder CD.
– *Visuelle Medien* sprechen allein den Sehsinn an. Hierzu zählen klassische Medien wie der Overheadprojektor oder die Schreibtafel.
– *Audiovisuelle Medien* verbinden das Sehen und Hören. Hierzu zählen Videos oder Tonfilme.
– Werden neben dem Seh- und gegebenenfalls Hörsinn weitere Sinnesorgane wie der Tast-, Geruchs- oder Geschmackssinn angesprochen, so handelt es sich um *haptische*, *olfaktorische* oder *gustatorische* Medien. Modelle sind zum Beispiel ein typisches haptisches Medium.

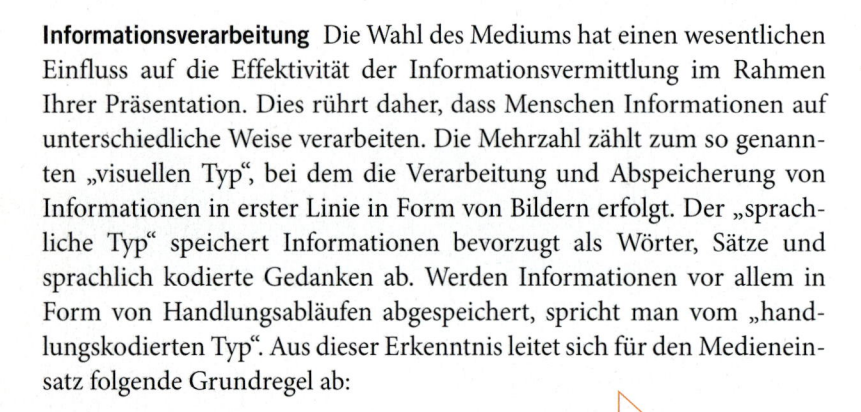

Informationsverarbeitung Die Wahl des Mediums hat einen wesentlichen Einfluss auf die Effektivität der Informationsvermittlung im Rahmen Ihrer Präsentation. Dies rührt daher, dass Menschen Informationen auf unterschiedliche Weise verarbeiten. Die Mehrzahl zählt zum so genannten „visuellen Typ", bei dem die Verarbeitung und Abspeicherung von Informationen in erster Linie in Form von Bildern erfolgt. Der „sprachliche Typ" speichert Informationen bevorzugt als Wörter, Sätze und sprachlich kodierte Gedanken ab. Werden Informationen vor allem in Form von Handlungsabläufen abgespeichert, spricht man vom „handlungskodierten Typ". Aus dieser Erkenntnis leitet sich für den Medieneinsatz folgende Grundregel ab:

→ Seite **61** *Visualisieren*

> **Je mehr Sinnesorgane durch ein Medium angesprochen werden, desto höher ist die Wahrscheinlichkeit, dass die Teilnehmer Ihre Inhalte aufnehmen, verarbeiten und behalten werden.**

Bei Präsentationen werden folgende Medien bevorzugt eingesetzt:

Auditive Medien	Visuelle Medien	Audiovisuelle Medien	Haptische Medien
Tonband CD	Overheadprojektor PC/Laptop mit Beamer Flipchart Pinnwand Schreibtafel Diaprojektor	Video Tonfilm	Modelle Muster Demonstrationsmaterial

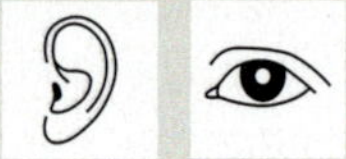

Wirkung des Mediums auf das Publikum Mit all diesen Medien können Sie professionell gestaltete Präsentationen durchführen. Neben den genannten Faktoren kommt bei der Medienwahl der Wirkung, die die einzelnen Medien als solche auf das Publikum ausüben, eine entscheidende Bedeutung zu, denn: Das Medium selbst ist Teil der Präsentation. Aus der Medienwahl und der Art der Präsentation kann das Publikum indirekt auf Ihre Einstellung gegenüber den Zuhörern und die Wichtigkeit des Vortrags für Sie schließen. Verwenden Sie z. B. nur handgeschriebene Overheadfolien für die Abschlusspräsentation einer Projektarbeit, signalisieren Sie Ihrem Publikum, dass Ihnen nur wenig an diesem Projekt gelegen ist.

Dabei dürfen Sie jedoch auch nicht über das Ziel hinausschießen. Haben Sie bisher nur mit einfachen Folien oder gar gänzlich ohne Medieneinsatz präsentiert, so würde eine Multimediashow das Publikum eher irritieren als hilfreich sein. In dem breiten Spektrum an Möglichkeiten sollten Sie sich daher – ausgehend vom bisherigen Standard – nur Schritt um Schritt auf „professionellere" Ebenen bzw. höhere Standards des Medieneinsatzes begeben.

> Welche Medien kennt Ihr Publikum?

Grundsätzlich sollten Sie sich immer fragen, welche Wirkung Sie mit dem gewählten Medium erzielen wollen. Der informative, sachliche Charakter eines Fachvortrags wird durch die Wahl eines „technischen" Mediums (z. B. PC/Beamer oder Diaprojektor) noch verstärkt. Für eine Kurzpräsentation im Rahmen einer Gruppenarbeit, mit der Sie z. B. Ihr Team zur Mitarbeit motivieren wollen, greifen Sie dagegen eher auf „kreative" Medien wie die Metaplanwand oder das Flipchart zurück.

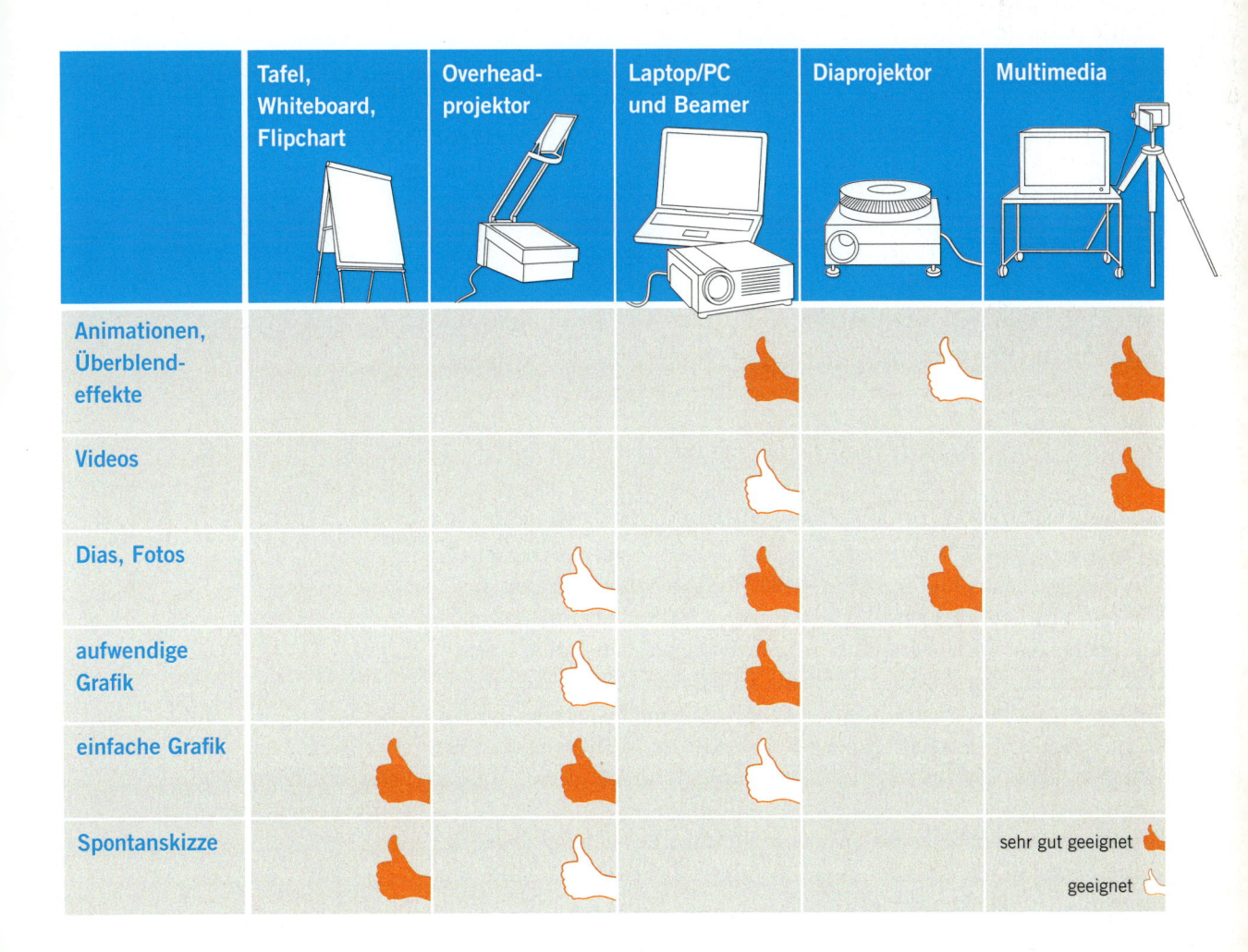

	Tafel, Whiteboard, Flipchart	Overheadprojektor	Laptop/PC und Beamer	Diaprojektor	Multimedia
Animationen, Überblendeffekte			👍 sehr gut	👍 geeignet	👍 sehr gut
Videos			👍 geeignet		👍 sehr gut
Dias, Fotos		👍 geeignet	👍 sehr gut	👍 sehr gut	
aufwendige Grafik		👍 geeignet	👍 sehr gut		
einfache Grafik	👍 sehr gut	👍 sehr gut	👍 geeignet		
Spontanskizze	👍 sehr gut	👍 geeignet			

sehr gut geeignet 👍 (gefüllt)
geeignet 👍 (Umriss)

Medien – von der Tafel zum Beamer

3 Grundregeln des Medieneinsatzes

Die zehn Gebote des Medieneinsatzes Beim Einsatz von Präsentationsmedien müssen Sie – unabhängig vom einzelnen Medium selbst – einige wichtige Regeln beachten. Ohne diese „zehn Gebote" verfehlt jede noch so gut vorbereitete Visualisierung ihren Effekt oder kann sich sogar negativ auf den Gesamteindruck der Präsentation auswirken.

Weitere Tipps und Beispiele zum Medieneinsatz →

1. Ermöglichen Sie allen Teilnehmern eine freie Sicht auf das Medium.

2. Die von Ihnen dargestellten Inhalte müssen für alle gut lesbar und erkennbar sein.

3. Geben Sie den Teilnehmern genügend Zeit für die Aufnahme und das Lesen der Inhalte – schließlich kommen die Zuhörer (normalerweise) unvorbereitet.

4. Halten Sie während des Medieneinsatzes Blickkontakt zum Publikum.

5. Nehmen Sie während der Präsentation immer wieder unmittelbaren Bezug zu den dargestellten Inhalten, und zeigen Sie dies durch Hand, Stift oder Zeigestock an.

6. Erläutern Sie nur das, was durch das Medium tatsächlich dargestellt wird.

7. Bereiten Sie die räumlichen und technischen Gegebenheiten optimal auf den Medieneinsatz vor (z.B. Saal abdunkeln, Sitzordnung optimieren, Stromversorgung für Medien sicherstellen usw.)

8. Überprüfen Sie im Vorfeld und unmittelbar vor der Präsentation den technischen Zustand der Medien.

9. Setzen Sie in Ihrer Präsentation mehrere Medien ein, ohne jedoch eine Medienschlacht zu veranstalten – zwei unterschiedliche Medien können durchaus genügen.

10. Das Wichtigste bei der Präsentation sind Sie als Vortragender selbst.

Wer kennt diesen Effekt nicht: Sie haben viel Zeit und Energie in die Visualisierung gesteckt, aufwendige Grafiken erstellt, keinen technischen Aufwand gescheut – und trotzdem stößt die Präsentation bei den Teilnehmern nicht auf den gewünschten Erfolg. Manche scheinen mit der Informationsflut überfordert zu sein, andere können den „roten Faden" nicht erkennen, Unruhe oder gähnende Langeweile machen sich breit. Oft liegt es ganz einfach daran, dass Sie Ihre Grafiken, Bilder oder Tabellen nur „schlecht verkauft" haben, denn auch der Medieneinsatz will richtig „verkauft" sein.

Präsentieren heißt verkaufen!

Aus diesem Grund sollten Sie bei jeder bildlichen Darstellung folgende sechs Schritte genau einhalten, um das Interesse, Verständnis und die Sympathie des Publikums zu gewinnen.

Der richtige Umgang mit dem Medium

1. **Einen Spannungsbogen aufbauen** Begleiten Sie Ihr Publikum durch die Inhalte Ihrer Präsentation. Dazu ist es wichtig, einen Spannungsbogen aufzubauen, indem Sie das Publikum auf die Bedeutung der kommenden Inhalte einstimmen, ohne schon die „Katze aus dem Sack" zu lassen. Durch rhetorische Fragen („Wie könnte die zukünftige Entwicklung aussehen?") oder den Aufruf zur gedanklichen Mitarbeit („Sehen wir uns die Entwicklung einmal gemeinsam an.") helfen Sie Ihrem Publikum, „am Ball" zu bleiben und den roten Faden nicht zu verlieren.

2. **Das Publikum mit dem Medium konfrontieren** Geben Sie den Zuschauern die Möglichkeit, sich mit dem neuen Bild vertraut zu machen. Was Ihnen selbst durch die Vorbereitung geläufig ist, ist für das Publikum in diesem Moment neu, selbst bei einfachen Darstellungen. Dazu sollten Sie die zuvor angekündigte Grafik oder Tabelle schweigend freigeben und kurze Zeit (einige wenige Sekunden) auf das Publikum wirken lassen – mitunter eine empfundene Ewigkeit für den Präsentator, aber eine großer Gewinn für die Zuhörer, die Ihnen dann umso besser bei den nachfolgenden Erläuterungen folgen können.

3. **Inhalte und Zusammenhänge erschließen** Begleiten Sie das Publikum durch die verschiedenen Bildinhalte, um ihnen das Verständnis zu erleichtern. Dabei hat sich die „BUS-Methode" als vorteilhaft erwiesen. BUS steht für berühren, umdrehen und sprechen:
Zunächst zeigen Sie ohne mündliche Erläuterungen auf das Objekt, über das Sie als Nächstes sprechen möchten. Danach wenden Sie sich zum Publikum und deuten dabei mit der Hand, einem Zeigestab oder Laserpointer weiterhin auf das Objekt. Schließlich benennen Sie das jeweilige Objekt und erläutern die Inhalte.
Sie sollten dem Publikum die Bedeutung jedes neuen Bildes erklären und so den roten Faden durch den gesamten Vortrag spinnen – nur so werden dem Publikum die eigentlichen Ziele Ihrer Präsentation klar.

4. **Aussagen auf den Punkt bringen** Fassen Sie die wesentliche Aussage des Bildes nochmals kurz zusammen. Danach leiten Sie zum nächsten Bild über. Dabei sollte weder das alte noch das neue Bild sichtbar sein. Je schlüssiger Sie die verschiedenen Inhalte der Präsentation miteinander verknüpfen können, desto besser werden die Zuhörer Ihre Ergebnisse und Schlussfolgerungen verstehen. Als Überleitung bieten sich Fragen an wie etwa: „Welche Möglichkeiten ergeben sich nun daraus?" oder Aussagen wie: „Nachdem wir den ersten Aspekt des Problems behandelt haben, kommen wir nun zum zweiten."

Das „Raumverhalten" des Präsentators

Neben der professionellen Darbietung der einzelnen Grafiken, Bilder, Tabellen usw. hat auch Ihre Position als Vortragender im Raum und Ihr Geschick, die Blicke des Publikums zu führen, einen maßgeblichen Einfluss auf den Erfolg der Präsentation. Hierzu einige Hinweise:

Tipps für das richtige Raumverhalten:

→ Sie sollten als Präsentator zusammen mit Ihrem Hauptmedium eine Position im Vortragsraum einnehmen, die sich fast, aber nicht ganz im Mittelpunkt befindet. Diese Position ermöglicht den Zuhörern eine optimale Sicht.

→ Sie und Ihr Medium sollten eine Einheit bilden, indem Sie nicht zu weit auseinander stehen. Das Publikum sollte nicht zwischen Ihnen und dem Medium hin- und herschauen müssen.

→ Sie als Präsentator sollten immer links vom Bild stehen (vom Publikum aus gesehen). Dadurch können Sie zum Aufzeigen bestimmter Einzelelemente von links in das Bild eingreifen. Dort liegen die Zeilenanfänge und der Ursprung von Koordinatensystemen. Ausnahme Overheadprojektor: Bei diesem Medium ist es zweckmäßig, wenn Sie sich aus Sicht des Publikum rechts neben dem Gerät postieren und von dort aus direkt auf die aufgelegte Folie zeigen.

→ Der beste Zeigestab ist die Hand – sie sendet an das Publikum ein stärkeres Signal aus als ein Laserpointer und erleichtert die Blickführung des Publikums. Ausnahme Overheadprojektor: Wenn Sie auf die Folie zeigen, kann ein Zittern Ihrer Hand auf der Projektion sichtbar werden.

→ Während des Vortrags kann es sinnvoll sein, dass Sie die Seiten wechseln – kein Problem, aber wenden Sie dem Publikum dabei niemals den Rücken zu. Ständiges „Hin-und-Her-Rennen" sollten Sie allerdings vermeiden.

falsch — *richtig*

4 Medieneinsatz – gewusst wie!

Der Overheadprojektor

Wer hat es nicht auch schon erlebt: Da spricht ein Referent über ein an und für sich hoch interessantes Thema, aber von dem, was er als „in der Abbildung klar erkennbar" darstellt, sieht man überhaupt nichts – und das, obwohl man in der zweiten Reihe sitzt. Die Schrift auf der Folie ist einfach zu klein! Außerdem enthält die Grafik eine Fülle von Details, so dass man sich kaum zurechtfindet, zumal der Zusammenhang zu dem, was der Redner gerade referiert, weitgehend im Dunkeln bleibt. Dass der Vortragende – verschanzt hinter dem Overheadprojektor – die Abbildung durch seinen Schatten ständig ganz oder teilweise verdeckt, kommt erschwerend hinzu. Und kaum hat man sich auf einer Folie halbwegs zurechtgefunden, wird mit Schwung die nächste aufgelegt – fast im Halb-Minuten-Takt.

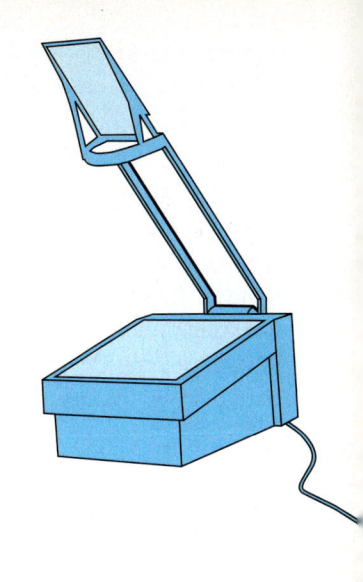

> Vermeiden Sie unbedingt die „Kapitalfehler" der Overhead-Präsentation!

Tipps für die Overheadpräsentation

→ In der Kürze liegt die Würze! Zu viele gleichförmige Folien ermüden und langweilen Ihre Zuhörer. Präsentieren Sie nicht zu viele Folien und lassen Sie jede Folie mindestens zwei bis drei Minuten liegen, damit Ihre Zuhörer ausreichend Zeit haben, sich mit den Inhalten vertraut zu machen.

→ Achten Sie bei der Gestaltung Ihrer Folien auf gute Lesbarkeit und ausreichende Schriftgröße. Überfrachten Sie Bilder und Grafiken nicht mit zu vielen Details.

→ Halten Sie den Blickkontakt zum Publikum und sprechen Sie nicht zur Wand oder „in den Projektor" hinein.

→ Achten Sie darauf, dass die Sicht der Zuhörer auf die Projektionsfläche nicht von Ihnen oder Ihrem Schatten versperrt wird.

→ Ordnen Sie Ihre Folien und achten Sie auf eine ausreichende Ablagefläche für die schon gezeigten Folien. Sollten Sie während der Präsentation eine Folie weglassen oder noch ein zweites Mal auflegen wollen, finden Sie sich sonst in Ihrem „Folienwirrwarr" möglicherweise selbst nicht mehr zurecht.

→ Machen Sie vor Beginn der Präsentation eine „Folienprobe" und stellen Sie den Projektor scharf. So vermeiden Sie, dass Sie die Folien falsch herum, zu hoch oder zu tief auflegen.

Einige weitere Tipps sollen Ihnen helfen, die Möglichkeiten des Overheadprojektors optimal zu nutzen:

Stehen Es empfiehlt sich, dass Sie während der Präsentation stehen – nur so kommt Ihre Persönlichkeit als Präsentator voll zur Geltung. Nur in Phasen oder bei Vorträgen, die rein rational sind und bei denen Ihrer persönlichen Wirkung als Vortragender nur ein geringes Gewicht zukommt, kann die Präsentation mit dem Overheadprojektor auch sitzend erfolgen. In jedem Falle sollten Sie allerdings vermeiden, sich hinter dem Overheadprojektor zu „verschanzen" und eine Barriere zwischen sich und dem Publikum aufzubauen.

falsch

richtig

Gezielte Bewegung Wer andere bewegen will, muss sich selber auch bewegen. Die Bewegungen im Raum sollten jedoch sehr behutsam erfolgen um beim Publikum nicht den Eindruck von Hektik oder Nervosität zu erwecken. So ist es durchaus sinnvoll, wenn Sie hin und wieder Ihre Position von der einen auf die andere Seite des Overheadprojektors wechseln, sofern sich dies anbietet. Mehr als ein Seitenwechsel pro Folie ist jedoch zu viel.

Zeigen auf der Folie Um bestimmte Einzelelemente in einer Abbildung zu zeigen, sollten Sie die entsprechende Stelle möglichst auf der Folie selbst (also auf dem Overheadprojektor) markieren, nicht auf der Projektionswand. Auf diese Weise umgehen Sie die Gefahr, dem Publikum den Rücken zu zeigen und gegen die Wand zu sprechen. Zum Markieren von Einzelelementen direkt auf der Folie sollten Sie nie die Hand verwenden – ein mögliches Zittern der Hände durch die Nervosität überträgt sich auf die Projektionswand. Verwenden Sie besser Zeigehilfen in Form von neutral geformten (eckigen) Stiften oder Folienzeiger (kleines durchsichtiges Lineal in Form einer Hand). Auf diese Weise können Sie ein beliebiges Objekt anvisieren und durch Ablegen der Zeigehilfe dauerhaft markieren.

Blickkontakt Lösen Sie so oft wie möglich den Blick vom Overheadprojektor und schauen Sie zum Publikum. Dies fördert nicht nur den Kontakt zu den Zuschauern, sondern schont auch die Augen.

Projektor abschalten Beim Wechsel des Mediums oder bei längeren Pausen sollten Sie den Overheadprojektor abschalten bzw. abdecken. Auf diese Weise stellen Sie sicher, dass die Aufmerksamkeit des Publikums Ihnen als Präsentator gilt und nicht der hell angestrahlten Projektionswand.

Folien nummerieren Um ein Folienchaos zu vermeiden, sollten Sie alle Folien durchnummerieren. Das erleichtert die Suche – etwa in einer anschließenden Diskussion.

Folien ordnen Bei größeren Folienmengen empfiehlt es sich, diese in einem Ordner oder zwei Schachteln (eine für die noch nicht gezeigten Folien, eine für die gezeigten mit der Vorderseite nach unten) abzulegen. Spezielle Präsentationshüllen (Flipframes) schonen die Folien bei mehrfachem Einsatz, verleihen dem Bild klare Konturen und ermöglichen den Vermerk von Stichworten auf den angebrachten Papierseitenstreifen.

Bildschärfe prüfen Stellen Sie unmittelbar vor der Präsentation mit einer Testfolie den Overheadprojektor scharf ein. Da sich die Scharfstellung gerade bei älteren Geräten im Laufe der Zeit verändern kann, müssen Sie die Bildschärfe während der Präsentation gelegentlich kontrollieren.

Die Abdeckmethode („Folien-Striptease") sollten Sie sehr sparsam und nur wenn unbedingt notwendig einsetzen. Das Publikum interessiert sich nämlich für den abgedeckten Teil sehr viel mehr als für den sichtbaren und ist dadurch abgelenkt. Bei einem möglichen Einsatz sollten Sie Folgendes beachten: Große Zeilenabstände, zum Abdecken einen festen Gegenstand benutzen (Karton, Pappe oder Ähnliches), damit ein Herunterfallen verhindert wird, und vor dem Auflegen der Folie sollten Sie kurz erläutern, warum Sie den Rest der Folie abdecken.

Vorteile Overheadprojektor	Nachteile Overheadprojektor
– Folien können vorbereitet werden – Folien sind wiederholt einsetzbar – Folien können abgedeckt, übereinander gelegt und parallel aufgelegt werden – Präsentation bei Tageslicht möglich	– Farbfolien sind relativ teuer in der Herstellung (Druckkosten) – Medium wirkt u. U. „veraltet" – Lesbarkeit der Folien kann bei starkem Lichteinfall gemindert werden

Das Flipchart

Ein (scheinbar) einfaches, aber – gekonnt „in Szene gesetzt" – wirkungsvolles Präsentationsmedium ist das Flipchart. Es besteht aus einer Art von überdimensionalem Notizblock, auf dem man mit entsprechend dicken Filzstiften schreiben kann. Und darin liegt bereits das größte Problem beim Einsatz des Flipcharts im Rahmen von Präsentationen – die Lesbarkeit der Schrift. Um die Vorzüge dieses Mediums optimal zu nutzen und „Was soll denn das heißen?"-Zwischenrufe aus dem Publikum zu vermeiden, sollten Sie einige Tricks beachten:

Welche Stifte eignen sich? Filzstifte mit abgeschrägten Kanten haben im Gegensatz zu runden den Vorteil, dass Sie mit ihnen je nach Haltung eine breite oder eine schmale Linie zeichnen können. Dadurch erhöhen sich die individuellen Gestaltungsmöglichkeiten.

Wie hält man den Stift? Halten Sie den Stift möglichst so, dass jeweils die senkrechten Linien mit der breiten Seite des Stiftes gezeichnet werden, um dadurch einen „plastischen" Effekt zu erzielen. Die einmal gewählte Haltung des Stiftes sollten Sie während des Schreibens beibehalten und ihn nicht in der Hand drehen.

Wie groß muss die Schrift sein? Die Größe der Schrift hängt von der Dicke Ihres Stiftes ab. Als Grundsatz gilt: Die Schriftgröße sollte mindestens die zehnfache Strichstärke betragen. Die Mittellänge der Schrift sollte dabei etwa die Hälfte der Gesamthöhe ausmachen, die Ober- und Unterlängen jeweils ein Viertel.

Wie schreibt man? Schreiben Sie in Druckschrift mit Groß- und Kleinbuchstaben. Die dadurch bedingten Ober- und Unterlängen lassen die Worte optisch strukturierter erscheinen und machen sie damit auch aus größerer Entfernung besser lesbar. Schreiben Sie die einzelnen Buchstaben möglichst eng zusammen – eine kompakte Schreibweise erhöht die Lesbarkeit.

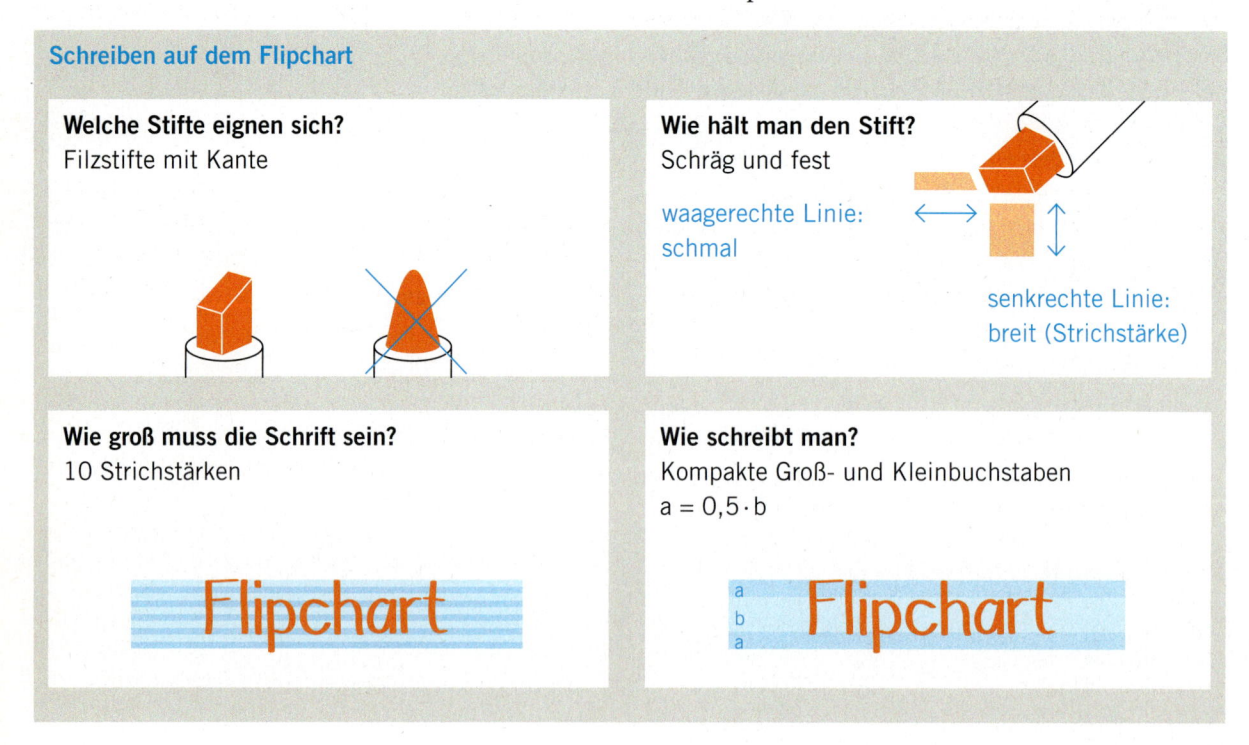

Schreiben auf dem Flipchart

Welche Stifte eignen sich?
Filzstifte mit Kante

Wie hält man den Stift?
Schräg und fest

waagerechte Linie: schmal

senkrechte Linie: breit (Strichstärke)

Wie groß muss die Schrift sein?
10 Strichstärken

Wie schreibt man?
Kompakte Groß- und Kleinbuchstaben
$a = 0{,}5 \cdot b$

Tipps für den Einsatz des Flipcharts

→ Überlegen Sie sich bereits im Vorfeld der Präsentation, wie Sie den begrenzten Raum auf dem Flipchart möglichst sinnvoll nutzen können – selbst bei einer (planbaren) Spontanskizze. Nichts ist unangenehmer, als wenn Ihnen auf dem Flipchart beim Zeichnen der Platz ausgeht.

→ Gerade für das Flipchart gilt: Weniger ist mehr. Auf eine Flipchart-Seite sollten Sie nicht mehr als zehn Zeilen schreiben und Zeichnungen auf die für das Verständnis absolut notwendigen Inhalte beschränken.

→ Schreiben Sie klar und deutlich. Eine kraftvolle Strichführung ist dabei besonders wichtig, denn dünne, zittrige Linien sind schlecht lesbar und signalisieren Unsicherheit.

→ Skizzen, Stichworte, Daten oder selbst die Entwürfe von Zeichnungen lassen sich schon vor der Präsentation in Ruhe vorbereiten und erleichtern Ihnen z. B. „Spontanzeichnungen" während des Vortrags.

→ In Abwandlung der BUS-Methode von S. 101 heißt es hier: Zeichnen, umdrehen und sprechen. Drehen Sie sich nach jedem (wortlos) gezeichneten neuen Bildelement bzw. Stichwort dem Publikum zu und geben Sie ihm den Blick auf den neuen Inhalt frei, bevor Sie diesen erläutern.

Einsatzmöglichkeiten des Flipcharts

Das Flipchart zählt sicher nicht zu den Hauptmedien, mit denen man eine ganze Präsentation bestreiten kann. Es eignet sich aber sehr gut als Zusatzmedium. Sein Einsatz bietet sich insbesondere für folgende Bereiche an.

Als „Eye-Catcher" kann das Flipchart die Aufmerksamkeit auf den bevorstehenden Vortrag ziehen, indem eine anschauliche Skizze, ein Zitat oder der Titel das Interesse der Zuhörer wecken.

Als Dauermedium kann auf dem Flipchart auch die Gliederung visualisiert werden, auf die Sie als Präsentator während des Vortrags immer wieder gezielt oder spontan hinweisen. So können Sie mit dem Flipchart jeweils zu neuen Gliederungspunkten überleiten und das Medium gekonnt in die Präsentation einbinden.

Als spontane Hilfe kommt das Flipchart während der Präsentation oder bei der sich möglicherweise anschließenden Frage- und Diskussionsrunde zum Einsatz. Es dient dabei zur Veranschaulichung von Sachverhalten, etwa in Form von Skizzen oder Struktogrammen.

Als Gedankenstütze eignet es sich gut zum Festhalten von Schlagwörtern, Fragen und Kommentaren der Zuhörer.

Als „Notnagel" kommt das Flipchart zum Einsatz, wenn die sonstige Medientechnik einmal überraschend ihren Dienst verweigern sollte – der Strom fällt aus, eine Folie fehlt oder Ähnliches. Dann kann das Flipchart mitunter retten, was zu retten ist und Ihnen helfen, die Präsentation trotz allem zu einem erfolgreichen Abschluss zu bringen.

Vorteile Flipchart

– Inhalte können vorbereitet und/oder spontan visualisiert werden
– relativ geringer Vorbereitungsaufwand und einfacher Einsatz
– „Live-Charakter" der Päsentation wird betont
– aktive Einbeziehung des Publikums möglich

Nachteile Flipchart

– saubere Schrift und zeichnerische Fähigkeiten notwendig
– Inhalte können nicht gelöscht/verändert werden
– Erstellung erfordert (jedes Mal) Zeit
– Problem der Lesbarkeit in großen Räumen

Medien – von der Tafel zum Beamer

Die Metaplanwand

Eine Metaplanwand ist eigentlich nichts anderes als eine große Pinnwand oder Stecktafel, die auf einem festen (zum Teil fahrbaren) Gestell steht. Zum Schutz der Weichfaserplatten kann die Wand mit Papierbögen bespannt werden, die Sie auch beschriften können. Auf der Metaplanwand können Sie Karten in verschiedener Form, Größe und Farbe mit Nadeln anstecken.

Beim Einsatz der Metaplanwand gelten viele der Tipps, die bereits beim Flipchart (siehe S. 106) beschrieben wurden. Eine wohl überdachte Raumaufteilung ist ebenso wichtig wie mögliche Bleistiftnotizen am Rand. Die Lesbarkeit der Schrift stellt bei der Metaplanwand ein noch größeres Problem dar als beim Flipchart, da die eingesetzten Metaplankärtchen das Platzangebot erheblich einschränken. Daher gilt: Schreiben Sie nicht mehr als zwei Zeilen auf ein Kärtchen. Auch an der Metaplanwand sollten Sie zuerst die Kärtchen anstecken, bevor Sie dem Publikum den Blick freigeben und das Dargestellte erläutern. Die Blickführung durch die Hand von links (vom Publikum aus gesehen) ist dabei besonders wichtig.

Der große Vorzug der Metaplanwand liegt im flexiblen Einsatz der Metaplankärtchen. Sie lassen sich problemlos verschieben und neu anordnen. Dabei sollten Sie unterschiedliche Formate, Formen und Farben einsetzen. Schreiben Sie Wichtiges auf größere Karten als weniger Wichtiges, verwenden Sie gleiche Formate bzw. Farben für gleiche Inhalte bzw. Gliederungsstufen.

Bleiben Sie nicht vor der Wand stehen, wenn Sie eine Karte angeheftet haben, sondern gehen Sie immer wieder zur Seite, um dem Publikum die Sicht freizugeben. Der Umgang mit der Metaplanwand erfordert etwas mehr Bewegung vom Präsentator als andere Medien – „sportliche Aktivität" für den erfolgreichen Einsatz!

Einsatzmöglichkeiten der Metaplanwand

Sammeln von Ideen, Fragen oder Problemen vor (z. B. Frage nach den Interessensschwerpunkten der Teilnehmer) oder während der Präsentation (z. B. Rückfragen durch das Publikum). Diese können Sie mit Hilfe der Karten sortieren und gegebenenfalls gesammelt behandeln.

Analytisches Vorgehen Eine Sammlung von Problemen, Begriffen oder Ähnlichem, die Sie vor oder zu Beginn der Präsentation mit Hilfe der Kärtchen an die Metaplanwand gepinnt haben, wird während des Vortrags nach und nach behandelt. Die Kärtchen werden dementsprechend entfernt.

Synthetisches Vorgehen Für jeden behandelten Punkt oder Begriff befestigen Sie ein Kärtchen an der Metaplanwand, bis sich ein Gesamtbild etwa in Form eines Struktogramms ergibt.

Vorteile Metaplanwand

– Inhalte können gelöscht und verändert werden
– „Live-Charakter" der Präsentation wird betont
– erlaubt sowohl vorbereitete wie spontane Visualisierung von Inhalten
– aktive Einbeziehung des Publikums möglich

Nachteile Metaplanwand

– sperriger Transport
– Metaplankärtchen, Stifte etc. müssen verfügbar sein und mittransportiert werden
– saubere Schrift notwendig
– Erfahrung im Umgang mit der Metaplantechnik notwendig
– Dokumentation der Ergebnisse schwierig

Die Schreibtafel/das Whiteboard

Schreibtafeln oder Whiteboards – weiße Kunststofftafeln, die mit speziellen Filzstiften beschrieben werden können – kommen im Rahmen von Präsentationen sicherlich nur selten eine zentrale Bedeutung zu. Als Ergänzungs- und Unterstützungsmedium verrichten sie jedoch durchaus gute Dienste. Mit ihrer Hilfe können Sie Stichworte und Fragen festhalten oder einfache Skizzen anfertigen. Im Gegensatz zum Flipchart können Sie die Inhalte aber jederzeit wieder abwischen oder verändern – ein großer Vorteil der Schreibtafel.

Beim Einsatz von Schreibtafeln bzw. Whiteboards müssen Sie im Wesentlichen die gleichen Aspekte berücksichtigen wie beim Flipchart: auf eine gut lesbare Schrift achten, erst zeichnen, dann erklären, auf die Raumaufteilung achten usw. Gerade bei herkömmlichen grünen oder schwarzen Tafeln müssen Sie darüber hinaus auf einen möglichst guten Kontrast achten – weiße oder gelbe Kreide ist hierzu erfahrungsgemäß am besten geeignet.

Typische Situation für den Einsatz eines Whiteboards

Vorteile Schreibtafel/Whiteboard

- relativ geringer Vorbereitungsaufwand und einfacher Einsatz
- Inhalte können vorbereitet und/oder spontan visualisiert werden
- Inhalte lassen sich löschen und verändern
- „Live-Charakter" der Päsentation wird betont
- Einsatz ist kostengünstig

Nachteile Schreibtafel/Whiteboard

- Präsentator ist beim Schreiben mit dem Rücken zum Publikum gewandt
- saubere Schrift und zeichnerische Fähigkeiten notwendig
- meist kein Transport des Mediums möglich
- Erstellung erfordert (jedes Mal) Zeit
- Dokumentation der Ergebnisse schwierig

Die Diaprojektion

Fotos, Bilder und Zeichnungen lassen sich mit Hilfe von Dias farbig und daher sehr realistisch, kontrastreich und großflächig darstellen – und dies nicht nur für den Diaabend im Vereinsheim um die Ecke. Auch im Rahmen von Präsentationen können Sie die Diaprojektion professionell einsetzen, vorausgesetzt, Sie beherzigen einige wichtige Tricks.

Mit dem Einsatz von Dias gehen zwei Probleme einher, die sich nicht gleichzeitig lösen lassen: Entweder sind die Inhalte der Dias gut zu erkennen – oder Sie als Präsentator! Dias können ihre starke visuelle Wirkung auf das Publikum nur dann richtig entfalten, wenn der Raum abgedunkelt ist. Dann aber ist der Präsentator – wenn überhaupt – oft nur noch schemenhaft zu sehen und seine Präsenz beschränkt sich auf seine Stimme und den Zeigestab oder Laserpointer. Die Lösung des Problems heißt: So hell wie möglich und so dunkel wie nötig.

Ideale Beleuchtungssituation für einen Diavortrag

Tipps zur Beleuchtung:

→ Schalten Sie das Licht (nur) in unmittelbarer Nähe der Leinwand ganz aus.

→ Verwenden Sie einen möglichst lichtstarken Projektor und platzieren Sie diesen so nah wie möglich an der Leinwand.

→ Drehen Sie das Licht nur so weit herunter, dass die Gesichter der Zuhörer noch gut erkennbar sind. So können Sie die Reaktionen Ihres Publikums während des Vortrags sehen und vermeiden eine Unterbrechung der Beziehungsebene zwischen Präsentator und Publikum.

→ Beleuchten Sie Ihren Platz als Präsentator mit einer gesonderten Lichtquelle. Damit schaffen Sie einen Gegenpol zur visuellen „Sogkraft" der Dias und erleichtern dem Publikum die Orientierung.

Vorteile Diaprojektion

– Wiedergabe von Realaufnahmen möglich
– große Anschaulichkeit und hohe Bildqualität
– kostengünstiger als z.B. Farbfolien
– spricht auch den gefühlsbetonten (affektiven) Bereich an, hohes Motivationspotenzial
– zusätzliche Effekte durch Doppel- und Überblendprojektion, Unterlegung von Musik etc. möglich

Nachteile Diaprojektion

– Vortragsraum muss abgedunkelt werden
– Präsentator verliert Blickkontakt zum Publikum und wird im dunklen Raum „geschluckt"
– Projektionswand erforderlich
– Änderungen der Inhalte/Reihenfolge während Präsentation nicht möglich
– Medium wirkt u. U. veraltet

Tipps für den Einsatz des Diaprojektors

Vor der Präsentation:

→ Kommen Sie den Sehgewohnheiten Ihrer Zuschauer entgegen, indem Sie Dias möglichst im Querformat verwenden bzw. herstellen.

→ Optimieren Sie die Bildgröße auf der Leinwand, nutzen Sie dazu das Weitwinkelobjektiv des Projektors. Platzieren Sie den Projektor möglichst nahe der Leinwand.

→ Schalten Sie vor das erste und nach dem letzten eigentlichen Dia je ein Schwarzdia (Diarahmen mit schwarzer Folie). So können Sie Ihren Diavortrag einleitend bzw. abschließend erläutern, ohne dass das Publikum durch die Bilder abgelenkt wird. Auch bei Unterbrechungen der Diaprojektion sollten Sie an die entsprechenden Stellen Schwarzdias einbauen – das erspart das Ab- und Anschalten des Diaprojektors und erleichtert Ihnen einen reibungslosen Medienwechsel während der Präsentation.

→ Nutzen Sie Testdias (mit Schrift-, Farb- oder Bildproben) zur optimalen Einstellung des Diaprojektors. Ist das Publikum dabei schon anwesend, sollte das Testdia ein neutrales Bild zeigen und keine Inhalte der folgenden Präsentation vorwegnehmen.

→ Stellen Sie den Projektor scharf ein und überprüfen Sie die Lesbarkeit, etwa von Text auf Bildern.

→ Die Überblendtechnik (Einsatz von zwei Projektoren, die durch einen weichen Übergang zwischen zwei Dias die störende Dunkelphase beim normalen Bildwechsel verhindern) sowie die Unterlegung mit Musik- und Tonelementen verleihen Ihrer Präsentation zusätzlich einen professionellen und lebendigen Charakter.

Während der Präsentation:

→ Fahren Sie die Beleuchtung nur so lange herunter, wie es für die Diaprojektion selbst notwendig ist. Die Begrüßung des Publikums, der Einsatz von Zusatzmedien oder andere Unterbrechungen sollten unbedingt bei vollem Licht erfolgen, um eine Übermüdung der Zuschauer zu vermeiden – der wiederholte Licht-an-Licht-aus-Effekt hält die Teilnehmer munter und aufnahmebereit.

→ Verwenden Sie einen Laserpointer, um die Blickführung des Publikums im abgedunkelten Raum besser steuern zu können. Richten Sie den Lichtpunkt dabei nicht starr auf das anvisierte Bildelement – auch der „coolste" Redner zittert. Besser: Umkreisen Sie die Fläche kurz und schalten Sie den optischen Zeigestab dann wieder aus.

→ Achten Sie besonders auf eine laute, deutliche Aussprache, da man in dunklen Räumen häufig unbewusst die Stimme senkt. Eine kräftige Stimme verhindert darüber hinaus ein „Abschalten" des Publikums.

→ Besprechen Sie jedes Dia zu Ende, bevor Sie das nächste aufrufen. Versuchen Sie nicht, eine inhaltliche Überleitung zu erzwingen.

→ Lassen Sie die Dias lange genug eingeblendet. Was für den Einsatz des Overheadprojektors gilt, gilt umso mehr bei der Diaprojektion: Das Publikum muss die Informationen des Bildes erst einmal erfassen und verarbeiten, zumal Dias oft einen optischen Genuss darstellen, den man in Ruhe auf sich wirken lassen möchte.

→ Vermeiden Sie das Überspringen von Dias, etwa aufgrund des Zeitdrucks. Sie enttäuschen damit Ihr Publikum, das die Dias beim Vorblättern jeweils kurz sehen kann. Ihre Zuschauer werden sich fragen, warum Sie ihnen bestimmte Bilder vorenthalten wollen – ein Nachteil der Diaprojektion gegenüber anderen Medien.

Video und Film

Bewegte Bilder sorgen für Aufmerksamkeit – das gilt nicht nur für Spielfilme, Werbespots oder Musikclips im Kino oder Fernsehen. Auch bei Präsentationen lässt sich das Publikum durch Filmsequenzen, Trickfilme oder Ähnliches – möglichst noch zusätzlich mit Ton unterlegt – in den Bann ziehen. Warum deshalb nicht auch Videos oder Filme in Präsentationen einsetzen? Der Aufwand kann sich durchaus lohnen, denn Filme geben (scheinbar) die Realität wieder. Sie fördern dadurch die Akzeptanz der dargestellten Inhalte, selbst wenn man sich bewusst ist, dass durch moderne Aufnahme- und Bearbeitungstechnik vieles verfälscht werden kann.

Die hohe Anschaulichkeit der bewegten Bilder erleichtert das Verständnis der Inhalte. Bei einer zusätzlichen Vertonung wird dies durch den gleichzeitig angesprochenen Seh- und Hörsinn noch verstärkt. Filmaufnahmen hinterlassen beim Publikum außerdem einen nachhaltigeren Eindruck als so manche PowerPoint-Folie oder ähnliche „statische" Medien. Sie werden nach wie vor als etwas Außergewöhnliches, Faszinierendes und Aufwändiges angesehen, und erhöhen den „Wert" der Präsentation.

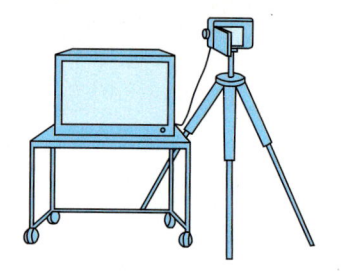

Videos oder Filme können im Rahmen von Präsentationen hauptsächlich zwei Funktionen haben: Information oder Suggestion. Entsprechend handelt es sich bei den jeweiligen Filmen um Informationsfilme oder um Imagefilme. So unterschiedlich die jeweilige Zielsetzung dieser beiden Filmarten ist, so differenziert muss ihre Handhabung erfolgen.

Den Informationsfilm setzen Sie als Hilfsmittel zur Demonstration bestimmter Sachverhalte ein. Dabei können Sie den Film in verschiedene Sequenzen zerlegen, einzelne Passagen können wiederholt werden, es lassen sich mit Hilfe von Standbildern bestimmte Elemente genauer erklären oder ein Stummfilm kann mit eigenen Kommentaren während der Vorführung unterlegt werden – die Bandbreite der Einsatzmöglichkeiten ist groß.

Um den Informationsfilm aber richtig „in Szene" zu setzen, gilt es für Sie als Präsentator, einige Tipps zu beachten:

Bewegte Bilder faszinieren

Tipps für den Einsatz von Informationsfilmen

→ Erläutern Sie vor Beginn der Vorführung, dass Sie den Film gegebenenfalls unterbrechen werden, um auf bestimmte Einzelheiten genauer einzugehen. Sie verhindern damit, dass sich die Zuhörer über die „Störung" ärgern, wenn der Film angehalten wird. Sie sollten den Film dann auch tatsächlich möglichst bald nach dem Start ein erstes Mal unterbrechen.

→ Bleiben Sie im Mittelpunkt. Geben Sie den Zuhörern das Gefühl, dass sie aus der Unterbrechung des Films und Ihren ergänzenden Erläuterungen einen zusätzlichen Gewinn ziehen können, den der Betrachter sonst nicht hätte.

Imagefilme sollen das Publikum beeindrucken, überzeugen oder auf sonstige Weise positiv beeinflussen. Aus diesem Grund kommt dem Ambiente beim Vorführen eines Imagefilms eine wichtige Bedeutung zu: Eine bequeme Bestuhlung kann dazu ebenso beitragen wie eine angenehme (gedämpfte) Beleuchtung. Vor allem aber sollten Sie einen Imagefilm nicht unterbrechen und ohne zusätzliche Erläuterungen vorführen. Um sich dabei als Präsentator aber nicht überflüssig zu machen, sollten Sie einige Hinweise beachten, die Ihnen den Übergang in die anschließende „klassische" Präsentationsphase erleichtern:

Tipps für den Einsatz von Imagefilmen

→ Vor der Vorführung: Erläutern Sie die Bedeutung des Films. Was wird das Publikum sehen und warum zeigen Sie den Film? Das erleichtert den Zuhörern die Einordnung der gezeigten Informationen in die Thematik des Vortrags. Interessante „Insiderinfos" über die Planung oder die Entstehung des Films erhöhen zusätzlich die Spannung beim Publikum.

→ Während der Vorführung: Beobachten Sie die Zuhörer, achten Sie auf Reaktionen und auf Bemerkungen des Publikums, die Sie eventuell in der anschließenden Präsentation wieder aufgreifen können.

→ Nach der Vorführung: Planen Sie etwa zehn Sekunden Pause ein, in denen das Publikum das Gesehene „verdauen" kann. Holen Sie das Publikum dann durch eine gekonnte Überleitung von den starken Eindrücken, die der Film hinterlassen hat, wieder zurück zur eigentlichen Präsentation.

Vorteile Film und Video

- Wiedergabe von Realaufnahmen in Ton und Bild möglich
- großer Anschaulichkeitsgrad durch Einsatz von Animationen, Trickfilmen etc.
- starker Motivationscharakter durch bewegte Bilder
- spricht auch affektiven Bereich an, hohes Motivationspotenzial

Nachteile Film und Video

- Vortragsraum muss (teilweise) abgedunkelt werden
- Präsentator verliert Blickkontakt zum Publikum und wird u. U. vom abgedunkelten Raum „geschluckt"
- hoher technischer Aufwand (Fernseher, Beamer, Videorekorder, DVD-Player etc. notwendig)
- Änderungen der Inhalte während der Präsentation nicht möglich

Die computergestützte Präsentation

Im Zeitalter des PCs macht auch die Präsentationstechnik vor dem Einsatz des Computers keinen Halt. Hinzu kommen die immer ausgefeilteren Grafikprogramme wie etwa PowerPoint oder Corel Draw, die in Bezug auf die Visualisierungsmöglichkeiten kaum noch einen Wunsch offen lassen. So gehören PCs, Laptops oder Notebooks mit angeschlossenen Beamern inzwischen zumeist zum medientechnischen Standardprogramm von Präsentationsveranstaltungen aller Art. Und die computergestütze Präsentation hat – sofern man die Technik beherrscht und nicht umgekehrt – durchaus ihre positiven Seiten: Grafiken und Abbildungen lassen sich mit etwas Geschick schnell und professionell gestalten, Daten können noch buchstäblich in letzter Sekunde ausgetauscht werden, Standbilder und Videosequenzen mit oder ohne Ton lassen sich problemlos mixen, die Bildqualität ist hervorragend …

Aber selbst das beste Medium kann seine Vorzüge nicht entfalten, wenn bei dessen Einsatz nicht bestimmte „Spielregeln" eingehalten werden. Dies gilt auch und gerade für den Einsatz von Computern bei Präsentationen. Im Wesentlichen gelten zunächst die gleichen Handhabungsempfehlungen wie beim Overheadprojektor:
– Drehen Sie sich nicht ständig zur Projektionsfläche und sprechen Sie nicht an die Wand,
– verstecken Sie sich nicht hinter dem Gerät,
– lenken Sie Ihren Blick möglichst häufig weg vom Computerbildschirm und hin zum Publikum,
– stellen Sie das Bild vor der Präsentation scharf und kontrollieren Sie dies gelegentlich während des Vortrags,
– schalten Sie bei einem Medienwechsel oder längeren Pausen den Beamer aus oder decken Sie ihn ab.

Darüber hinaus müssen Sie beim Computereinsatz jedoch noch einige weitere Punkte berücksichtigen. An erster Stelle steht die Technik selbst. Wer mit dem Computer, dem Grafikprogramm und dem Beamer nicht optimal vertraut ist, sollte tunlichst die Finger von diesem Präsentationsmedium lassen – zu groß ist die Gefahr, dass die Vorführung „in die Hose" geht. Dann lieber ein professioneller Vortrag mit Overheadprojektor!

Obwohl der Computer eine Fülle von Möglichkeiten in sich vereint, sollten Sie ein besonderes Augenmerk auf den Medienwechsel legen. Dies gilt beim Computereinsatz umso mehr, weil entsprechende Präsentationen zwar technisch perfekt wirken, oft aber auch einen Eindruck von Distanz und Kälte hervorrufen. Um diesen Eindruck etwas abzufangen, sollten Sie möglichst folgende Punkte beachten:

Medienwechsel Nutzen Sie gerade bei computergestützten Präsentationen die Vorteile, die Ihnen ein Medienwechsel bietet. Setzen Sie dazu nach Möglichkeit vor allem solche Medien ein, die Ihrem Vortrag einen lebendigen „Live-Charakter" verleihen. Whiteboards, Wandtafeln oder Flipcharts sind dazu besonders geeignet. „Vermenschlichen" Sie Ihre Präsentation z.B. durch eine handschriftliche Gliederung, einfache Skizzen oder Struktogramme, die Sie während des Vortrags „spontan" zeichnen – das bringt Sie dem Publikum näher.

Beispiel einer gelungenen computergestützten Präsentation

Medienvielfalt Binden Sie wenn möglich weitere Medien in Ihre Präsentation, die zusätzliche Sinnesorgane ansprechen, wie etwa Modelle. Auch Karten, Poster und Ähnliches können als belebende Elemente Ihrer Präsentation wirken und erhöhen die Aufmerksamkeit des Publikums.

Beim Einsatz zusätzlicher Medien sollten Sie auf technisch perfekt wirkende Darstellungen verzichten. So ist es z. B. ratsam, bei der ergänzenden Verwendung eines Overheadprojektors die Folien per Hand zu erstellen, um den sterilen Charakter von Computerentwürfen zu vermeiden – der Computer als Hauptmedium bietet ja schon genug davon.

Bleiben Sie im Mittelpunkt Achten Sie noch mehr als bei anderen Medien darauf, dass Sie als Präsentator der Mittelpunkt des Vortrags bleiben. Wechseln Sie aus diesem Grund häufiger den Standort, halten Sie ständigen Blickkontakt zum Publikum, wechseln Sie regelmäßig das Medium. Faustregel: Setzen Sie den Computer nicht länger als 15 Minuten ohne Unterbrechung ein.

Weniger ist mehr Beim Einsatz des Computers selbst sollten Sie auf zu viel „Schnickschnack" verzichten – nicht jede Folie muss einen neuen grafischen „Knaller" bringen und/oder mit Ton unterlegt sein. Weniger ist in diesem Bereich häufig mehr. Ein einheitlicher Bildaufbau, der während der gesamten Präsentation angewandt wird, verhindert allzu große Unruhe und Ablenkung. Sie können beispielsweise das jeweils folgende Bild von rechts oder links, von oben oder unten auftauchen lassen.

Beim computergestützen Präsentieren besteht außerdem noch stärker als beim Einsatz des Overheadprojektors die Gefahr der Reizüberflutung durch eine zu große Bilderflut. Auch hier gilt: Weniger ist mehr. Vielmehr sollten Sie ausreichende Redepausen einbauen, um ein „Folienfeuerwerk" zu verhindern.

Da der Bildwechsel mit dem Computer im Gegensatz zum unüberseh- und -hörbaren Folienwechsel beim Overheadprojektor fast unbemerkt abläuft, müssen Sie das Publikum darauf hinweisen. Dies kann etwa in der folgenden Form geschehen: „Nun möchte ich auf einen anderen Aspekt eingehen. Die Daten, die sie hier sehen …"

Ein guter Rat zum Schluss: Jede noch so gut funktionierende und vielfach überprüfte Technik kann im entscheidenden Moment ihren Dienst versagen. Aus diesem Grund sind Sie gut beraten, für diesen Fall der Fälle einen Satz herkömmlicher Overheadfolien bereitzuhalten oder den Einsatz anderer Reservemedien einzuplanen.

Vorteile computergestütze Präsentation

- Grafiken, Fotos, Struktogramme etc. lassen sich leicht kombinieren
- Kombination stehender und bewegter Bilder sowie von Ton möglich
- Folien lassen sich wiederholt einsetzen
- Inhalte können ausgedruckt und an das Publikum verteilt werden
- relativ leichter Transport

Nachteile computergestütze Präsentation

- gegebenenfalls Anfälligkeit der modernen Technik
- hoher Aufwand für Transport und Installation von PC/Laptop, Beamer etc.
- relativ hoher Vorbereitungsaufwand zur Erstellung der Folien
- hohe Anschaffungskosten (PC/Laptop, Beamer)
- Sichtbarkeit der Inhalte kann bei starkem Lichteinfall gestört werden, Notwendigkeit der Abdunkelung

Multimedia – der gekonnte Medienmix

Häufig wird in Zusammenhang mit den Medien Video, Fernsehen und Computer von Multimedia gesprochen. Multimedia ist aber mehr als nur das Vorführen von Filmen. Vielmehr geht es dabei hauptsächlich darum, Film- und Tonsequenzen, Grafiken oder Animationen in Computerpräsentationen einzubauen. Eigentlich handelt es sich also nur um ein Medium, den Computer. Als Multimedia bezeichnet man aber auch den Einsatz mehrerer Medien wie Overheadprojektor, Metaplanwand, Flipchart usw. in ein und derselben Präsentation. Dies soll hier jedoch nicht zum Stichwort „Multimedia" gezählt werden.

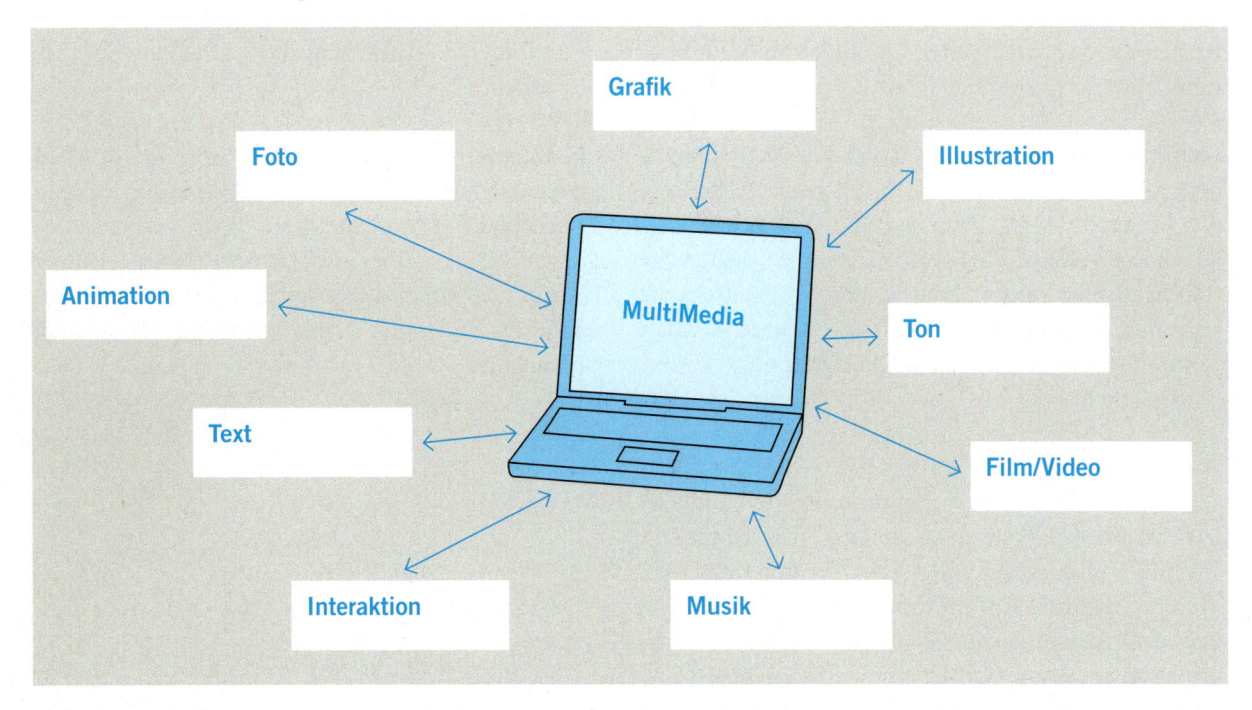

Multimedia können Sie vor allem bei der interaktiven Informationsvermittlung (gezielte Informationsrecherche durch den Anwender selbst), bei Schulungen und showträchtigen Präsentationen wie etwa einer Produktpräsentation einsetzen. Multimedia ist aber völlig fehl am Platz bei jeglicher Art von persönlichen Präsentationen – dazu ist der Eindruck der „perfekten Technik" für das Publikum zu erdrückend.

Allerdings können Sie Multimediaelemente, wie beispielsweise in Form von eingespielten Videoclips, Tonsequenzen oder einer Trickfilmanimation, durchaus auch in Ihre herkömmlichen Präsentationen einbauen. Dabei ist jedoch besonders wichtig, dass Sie als Präsentator für die menschliche Komponente sorgen und ein Hightech-Spektakel verhindern.

Übungen

1

Diskutieren Sie den Einsatz unterschiedlicher Medien vor dem Hintergrund
a unterschiedlicher Zielsetzungen von Präsentationen,
b unterschiedlicher Erwartungen und Ansprüche der Zielgruppe.

2

Bereiten Sie jeweils zu zweit eine kurze Präsentation von ca. zwei bis drei Minuten zu einem Thema Ihrer Wahl vor. Dabei müssen Sie sich für den Einsatz eines Mediums entscheiden. Für diese Übung eignen sich besonders Overheadprojektor, Flipchart und Metaplanwand. Einer der beiden Präsentatoren soll dabei das Medium möglichst professionell in seine Präsentation einbinden, ein zweiter möglichst viele Handhabungsfehler einbauen.
Die Präsentation der einzelnen Teams wird von den restlichen Teilnehmern beobachtet. Die positiven und negativen Aspekte der Präsentation werden unmittelbar im Anschluss im Plenum besprochen.

3

Bilden Sie Zweiergruppen. Alle Gruppen bereiten für ein bestimmtes Thema eine kurze Präsentation von ca. zwei bis drei Minuten vor, bei der nur ein Medium verwendet werden darf. Jedes Team setzt dabei ein anderes Medium ein. Für diese Übung eignen sich besonders Overheadprojektor, Flipchart, Metaplanwand und/oder Computer mit Beamer. Das Thema der Präsentation sollte möglichst einfach und den Präsentatoren inhaltlich vertraut sein.
Beobachten Sie die Präsentation der einzelnen Teams. Halten Sie dabei positive Aspekte und mögliche Verbesserungsvorschläge für die anschließende Besprechung im Plenum schriftlich fest.

4

Bilden Sie Zweierteams. Jedes Team muss eine vorgegebene Grafik, Tabelle oder Ähnliches mit einem anderen Medium visualisieren.
Die verschiedenen Teams präsentieren ihre Visualisierung mit Hilfe des entsprechenden Mediums. Im Anschluss werden die Präsentation und die Form der Visualisierung sowie des Medieneinsatzes im Plenum besprochen.

5

Bereiten Sie in Zweiergruppen eine kurze Präsentation von ca. drei bis fünf Minuten Dauer zu einem Thema ihrer Wahl vor. Dabei sollen mindestens zwei unterschiedliche Medien eingesetzt werden.
Die Präsentation der einzelnen Gruppen wird von den restlichen Teilnehmern beobachtet. Halten Sie dabei positive Aspekte und mögliche Verbesserungsvorschläge für die anschließende Besprechung im Plenum schriftlich fest.

Rhetorik und Körpersprache

Auf einen Blick: In diesem Kapitel lernen Sie
→ welche rhetorischen und körpersprachlichen Fähigkeiten Ihrer Präsentation Wirkung verleihen,
→ wie Sie Ihre persönliche Sprachkompetenz und Ihre körpersprachliche Ausdrucksweise überprüfen und verbessern können.

Eine gute Rede soll das Thema erschöpfen, nicht die Zuhörer. (Winston Churchill)

1 Sprechen – schauen – sich bewegen

Trotz durchdachter Planung und zahlreicher Medien, die zur Visualisierung von Inhalten zur Verfügung stehen, hängt der Erfolg der Präsentation unbestritten von Ihrem persönlichen Auftreten ab: Mit geschickt eingesetzten rhetorischen und körpersprachlichen Mitteln wecken Sie beim Zuhörer Interesse, bauen einen Spannungsbogen auf und „verkaufen" damit wirkungsvoll Ihre Informationen.

Rhetorik: Kunst der Rede

Die Grafik unten macht deutlich, dass Körpersprache und Stimme zusammen über 90 % der Wirkung eines Redners ausmachen und nur ein geringer Anteil von den dargestellten Inhalten ausgeht. Daraus dürfen Sie aber nicht ableiten, die Rhetorik bzw. die Körpersprache seien alles und den Inhalten käme lediglich nebensächliche Bedeutung zu. Vielmehr sollten Sie sich bewusst sein, dass noch so interessante Sachaussagen nie allein durch sich selbst sprechen, sondern erst durch die sprachliche Darbietung und körpersprachliche Signale ihre optimale Wirkung erzielen.

Wirkungsfaktoren des Redners

Körper 55 %	Stimme 38 %	Inhalt 7 %

2 Wie Sie mit Rhetorik und Körpersprache Wirkung erzielen

Für die Vorbereitung wirkungsvoller Redebeiträge bieten Ihnen die drei Anforderungsbereiche der Rhetorik gute Kriterien, an denen Sie sich orientieren können. Rhetorik umfasst:

Inhaltlicher Aufbau

- klare Gliederung
- treffende Wortwahl
- verständlicher Ausdruck
- anschauliche Beispiele

Sprechtechnik

- Artikulation
- Atmung
- Betonung
- Stimmmodulation
- Sprechtempo
- Pausen

Körpersprache

- Haltung
- Blickkontakt
- Mimik
- Gestik
- Position zum Publikum bzw. zum Co-Referenten

Aus dieser Übersicht lassen sich fünf praktische Regeln ableiten, die Sie als „guter Präsentator" beachten sollten:

1. Beachten Sie Ihre Ziele und gliedern Sie Ihren Vortrag in merkliche Abschnitte

- Machen Sie damit Ihren Zuhörern den „roten Faden" Ihrer Aussagen deutlich.

2. Sprechen Sie zum Mitdenken

- Visualisieren Sie komplizierte Informationen.
- Erklären bzw. erläutern Sie Fremdwörter, Fachbegriffe und Zahlenangaben.
- Achten Sie auf Sprechtempo und Pausen.

3. Lesen Sie kein Konzept ab, sprechen Sie frei

- Sichern Sie Ihren Vortrag durch kleine Karteikarten mit Stichworten ab.
- Suchen Sie Blickkontakt mit Ihren Zuhörern und beobachten Sie deren Reaktion.

4. Setzen Sie körpersprachliche Ausdrucksmittel ein

- Achten Sie darauf, dass Körperhaltung, Mimik und Gestik die vorgetragenen Inhalte „stimmig" stützen.
- Präsentieren Sie sich Ihrem Publikum freundlich und offen.

5. Versetzen Sie sich in die Erwartungshaltung der Zuhörer

- Vermeiden Sie dadurch, dass Langeweile aufkommt und eine negative Stimmung entsteht.
- Halten Sie sich an den geplanten zeitlichen Rahmen.

→ Seite **59** *Stichwortkärtchen*

3   Wie Sie Ihre rhetorischen und körpersprachlichen Fähigkeiten überprüfen

Kurzvorträge   Welche Fähigkeiten Sie als Redner bereits besitzen und welcher Verbesserungen es bedarf, lässt sich am besten durch einen kurzen Test vor Mitschülern oder Kursmitgliedern feststellen. Dazu eignen sich kleine Sprechanlässe, die eine Redephase von ca. 3–5 Minuten ermöglichen.

Für solche Kurzvorträge sollten die Aufgabenstellungen schon einige Zeit vorher bekannt sein, damit Sie sich konkret vorbereiten können, denn Sie dürfen auch Medien wie z. B. Folien, Tafeln, Bilder, Plakate oder Gegenstände einsetzen. Die nachfolgenden Beispiele für solche kurzen Sprechanlässe können Sie ergänzen oder im Kreis der Kursteilnehmer sogar völlig neue vereinbaren: Ihrem Einfallsreichtum sind keine Grenzen gesetzt.

Beispiel 1	Beispiel 2	Beispiel 3
Erklären Sie in einem Kurzvortrag einen der folgenden Begriffe: Revolution, Kapital, Architektur, Philosophie, Karikatur, Satire ... Die Aufzählung kann beliebig fortgeführt werden. Um lange Diskussionen zu vermeiden, bereiten Sie einfach eine Sammlung von Begriffen auf Karteikarten vor, aus der die Kursteilnehmer „ihre" Aufgabe ziehen.	Stellen Sie ein beliebiges Buch vor (Sachbuch, Unterhaltungsliteratur), um Ihre Zuhörer dafür zu interessieren oder sogar vom Lesen abzuraten.	Präsentieren Sie Ihr persönliches (evtl. auch erfundenes) Hobby, um das Publikum für diese Freizeitaktivität zu begeistern.

Wichtig ist, dass auch alle Mitglieder des Kurses an den Redner-Tests teilnehmen, damit in der Gruppe Hemmschwellen abgebaut und Vertrauen für die eventuell notwendige Kritik aufgebaut werden kann. Empfehlenswert ist es, von allen Kurzvorträgen eine *Videoaufzeichnung* anzufertigen. Rückmeldungen und Verbesserungsvorschläge von den Zuhörern sind dem Beurteilten damit leichter verständlich zu machen. Für einen aussagekräftigen Video-Mitschnitt sollten Sie unbedingt ein „externes" Mikrophon an die Kamera anschließen, da das eingebaute Mikrophon sich in seiner Selbstaussteuerung am Raumklang orientiert und somit oft eine gezielte Analyse der Sprechtechnik erschwert.

Beobachtungsraster   Während der Kurzvorträge dient den Zuhörern ein zuvor gemeinsam erarbeitetes Beobachtungsraster als Grundlage für positive Kritik oder gezielte Verbesserungsvorschläge. Dabei können die Mitglieder des Kurses entweder alle Anforderungskriterien verfolgen oder die einzelnen Gesichtspunkte werden unter den Beobachtenden aufgeteilt.

> Ein Beispiel für ein Beobachtungsraster finden Sie auf der folgenden Seite.

Name: Thema:

Visualisierung durch/mit:

	angemessen	zu kurz	zu lang	
Redezeit	☐	☐	☐	

	sehr gut	gut	sollte verbessert werden	muss verbessert werden	
Blickkontakt spricht Zuhörer an	☐	☐	☐	☐	fehlt
Haltung/Gestik/Mimik sichere Ausstrahlung unterstreicht Aussagen	☐	☐	☐	☐	wirkt unsicher, steif, linkisch, übertrieben
Sprechweise deutlich, variabel in Lautstärke und Modulation	☐	☐	☐	☐	undeutlich, zu leise, zu monoton
Sprechtempo dynamisch, gute Pausentechnik	☐	☐	☐	☐	stockend, zu schnell, keine Pausen
Sprache Wortwahl/Satzbau verständlich	☐	☐	☐	☐	unverständlich, umständlich
Gliederung klar erkennbar, zielgerichtet	☐	☐	☐	☐	nicht nachvollziehbar, sprunghaft

Ergebnis
besondere Stärken:

Schwächen:

Verbesserungsvorschläge

Nachbesprechung Die notwendige Nachbesprechung der Kurzvorträge kann unmittelbar im Anschluss oder im zeitlichen Abstand von einigen Tagen erfolgen. Für die Durchführung zu einem späteren Zeitpunkt spricht die Möglichkeit, die Video-Aufzeichnungen zuvor in Ruhe auswerten zu können. In beiden Fällen sollten die Beobachtungsergebnisse in einer positiven und vertrauensvollen Atmosphäre vorgetragen werden. Vergessen Sie nicht, dass Kritik am Sprachverhalten und an der Körpersprache immer die Persönlichkeit eines Menschen im Blickfeld hat und daher rasch verletzend wirken kann.

Tipps
für die wichtige Nachbesprechungsphase:

→ Formulieren Sie die Kritik immer konstruktiv, d. h. machen Sie konkrete Verbesserungsvorschläge.

→ Beschränken Sie sich auf maximal drei bis vier wesentliche Gesichtspunkte.

→ Berücksichtigen Sie, dass Verbesserungsvorschläge umsetzbar sein müssen. Stellen Sie an sich und andere keine überzogenen Anforderungen. Bedenken Sie, dass jeder Kursteilnehmer eine individuelle Entwicklung seiner sprachlichen Fähigkeiten hinter sich hat. Keiner kann aus seiner Haut heraus und urplötzlich ein anderer Mensch werden.

4 Übungen zur Verbesserung Ihrer Ausdrucksfähigkeit

Unter Musikern heißt es oft humorvoll: „Klavierspielen ist gar nicht schwer. Man muss nur mit dem richtigen Finger zum richtigen Zeitpunkt auf die richtige Taste drücken!" Wenn Sie diese Aussage auf die Rhetorik übertragen, bedeutet das: Reden fällt gar nicht schwer. Man muss nur das richtige Wort zur rechten Zeit an die entsprechenden Zuhörer richten.

Beides, Musik machen und Reden halten, ist leichter gesagt als getan. Fest steht jedoch, Klavierspieler oder Redner wird man nicht von jetzt auf nachher. Ein angehender Musiker unterzieht sich einer Reihe von Fingerübungen, bis er sein Instrument einigermaßen beherrscht. Der zukünftige Redner kommt nicht ohne gezieltes und vor allem wiederholtes Training seiner rhetorischen Fähigkeiten aus.

Mit kleinen, aber wirkungsvollen Übungen können Sie als Einzelner oder – damit es mehr Spaß macht – in der Gruppe Ihre Sprachkompetenz verbessern und langfristig Schwächen abbauen. Dadurch steigern Sie zugleich Ihr Selbstbewusstsein, Sie werden sicherer im Auftreten und handeln erfolgreicher in vielen Situationen des Alltags, in denen es auf die Macht der Sprache ankommt.

Spaß bringt Motivation für Wiederholungen!

Vermeiden Sie besonders bei den Übungen zur Sprechtechnik (Artikulation, Stimmmodulation, Betonung, Atmung, Sprechtempo, Pausengebung) selbst auferlegten Drill. Gehen Sie mit den einzelnen Übungsvorschlägen spielerisch um.

Übungen

1
Sprechen Sie die Vokalfolge a – i – u – o – e
a langsam und übertrieben artikuliert aus.
b Variieren Sie die Lautstärke.
c Verändern Sie das Sprechtempo und die Tonhöhe.
d Betonen Sie die Vokale so, dass diese jeweils schrill, sanft, erstaunt oder sogar aggressiv klingen.

2
Lesen Sie laut das Gedicht von James Krüss. Artikulieren Sie dabei übertrieben die Konsonanten. Variieren Sie zudem von Strophe zu Strophe das Sprechtempo und die Lautstärke.

Das Feuer (James Krüss)

Hörst du, wie die Flammen flüstern,
knicken, knacken, krachen, knistern,
wie das Feuer rauscht und saust,
brodelt, brutzelt, brennt und braust?

Siehst du, wie die Flammen lecken,
züngeln und die Zunge blecken,
wie das Feuer tanzt und zuckt,
trockne Hölzer schlingt und schluckt?

Riechst du, wie die Flammen rauchen,
brenzlig, brutzlig, brandig, schmauchen,
wie das Feuer, rot und schwarz,
duftet, schmeckt nach Pech und Harz?

Fühlst du, wie die Flammen schwärmen,
Glut aushauchen, wohlig wärmen,
wie das Feuer flackrig wild,
dich in warme Wellen hüllt?

Hörst du, wie es leiser knackt?
Siehst du, wie es matter flackt?
Riechst du, wie der Rauch verzieht?
Fühlst du, wie die Wärme flieht?

Kleiner wird der Feuersbraus:
ein letztes Knistern,
ein feines Flüstern,
ein schwaches Züngeln,
ein dünnes Ringeln –
Aus.

3
Lesen Sie in einem großen Raum (z. B. im Klassenzimmer) einen selbst ausgewählten Zeitungsartikel vor. Stellen Sie sich dabei in eine Ecke des Raums und lassen Sie eine Zuhörergruppe in der diagonal entfernten Ecke Platz nehmen.
a Artikulieren Sie beim Lesen laut und überdeutlich die Konsonanten und Vokale.
b Verändern sie Abschnitt für Abschnitt die Lautstärke.
c Machen Sie nach jedem Satz eine kurze Pause.
d Atmen Sie aus und wieder ein, bevor Sie weiterlesen. Vereinbaren Sie mit den Zuhörern in der anderen Ecke des Raums ein Handzeichen, sobald Sie dort nicht deutlich verstanden werden.

4
Ziehen Sie aus der Stichwortkartensammlung zu Ihrer Präsentation wahllos eine Karte und beginnen Sie sofort zu den gezogenen Gliederungspunkten ca. zwei Minuten frei zu sprechen. Nehmen Sie diese Redephase auf Tonband auf und erstellen Sie im Anschluss daran eine schriftliche Fassung des gesprochenen Textes.
a Überprüfen Sie den Text, ob Sie die folgenden wichtigen Anforderungen für die Verständlichkeit Ihres Vortrags beachtet haben:
Wortwahl treffend, einfach, konkret, keine Doppeldeutigkeiten, keine unnötigen Fremdwörter, aussagekräftige Verben.
Satzbau vorwiegend kurze, in Sinneinheiten vorgetragene Hauptsätze, keine komplizierten Schachtelsätze, keine Floskeln und Füllwörter.
Informationsaufbau Gliederung in kleine Sinnabschnitte, Auflockerung der Sachaussagen durch anschauliche Beispiele, klare Herausstellung der Botschaften, die dem Publikum vermittelt werden sollen.
b Formulieren Sie dann eine verbesserte Fassung des Kurzvortrags, zunächst schriftlich und danach mündlich – mit erneutem Tonbandmitschnitt.

Quelle: Der wohltemperierte Leierkasten, Gütersloh 1961.

5

Hören Sie sich auf der beiliegenden CD die beiden Tonbeispiele „Rücksicht auf Nichtraucher" an.

a Entscheiden Sie – mit entsprechender Begründung, welcher der gesprochenen Fassungen einen Zuhörerkreis eher ansprechen kann.

b Lesen Sie nun die beiden Texte durch. Diskutieren Sie in Ihrer Gruppe, was im Vergleich mit den gesprochenen Fassungen der Texte auffällt. Welche Folgerung schließen Sie aus dem Vergleich?

Rücksicht auf Nichtraucher (1)

Zahlreiche Wissenschaftler haben nachgewiesen, dass auch Nichtraucher über das „Mitrauchen" Gesundheitsschäden davontragen können. Das Recht der Nichtraucher auf ungestörten Rauchgenuss endet also entsprechend dem Grundgesetz Artikel 2 bei dem „Recht auf körperliche Unversehrtheit". Denn der Nichtraucher hat ein Anrecht darauf, dass seine Gesundheit nicht durch Rauchen gefährdet wird. Wie oft wird es aber am Arbeitsplatz, in Gaststätten und bei Sitzungen vom Nichtraucher als etwas Selbstverständliches erwartet, dass er Belästigung und Gefährdung seiner Gesundheit durch Tabaksqualm stillschweigend erträgt.

Hier sollten die Raucher den Nichtrauchern mehr Verständnis und Rücksicht entgegenbringen. Das mindeste ist wohl, vor dem Griff nach dem Zigarettenpäckchen um Raucherlaubnis zu bitten. (...)

Quelle: Hanisch, Rolf: Texte zum Diktieren und zum selbständigen Üben, Frankfurt 1978, S. 64

Rücksicht auf Nichtraucher (2)

Wenn man die Gesichtspunkte, die dieses brennende Problem zweifellos aufweist, in aller Deutlichkeit herausstellen will, dann wird klar, dass die Tatsache für uns alle, Raucher wie Nichtraucher, in der heutigen Gesellschaft zu einer Bedrohung geworden ist, der wir, und das muss einmal mit aller Deutlichkeit gesagt werden, nicht ausweichen können. Doch es muss sich etwas ändern, denn es steht im Mittelpunkt des Anliegens der Nichtraucher eine Forderung nach baldiger Lösung des Konflikts. Wie aber der Einzelne oder sogar Staat oder Betriebsgemeinschaften dem Kern des Problems entgegentreten können, ist aus der Sicht einer sachlichen Auseinandersetzung mit den Beteiligten noch weitgehend unbekannt. Schließlich bedarf es großer Anstrengungen, von beiden Seiten, denn eine Erkenntnis dessen, was ist, ist ja immerhin unabdingbare Voraussetzung, einen akzeptablen Weg zu finden, wie man dem begegnen kann.

6

Die Fähigkeit des Redners, einen Vortrag durch die Stimmmodulation (Klangfarbe, Tongebung) besonders abwechslungsreich zu gestalten, spricht das Publikum unweigerlich an und macht Spaß beim Zuhören. Dieses Spielen mit der Stimme können Sie trainieren.

a Lesen Sie den folgenden Text vor einer Zuhörergruppe laut vor: sachlich, nüchtern, distanziert, wie es seinem Inhalt angemessen ist. Achten Sie darauf, dass trotz der notwendigen Sachlichkeit Ihre Stimme nicht monoton klingt.

Rechtsverhältnisse

Die Gesellschaft des bürgerlichen Rechts hat keine Firma, wird nicht ins Handelsregister eingetragen und endet mit der Erfüllung des beabsichtigten Zweckes. Die Beiträge können in Geld, Sachen, Forderungen, Rechten und Dienstleistungen bestehen. Das Vermögen, das durch die Beiträge der Gesellschafter und durch die Geschäftsführung erworben wird, ist gemeinschaftliches Vermögen (…); es ist Vermögen zur gesamten Hand (…). Der einzelne Gesellschafter kann über seinen Anteil nicht verfügen und auch keine Teilung vor der Auflösung der Gesellschaft verlangen.

zitiert nach: Betriebswirtschaftslehre der Unternehmung,
Haan-Gruiten, 1990, S. 320

b Verändern Sie nun bei weiteren Lesedurchgängen Ihre Stimmmodulation, lesen Sie den Text (mit Tonbandkontrolle):
– in engagierter Sprechweise,
– in kindgerechter Sprechweise/als Märchenerzähler,
– in intimer Sprechweise,
– in der Sprechweise eines Schauspielers, der einen klassischen Monolog vorträgt (= mit überdeutlicher Artikulation der Konsonanten).

Die beiliegende CD im Anhang Ihres Buchs bietet Ihnen zu dieser Übung einige Beispielfassungen, an denen Sie sich orientieren können. Natürlich können Sie auch selbst Sachtexte für diese Übung vorschlagen.

5 Körpersprache – die Macht der Sprache ohne Worte

Körpersprachliche Signale senden Sie als Redner unbewusst aus. Über Jahre hinweg haben Sie sich eine individuelle Körpersprache angeeignet, die Teil Ihrer Persönlichkeit geworden ist: auffällige Handbewegungen, die Haltung des Oberkörpers oder des Kopfes, der Blick zum Gesprächspartner oder ein unverwechselbarer Gesichtsausdruck. Gleich welche körpersprachlichen Verhaltensweisen Sie mitbringen, für Ihren Auftritt als Präsentator gilt:

> **Die Körpersprache muss mit dem Inhalt Ihrer Aussagen übereinstimmen.**

Wenn Worte etwas anderes mitteilen als die Körpersprache, entsteht beim Zuhörer Verwirrung, die bis zur Langeweile und sogar zur Ablehnung des Redners führen kann. Eine stimmige Körpersprache erreichen Sie, wenn Sie von sich und Ihren Inhalten überzeugt sind. Für eine positive Grundeinstellung zu Ihrer Präsentation heißt die „Zauberformel":

> **Präsentieren macht Spaß! Ich freue mich auf meine Präsentation.**

6   Bildbeispiele zur Körpersprache – fehlerhafte und richtige Verhaltensweisen

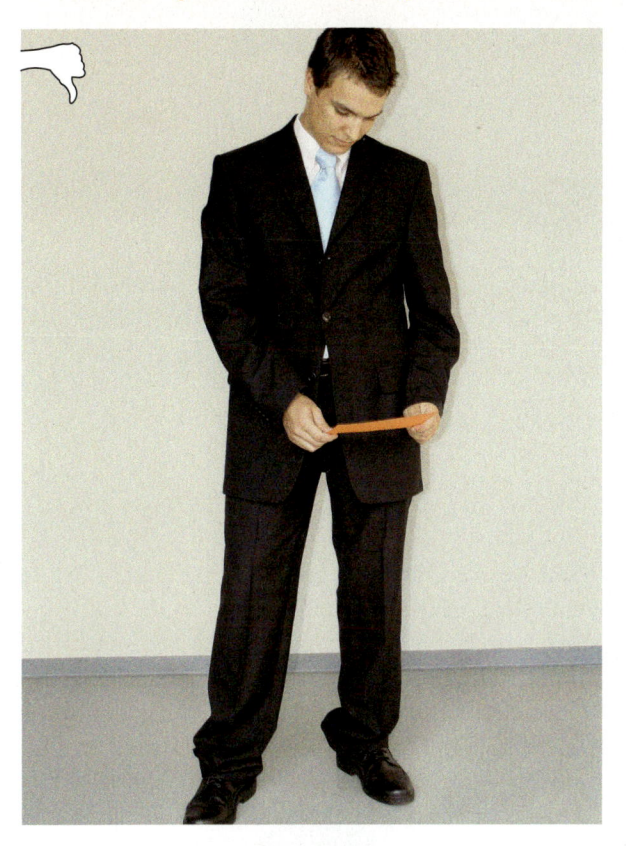

Nicht so Hängende Schultern, Blick nach unten zur weit entfernten Stichwortkarte, verkrampfte Beinstellung, abgeknickte Hüfte: signalisieren Unsicherheit und bauen daher keinen Kontakt zum Publikum auf.

Sondern so Aufrechte Haltung, zurückgenommene Schultern, freundlicher Gesichtsausdruck, geöffnete Arme, ein sicherer Stand (Beine leicht geöffnet und in Parallelstellung): vermitteln Selbstbewusstsein, Kompetenz und das Interesse des Redners am Publikum.

Nicht so Verkrampfte, linkische Haltung, Kopf in Schräglage, gekreuzte Beine, Arme in die Hüfte gestützt bzw. Hand in der Tasche, Blick nach unten zur Stichwortkarte: verdeutlichen Unsicherheit, Nervosität und fehlendes aktives Zugehen auf das Publikum: Unaufmerksamkeit und Langeweile bei den Zuhörern sind die Folge.

Sondern so Freundlich lächelnder Gesichtsausdruck, Oberkörper in aufrechter Haltung, im Wechsel offene bzw. geschlossene Arme in Hüfthöhe gewinkelt: spiegeln die positive Einstellung der Rednerin zu ihrer Präsentation wider und wecken bei den Zuhörern Sympathie und Aufmerksamkeit für die Vortragende.

Bei Übungen zur Körpersprache besteht oft das Problem, dass Sie zu viele Hinweise auf einmal beachten wollen und dadurch erst recht verkrampft wirken. Deshalb genügt es durchaus, wenn Sie sich auf die folgenden fünf Tipps konzentrieren:

Tipps

→ Halten Sie zum Publikum immer Blickkontakt. Schauen Sie dabei einzelne Personen wiederholt kurz an und bauen Sie damit einen Dialog der Blicke auf. Das gibt Ihnen Sicherheit.

→ Zeigen Sie einen offenen und freundlichen Gesichtsausdruck.
Passen Sie Ihre Mimik dem Inhalt Ihrer Aussagen an: Lächeln Sie dort, wo Sie besonders motivieren wollen, schauen Sie ernst, wenn Sie Probleme darstellen.

→ Stehen Sie gerade und aufrecht. Vermitteln Sie durch Ihre Körperhaltung Selbstvertrauen und Kompetenz.

→ Verstecken Sie Ihre Hände nicht in den Taschen oder hinter dem Rücken.
Unterstreichen Sie wichtige Aussagen mit kleinen Handbewegungen. Beschränken Sie Ihre Gestik auf den Körperbereich zwischen Schultern und Hüften.

→ Wählen Sie Ihre Position vor dem Publikum so, dass Sie mit kleinen Körperdrehungen und ohne lange Wege einen Co-Referenten oder auch nur den OHP in Ihren Vortrag einbinden können.

Die abschließende Mindmap fasst nun alle wichtigen Gesichtspunkte zum Kapitel Rhetorik und Körpersprache zusammen. Sie können sie durch Nebenäste dort ergänzen und eventuell farblich markieren, wo Sie speziell für sich noch Schwächen feststellen und Übungsbedarf haben.

Wie bei kaum einem anderen Erfolgsfaktor für eine gelungene Präsentation ist für die Fitness in Rhetorik und Körpersprache die Bereitschaft erforderlich, immer wieder kleine Trainingsphasen zu absolvieren. Wenn Sie die Hinweise nur flüchtig durcharbeiten und keine Übungsphasen einplanen, werden Sie kaum Erfolgserlebnisse als Präsentator haben. Kümmern Sie sich aber im Rahmen Ihrer Vorbereitungen für Kurzvorträge, Referate und Präsentationen gezielt und regelmäßig um die Sprache „mit und ohne Worte", dann werden Sie vielleicht nicht sofort ein guter Redner sein – aber auf jeden Fall ein besserer als bisher.

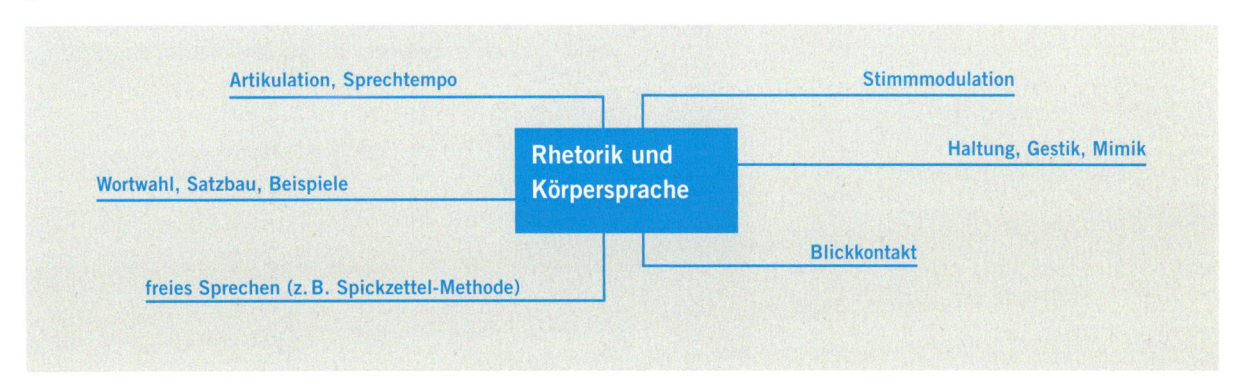

Rhetorik und Körpersprache
- Artikulation, Sprechtempo
- Wortwahl, Satzbau, Beispiele
- freies Sprechen (z. B. Spickzettel-Methode)
- Stimmmodulation
- Haltung, Gestik, Mimik
- Blickkontakt

Übungen

1

Betrachten Sie die nebenstehende Abbildung. Welche körpersprachlichen Signale sendet die dargestellte Person aus?
Diskutieren Sie in Ihrer Gruppe die Gesamtwirkung, die von dieser Person ausgeht.

2

Stellen Sie folgende Stimmungen körpersprachlich (durch Haltung, Mimik, Gestik) vor einem Publikum dar:
verärgert, wütend, ängstlich, fröhlich, überrascht, begeistert.
Lassen Sie die Zuschauer zunächst Ihre körpersprachliche Aussage raten und den jeweiligen Eindruck begründen, bevor Sie das Rätsel auflösen.

3

Spielen Sie Redner vor Ihren Kursmitgliedern. Nehmen Sie eine Stichwortkarte zur Hand und beginnen Sie mit der Eröffnung bzw. Einleitung einer Präsentation.
Aber: Sprechen Sie Ihren Text (etwa 1–2 Minuten) tonlos, d.h. bewegen Sie nur die Lippen, so als ob bei einem Fernsehfilm der Ton abgeschaltet wäre. Unterstützen Sie Ihre nicht hörbaren Aussagen mit Gestik und Mimik.
Dabei hat das Publikum folgende Aufgaben, nämlich
a die eingesetzten körpersprachlichen Mittel (Gestik, Mimik, Körperhaltung, Bewegungen) zu protokollieren und dabei auch auf stereotype Wiederholungen zu achten,
b Ihnen eine Rückmeldung zu geben, wie Ihre Körpersprache auf Zuhörer wirkt.

4

Machen Sie immer wieder körpersprachliche Lockerungsübungen. Dazu sollten Sie sich in der Gruppe ein Tonband oder eine CD mit kurzen Musikbeispielen (jeweils etwa 30 Sekunden) aus unterschiedlichen Stilrichtungen (z.B. Klassik, Swing, Hip Hop usw.) zusammenstellen.
Vor einem großen Spiegel nehmen Sie dann einen sicheren Stand ein, stehen also mit beiden Beinen fest auf dem Boden. Nun gestikulieren Sie mit Armen und Händen und bewegen den Oberkörper im Rhythmus Ihrer vorbereiteten Musik. Beobachten Sie dabei Ihr Spiegelbild.
Wenn Sie diese Übung in regelmäßigen Abständen wiederholen, lernen Sie viel ungezwungener, aber auch gezielter mit Ihrer Körpersprache umzugehen.

Kleidung ist ein Stück Erfolg!

Auf einen Blick: In diesem Kapitel lernen Sie
→ welche Rolle Ihre Kleidung bei einer Präsentation spielt,
→ worauf Sie bei der Wahl Ihres Outfits achten sollten,
→ wie Sie durch die passende Kleidung auch Sympathie gewinnen und Ihr Selbstbewusstsein stärken können.

In der Mode gibt es keine letzte Wahrheit. Man kann nie sagen, das ist in und das ist out. (Giorgio Armani)

1 Der erste Eindruck hat Gewicht!

Noch bevor Sie mit freundlicher Mimik und selbstsicherer Gestik das erste Wort gesprochen haben, mit einem motivierenden Einstiegsmedium in Ihre Präsentation gestartet sind oder sogar eine perfekt visualisierte Aussage auf Ihrer Projektionswand erschienen ist, haben Sie durch Ihr äußeres Erscheinungsbild, besonders durch Ihre Kleidung, bei Ihrem Publikum bereits einen ersten Eindruck hinterlassen – auch wenn Sie dies nicht wahrhaben wollen. Vielleicht sind Sie außerdem der Meinung, dass die Art, wie Sie sich kleiden, sowieso niemanden etwas angeht.

Ein heißes Eisen also, das Thema „Outfit". Vor allem, weil wir Kleidung auch als Ausdruck unserer Individualität ansehen und darüber ungern diskutieren. Doch keine Angst – begreifen Sie die Frage nach dem richtigen Erscheinungsbild für eine Präsentation als Chance, Ihrem öffentlichen Auftritt das Tüpfelchen auf dem „i" zu verleihen und zudem noch Ihr Selbstbewusstsein zu stärken.

2 Was zieh' ich nur an?

Grundsätzlich gibt es für einen Präsentationsauftritt keine verbindliche Kleiderordnung. Wichtig ist nur, dass Sie sich mit dem Outfit der Vortragssituation anpassen und auch dem eigenen Typ gerecht werden. Anpassung an die Situation bedeutet aber nicht, sich zu „verkleiden" und eine Rolle zu spielen, sondern mit der Auswahl der Garderobe die Bedeutung Ihrer Präsentation hervorzuheben. Wenn Sie mit Ihrer Kleidung auch noch Ihr Erscheinungsbild „typgerecht" unterstreichen, gewinnen Sie das Publikum für sich und verleihen Ihrem Auftritt ein positives Image.

Bedenken Sie, zu einer Beerdigung gehen Sie ja auch nicht im bunten T-Shirt oder in Shorts, und für den Disco-Besuch kleiden Sie sich bewusst so, dass der Türsteher Sie problemlos einlässt.

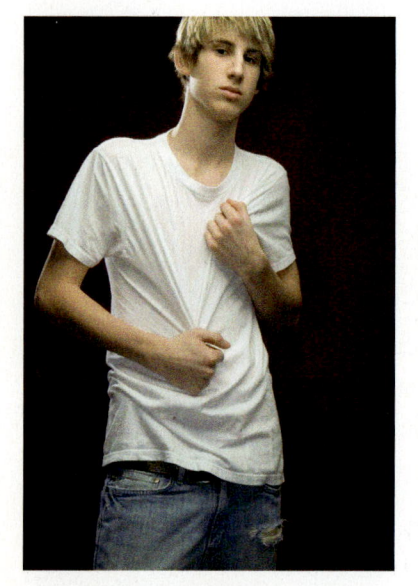

3 Wie Sie das passende Outfit finden

Es braucht sicher keinen prallgefüllten Kleiderschrank, um das passende Outfit für Ihre Präsentation zu finden. Mit etwas Einfallsreichtum können Sie Ihre ganz persönliche Kleiderauswahl treffen, die bei Ihnen auch das nötige Wohlbefinden erzeugt. Aus diesem Gefühl heraus wirken Sie auf Ihre Zuhörer sympathisch und gewinnen die notwendige Selbstsicherheit für Ihren Auftritt. Als Präsentator machen Sie nur dann einen Fehler, wenn Sie annehmen, das äußere Erscheinungsbild sei zu vernachlässigen.

Bei der Auswahl der Kleidung für Ihren Präsentationsauftritt sollten Sie sich von folgenden Überlegungen leiten lassen:

- Ihre Garderobe sollte zum Anlass der Präsentation passen (z. B. Abendveranstaltung mit Eltern und Firmenvertretern).
- Machen Sie sich klar, wie Sie auf Ihr Publikum wirken wollen.
- Entscheiden Sie sich für Kleidungsstücke, in denen Sie sich wohl fühlen, aber nicht für Ihren Freizeitlook.
- Vermeiden Sie grelle Farbkontraste oder ungeschickte Farbkombinationen.
- Akzeptieren Sie, dass bauchfreie Shirts oder Baggy-Hosen nicht zum Outfit bei einer Präsentation gehören.
- Wählen Sie einen Kleidungsstil, der das Publikum nicht vom Thema ablenkt und Sie als Person in den Vordergrund stellt.
- Fragen Sie sich, ob Ihre Kleidung dem Thema angemessen ist.
- Beherzigen Sie den Tipp, dass bei Damen ein helles Oberteil zu dunkler Hose oder dunklem Rock und bei Herren ein Jackett (auch zu Jeans) ein gutes Erscheinungsbild abgeben.
- Verwechseln Sie nicht „locker-lässig" mit „schlampig-ungepflegt".
- Beseitigen Sie mögliche Unsicherheiten bei der Kleiderwahl, indem Sie einen guten Freund oder eine gute Freundin um einen ehrlichen Rat bitten.
- So banal es auch klingt – vergessen Sie nie den selbstkritischen Blick in den Spiegel.

Kleidung ist ein Stück Erfolg!

Übungen

1
Wie wirken die drei Präsentatoren durch ihre Kleidung auf Sie?

Sammeln Sie Ihre Eindrücke an der Metaplanwand und diskutieren Sie die Ergebnisse.

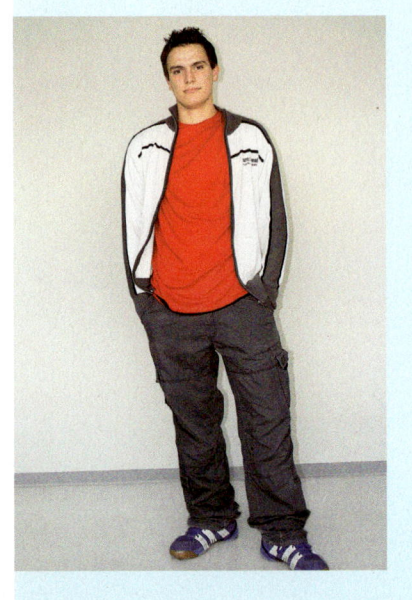

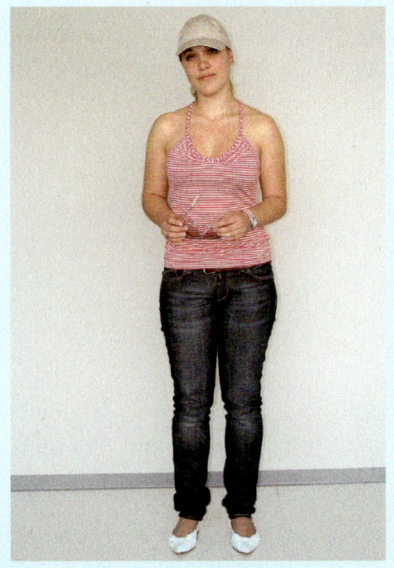

2
Erarbeiten Sie in der Gruppe Bekleidungsvorschläge (Mann/Frau) für folgende Präsentationen, die in einer Abendveranstaltung vor Mitschülern, Lehrern, Eltern und Firmenvertretern gehalten werden:
– Der Dollarkurs als Sprengstoff der Weltwirtschaft
– Tourismus rund ums Mittelmeer
– Sport als Wirtschaftsfaktor
– Marketing: ein Baustein für den Unternehmenserfolg
– Goethe und Schiller in Weimar

3
Spielen Sie Typ-Berater.
Stellen Sie für Mitglieder Ihrer Gruppe ein Präsentationsoutfit zusammen, das sowohl einem selbst gewählten Anlass und Thema als auch der jeweiligen Persönlichkeit gerecht wird. Erörtern Sie dabei eventuelle Unterschiede zwischen „Eigenbild" (d.h. wie sich der Präsentator selbst sieht) und „Fremdbild" (d.h. wie die Gruppe den Präsentator wahrnimmt).
Wenn Sie diese Übung nicht vor der ganzen Gruppe durchführen wollen, genügt auch die Partnerarbeit mit einem Gruppenmitglied Ihres Vertrauens.

4
Schneiden Sie aus Modezeitschriften oder Modekatalogen Beispiele für Kleidung aus, in der Sie sich bei Ihrer Präsentation wohl fühlen würden. Fügen Sie diese Bilder an der Metaplanwand zu einer Kollage zusammen und diskutieren Sie in der Gruppe, ob Sie mit der getroffenen Wahl der Outfits die beabsichtigte Ausstrahlung erreichen.

5
Welche der auf Seite 132 gezeigten Outfits eignen sich für eine Präsentation?
Diskutieren Sie in Ihrer Gruppe. Begründen Sie Ihre Meinung. Machen Sie gezielte Verbesserungsvorschläge.

Lampenfieber – wer kennt es nicht?

Auf einen Blick: In diesem Kapitel lernen Sie
⟶ wie sich Lampenfieber äußert,
⟶ welche Ursachen Lampenfieber haben kann,
⟶ wie sich Lampenfieber abbauen lässt,
⟶ welche Signale Sicherheit vermitteln.

Das menschliche Gehirn ist eine großartige Sache. Es funktioniert vom Moment der Geburt an – bis zu dem Zeitpunkt, wo du aufstehst, um eine Rede zu halten. (Mark Twain)

1 Lampenfieber hat viele Gesichter

Kurz vor der Präsentation – alles ist vorbereitet, Ihre Unterlagen liegen bereit, die Zuhörer warten gespannt, Sie gehen zum Rednerpult. Alles wäre in Ordnung, wenn nur dieses komische Gefühl im Magen, die feuchten Hände, diese schrecklichen Katastrophengedanken nicht wären. „Was mache ich bloß, wenn ich nicht mehr weiter weiß, wenn meine Stimme versagt? Was denken wohl die Zuhörer? Am liebsten würde ich fortrennen!" – Wer sich angesprochen fühlt, weiß wovon die Rede ist: Lampenfieber – wer kennt es nicht?

Lampenfieber ist etwas ganz Normales.

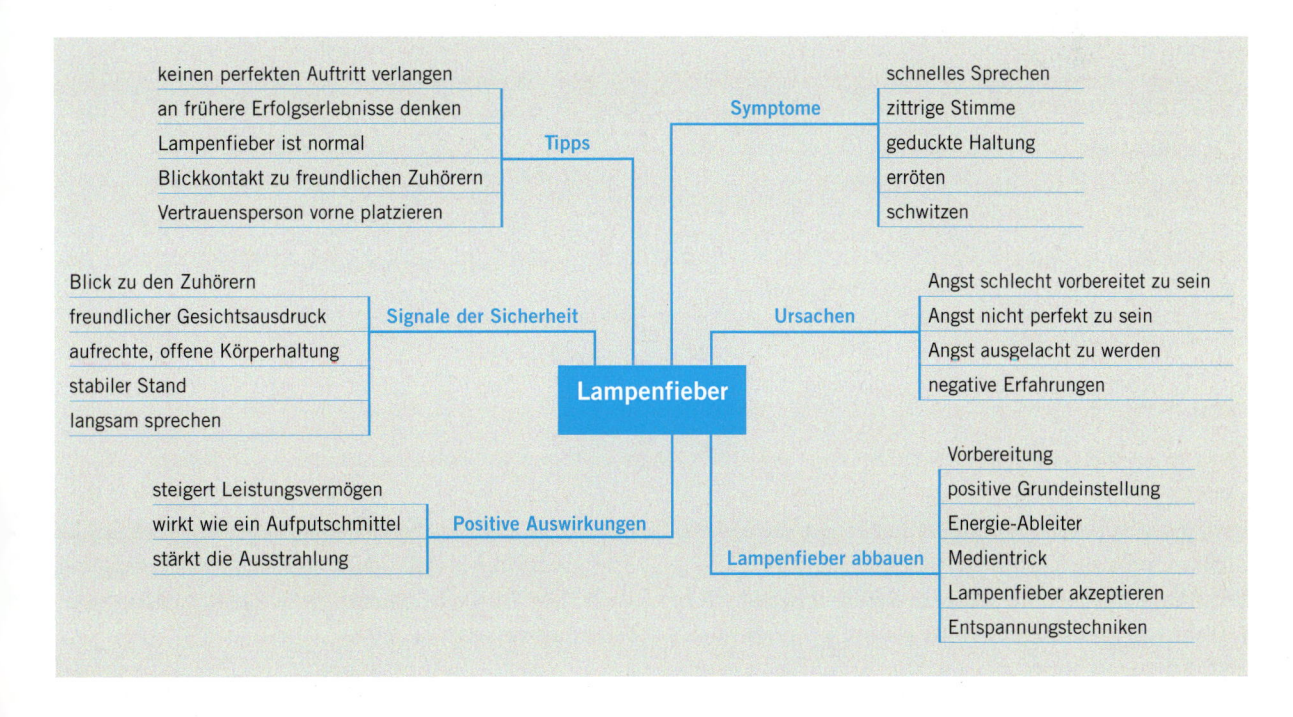

Tipps
- keinen perfekten Auftritt verlangen
- an frühere Erfolgserlebnisse denken
- Lampenfieber ist normal
- Blickkontakt zu freundlichen Zuhörern
- Vertrauensperson vorne platzieren

Symptome
- schnelles Sprechen
- zittrige Stimme
- geduckte Haltung
- erröten
- schwitzen

Signale der Sicherheit
- Blick zu den Zuhörern
- freundlicher Gesichtsausdruck
- aufrechte, offene Körperhaltung
- stabiler Stand
- langsam sprechen

Ursachen
- Angst schlecht vorbereitet zu sein
- Angst nicht perfekt zu sein
- Angst ausgelacht zu werden
- negative Erfahrungen

Positive Auswirkungen
- steigert Leistungsvermögen
- wirkt wie ein Aufputschmittel
- stärkt die Ausstrahlung

Lampenfieber abbauen
- Vorbereitung
- positive Grundeinstellung
- Energie-Ableiter
- Medientrick
- Lampenfieber akzeptieren
- Entspannungstechniken

Fast jeder hat Lampenfieber schon am eigenen Leibe verspürt. Es tritt auf, wenn man vor Publikum etwas vorstellen soll, egal ob als Tänzer, Musiker, Schauspieler oder Redner. Nicht nur Anfänger, sondern auch erfahrene Profis kennen Lampenfieber vor Auftritten. Es gibt keinen Grund, dass Sie sich für Ihr Lampenfieber schämen. Viel besser ist es, Sie schauen sich das Problem aus einer gewissen Distanz an. Machen Sie Ihr Lampenfieber zum Thema. Aber bitte nicht während der Präsentation, sondern betrachten Sie es als Teil Ihrer Vorbereitung. Die nächsten Seiten zeigen Ihnen eine mögliche Herangehensweise.

Symptome, die nur für den Vortragenden spürbar sind

- Unwohlsein
- Drang zur Toilette
- feuchte Hände
- trockener Mund
- erhöhter Herzschlag
- verstärktes Schwitzen

Symptome, die für den Zuhörer sichtbar sind

Stimme:
- hektisches Reden
- Zittern in der Stimme

Körpersprache:
- hektische Bewegungen
- geduckte Haltung

sonstige Merkmale:
- erröten
- kein Blickkontakt

Lampenfieber kennt fast jeder. Allerdings sind die Symptome sowie das Ausmaß von Mensch zu Mensch verschieden. Es gibt Symptome, die auch für die Zuhörer wahrnehmbar sind, und Symptome, die nur der Vortragende spürt.

Beide Arten von Symptomen können die Qualität des Vortrages schmälern. Oft werden jedoch die für alle sicht- bzw. hörbaren Symptome als weitaus lästiger empfunden. Denn viele Vortragende schämen sich, Lampenfieber zu haben, weil sie befürchten, es ist ein Zeichen von Schwäche.

2 Welche Ursachen hat Lampenfieber?

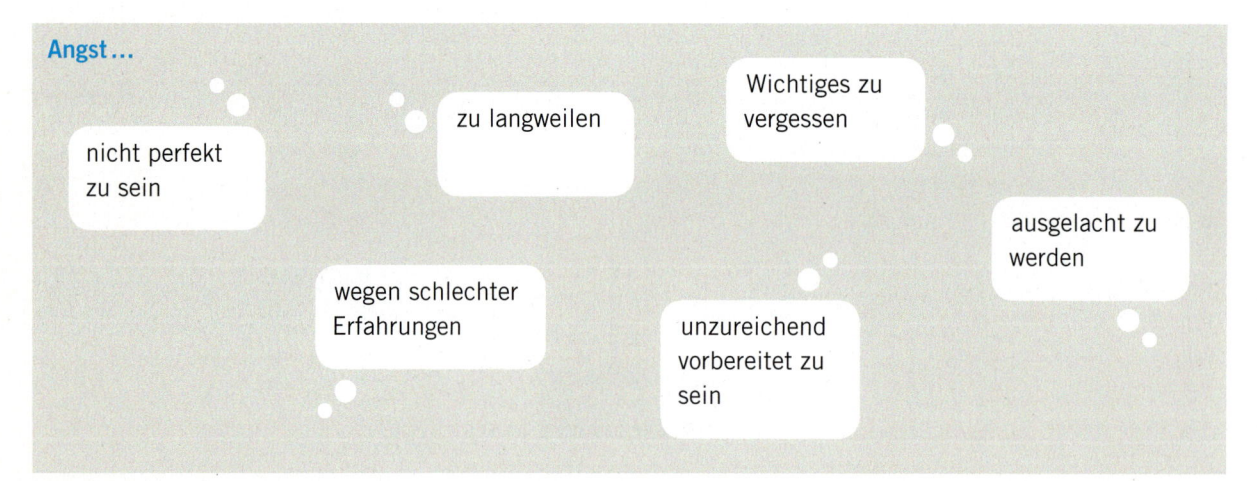

Angst ...

- nicht perfekt zu sein
- zu langweilen
- Wichtiges zu vergessen
- wegen schlechter Erfahrungen
- unzureichend vorbereitet zu sein
- ausgelacht zu werden

Biologisch gesehen ist Lampenfieber auf die Urzeitmenschen zurückzuführen. Sobald sie eine Gefahr erkannten, beispielsweise einem Raubtier begegneten, war ihr Körper auf Flucht oder Kampf programmiert. Der Körper schüttet bei Gefahr Adrenalin (Stresshormone) aus. Das hat zur Folge, dass der Körper alle Energie für die Flucht oder den Kampf zur Verfügung stellt. Die Muskeln werden in höchste Leistungsbereitschaft versetzt.

Sobald wir Angst haben, läuft diese Reaktion noch heute in unserem Körper ab. Geändert hat sich, dass die Gefahr keine wilden Tiere mehr sind. Die Angst besteht heute darin, fremden oder eigenen Ansprüchen nicht zu genügen oder ausgelacht zu werden. Durch die geänderte Gefahrensituation können wir die bereitgestellte Energie nicht durch Bewegung (Flucht oder Kampf) abbauen. Die Folge der unverbrauchten Energie ist nervöses Zappeln, Hin- und Hertigern, ein ängstlicher, unruhiger Blick, schnelles Sprechen, im schlimmsten Falle ein Blackout.

3   Sieben Strategien, um Lampenfieber abzubauen

Um es gleich vorwegzunehmen: Es kann nicht Ihr Ziel sein, das Lampenfieber gänzlich zu beseitigen. Denn nur wenn Sie eine gewisse Anspannung fühlen, sind Sie leistungsstark, hellwach, wirken Sie engagiert und überzeugend. Wir zeigen Ihnen sieben Strategien, wie Sie Ihr Lampenfieber auf ein gewünschtes Maß reduzieren können.

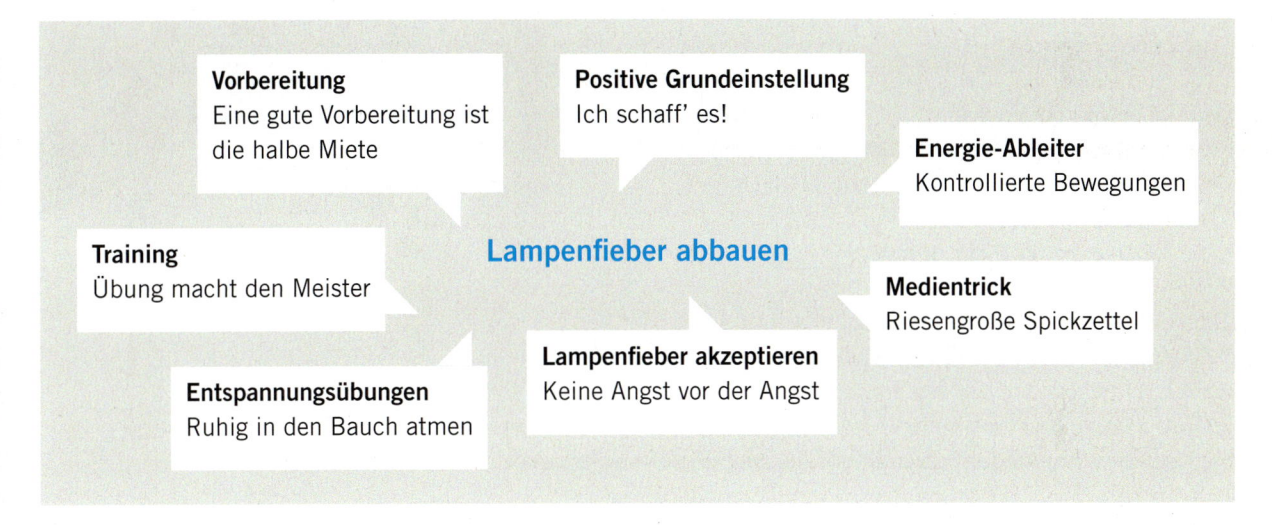

Lampenfieber abbauen

- **Vorbereitung** — Eine gute Vorbereitung ist die halbe Miete
- **Positive Grundeinstellung** — Ich schaff' es!
- **Energie-Ableiter** — Kontrollierte Bewegungen
- **Training** — Übung macht den Meister
- **Medientrick** — Riesengroße Spickzettel
- **Entspannungsübungen** — Ruhig in den Bauch atmen
- **Lampenfieber akzeptieren** — Keine Angst vor der Angst

Vorbereitung

Die Grundvoraussetzung für den Erfolg Ihrer Präsentation ist die gewissenhafte Vorbereitung. Dazu gehört eine gründliche Einarbeitung in das Thema sowie das Sammeln, Auswählen, Strukturieren und Visualisieren der Informationen. Viele Tipps dazu erhalten Sie in den vorangegangenen Kapiteln. Fehlt die fachliche Sicherheit, ist es nicht verwunderlich, Angst vor der Präsentation zu haben.

Grundgefühl der Sicherheit

Gute Vorbereitung
- Ziele festlegen
- Adressaten analysieren
- Informationen sammeln
- Strukturieren
- Formulieren
- Visualisieren
- Medien vorbereiten

Positive Grundeinstellung

Das A und O für sicheres Auftreten ist eine positive Einstellung zur eigenen Person, zum Thema und zum Zuhörer.

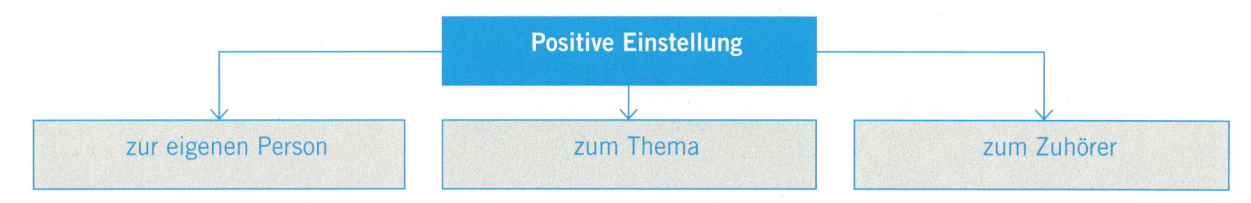

```
                    Positive Einstellung
         ↓                    ↓                    ↓
  zur eigenen Person      zum Thema           zum Zuhörer
```

Positive Einstellung zur eigenen Person Ängste werden oft dadurch verursacht, dass der Vortragende negativ über sich selbst denkt.

Solche negativen Gedanken könnten sein:
– Ich habe einen schrecklichen Dialekt.
– Ich verliere sicher den roten Faden.
– Ich sehe unmöglich aus.
– Ich schaff' es nicht.

Gründe dafür können sein:
– übertriebene Ansprüche an die eigene Person,
– vermutete Erwartungen von Eltern, Lehrern, anderen Personen,
– der Glaube, perfekt sein zu müssen.

Die Folge ist, dass man die Selbstsicherheit und den Mut verliert, vor einer Gruppe zu sprechen. Glücklicherweise kann die negative Einstellung zu sich selbst geändert werden. Es hat sich bewährt, die negativen Gedanken in positive umzuformulieren. Welche negativen Gedanken belasten Sie vor und während der Präsentation? Setzen Sie die Tabelle fort:

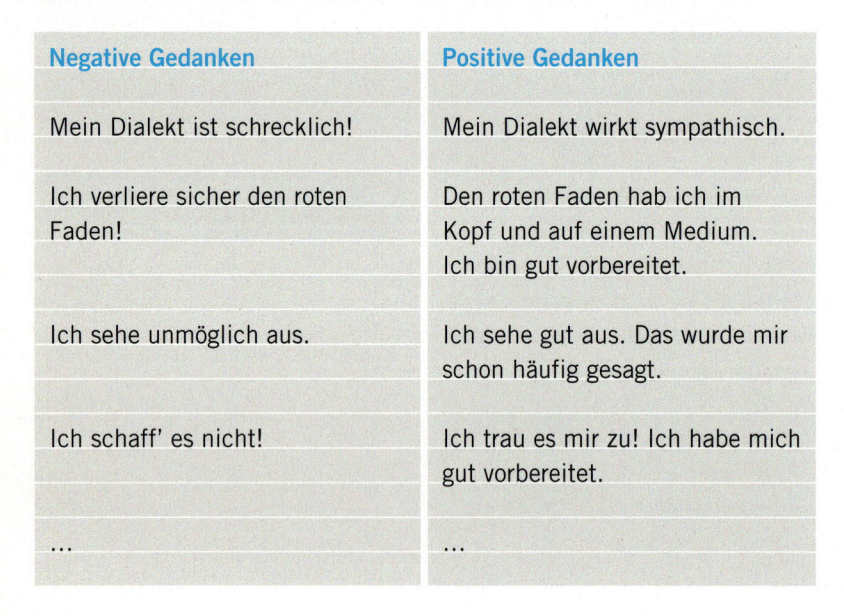

Negative Gedanken	Positive Gedanken
Mein Dialekt ist schrecklich!	Mein Dialekt wirkt sympathisch.
Ich verliere sicher den roten Faden!	Den roten Faden hab ich im Kopf und auf einem Medium. Ich bin gut vorbereitet.
Ich sehe unmöglich aus.	Ich sehe gut aus. Das wurde mir schon häufig gesagt.
Ich schaff' es nicht!	Ich trau es mir zu! Ich habe mich gut vorbereitet.
…	…

So können Sie vorgehen:
1. Formulieren Sie die negativen in positive Aussagen um.
2. Falls Ihnen dies schwerfällt, überlegen Sie, wie es ein guter Freund ausdrücken würde.
3. Lernen Sie die positiven Sätze auswendig.
4. Wiederholen Sie die Sätze immer wieder.
5. Falls sich in Stresssituationen wieder negative Gedanken in Ihrem Kopf breit machen, sagen Sie bewusst und energisch: Stopp!

Erzeugen Sie eine positive Meinung über sich selbst. Machen Sie sich Ihre Stärken bewusst und akzeptieren Sie auch Ihre Schwächen. Jeder Mensch hat Schwächen – die Kunst ist, die Stärken mehr zu betonen als die Schwächen. Denken Sie daran: Wenn Sie sich selbst nicht gut finden, dann können Sie nicht erwarten, dass andere Sie gut finden.

Positive Selbstinstruktion zu Beginn der Präsentation

Ich freu mich!
Ich kann es!
Ich packe es! ...

…Guten Tag meine Damen und Herren, herzlich willkommen!

Positive Einstellung zum Thema Gedanken wie:
– dieses Thema finde ich langweilig
– das Thema liegt mir nicht
– das Thema verstehe ich nicht

beeinträchtigen Ihre Motivation und Ihre Überzeugungskraft. Versuchen Sie Ihre Interessen bei der Themenauswahl bzw. -vergabe zu berücksichtigen. Wenn dies nicht möglich ist, bemühen Sie sich, dem Thema eine positive Seite abzugewinnen.

Folgende Fragen und Appelle können dabei hilfreich sein:
– Was kann ich dabei lernen?
– Für wen ist das Thema wichtig?
– Das Thema berührt mich zwar nicht, aber es ist wichtig für …
– Mal sehen, was ich daraus machen kann!
– Lass' Dich auf etwas Neues ein!

Positive Einstellung zu den Zuhörern Ebenso wichtig wie die positive Einstellung zur eigenen Person und zum Thema ist Ihre Einstellung zum Publikum. Sprechen Sie mit Ihren Zuhörern auf gleicher Augenhöhe: nicht unterwürfig, nicht arrogant, sondern wertschätzend.

Wertschätzung zeigen Sie z. B. durch:
– Blickkontakt zu den Zuhörern
– einen freundlichen Gesichtsausdruck
– bereitwilliges Eingehen auf Fragen
– gepflegte Kleidung

→ Seite **126** *Körpersprache*

→ Seite **131** *Kleidung*

Gehen Sie davon aus, dass die Zuhörer Ihnen gegenüber nicht feindlich eingestellt sind, sondern wohlwollend. Stoppen Sie negative Gedanken wie „Das Publikum wartet nur darauf, dass ich einen Fehler mache." „Die verstehen das sowieso nicht!"

Überschüssige Energie ableiten

In Angstsituationen befinden Sie sich in körperlicher Höchstleistungsform: eine Menge Energie zur Flucht oder zum Kampf steht bereit. Versuchen Sie, diese überflüssige und störende Energie durch gezielte Bewegungen abzubauen. Das Zaubermittel ist: kontrolliert eingesetzte Bewegungen.

Kurz vor der Präsentation Nutzen Sie jede Chance sich zu bewegen. Gehen Sie an der frischen Luft spazieren oder auf dem Gang hin und her. Jede Art von Bewegung baut die Fluchtenergie ab und Sie werden ruhiger.

Während der Präsentation Versuchen Sie, bewusst Wege einzubauen, Arme und Hände gezielt zu bewegen und laut zu sprechen. Gehen Sie von Ihrer Grundposition:
– zum Flipchart, auf dem z. B. die Gliederung der Präsentation steht,
– zur Pinnwand oder zur Tafel, um Ihr Hauptargument auf einem zusätzlichen Medium zu skizzieren,
– zur Projektionsfläche, um ein Schaubild zu erläutern,
– auf Ihre Zuhörer zu, um Sie zu begrüßen oder eine rhetorische Frage zu stellen.

→ Seite **97** *Medienwahl*

Sprechen Sie auch mit den Händen!

Tappen Sie dabei aber nicht in die Falle, ständig ruhelos hin- und herzutigern, sondern bleiben Sie dazwischen ruhig stehen. Unterstreichen Sie Ihre verbalen Aussagen durch eine passende *Gestik*. Ihre Unruhe wird durch die körperliche Bewegung und die laute Stimme abgeleitet und Ihr Vortrag wird außerdem noch ausdrucksstärker, überzeugender.

Energie-Ableiter
– kontrollierte Bewegungen
– Gestik: Hände und Arme
– Mimik
– laute Stimme

Abbau überschüssiger körperlicher Energie

Medientrick

Um mehr Sicherheit zu gewinnen, können Sie Ihr Medium als Spickzettel einsetzen:
– ein Flipchart mit der Gliederung der Präsentation,
– Folien mit den wichtigsten Inhalten und/oder
– Präsentationskarten (Karteikarten), für jeden Gliederungspunkt mindestens eine Karteikarte.

→ Seite **59** *Stichwortkärtchen*

Dadurch ist das gefürchtete Blackout nicht mehr möglich. Denn auf Ihren Medien steht im Notfall der nächste Punkt. Betrachten Sie den Overheadprojektor, den Beamer oder ein anderes Medium als Ihren Partner. Sie sind nicht allein. Das Medium hilft Ihnen, gibt Ihnen Sicherheit.

Arbeiten Sie mit

→ **kleinen Spickzetteln:**
gut lesbaren, strukturierten Präsentationskarten

→ **überdimensionalen Spickzetteln:**
Folien, Flipchart und/oder Pinnwand

Lampenfieber akzeptieren

Leo stottert und ist deshalb in therapeutischer Behandlung. Zu Beginn der dritten Therapiestunde fragt ihn die Therapeutin: „Na, wie geht's?" Leo lächelt und antwortet: „Gut! Ich stottere zwar noch, aber es macht mir nichts mehr aus!"

> **Symptome beobachten, akzeptieren, nicht bewerten!**

Gehen Sie in die Beobachterposition: Beobachten Sie, was genau mit Ihnen passiert, wenn Sie Lampenfieber haben. Vielleicht hilft Ihnen dabei die Vorstellung, im Hubschrauber zu sitzen und die Situation von oben zu betrachten. Nehmen Sie alles genau zur Kenntnis, aber bewerten Sie es nicht. Vermeiden Sie negative Gedanken. Nehmen Sie Ihr Lampenfieber an, dann ist es halb so schlimm.

Erlaubte Gedanken sind:
– Ach, jetzt wird meine Stimme zittrig.
– Das kenne ich ja, das gibt sich wieder.

> **Die Angst vor der Angst ist die Hälfte der Angst!**

Entspannungstechniken

Mit Entspannungsübungen können Sie langfristig Ihr Lampenfieber senken. Lernen Sie eine Entspannungstechnik – Yoga, autogenes Training, Atemtechniken oder irgendeine andere, die Ihnen gefällt. Ebenso können entspannende Freizeitaktivitäten wie Joggen, Walken oder Wandern Ihnen dabei helfen, gelassener zu werden.

Eine einfache *Atemübung* hilft Ihnen, kurz vor der Präsentation ruhiger zu werden:
– Hände auf den Bauch legen
– auf den Atem konzentrieren
– in den Bauch langsam einatmen
– langsam ausatmen
– das Ganze dreimal wiederholen

Ein einfacher Trick, um von negativen Gedanken abzulenken: Betrachten Sie eine Minute lang den Sekundenzeiger Ihrer Uhr. Versuchen Sie, nicht mehr an die Umgebung zu denken, sondern verfolgen Sie nur den Weg des Zeigers. Atmen Sie dabei ruhig ein und aus. Durch diese Übungen wird die Konzentration auf Ihre Atmung gelenkt und die angstauslösenden Gedanken treten in den Hintergrund.

Training

Sportler trainieren vor ihrem Wettkampf in unterschiedlichen Formen: einzelne Bewegungsabläufe, ihre Kondition, den Wettkampf selbst, und schließen auch mentale Übungen in ihr Programm ein. Diese unterschiedliche Trainingsformen können auch auf Redner übertragen werden.

Sie können:
– einzelne Passagen Ihres Vortrags üben: z. B. den Anfang und den Schluss;
– einzelne Verhaltensweisen trainieren: z. B. das Lächeln, den ruhigen Stand, das langsame, deutliche Sprechen;
– den gesamten Vortrag proben;
– mental trainieren, in dem Sie sich in Gedanken den Ablauf der Präsentation bzw. Teile der Präsentation genau vorstellen.

Mentales Training Üben Sie den Ablauf der Präsentation in Ihrer Vorstellung so oft wie möglich. Das kann am Schreibtisch, beim Spazierengehen oder im Zug sein. Wenn Sie ein erwünschtes Verhalten häufig gedanklich durchspielen, fällt es Ihnen leichter, dieses Verhalten auch im Ernstfall zu realisieren.

Konzentrieren Sie sich dabei auf besonders kritische Punkte der Präsentation. Sie können sich beispielsweise vorstellen:
– wie Sie langsam mit erhobenem Kopf zum Rednerplatz gehen,
– mit welchen Sätzen Sie Ihre Präsentation beginnen,
– wie sie die Zuhörer anschauen,
– was Ihre Kerninformationen sind,
– wie Sie die Präsentation beenden.

Ernstfall simulieren Besonders wirksam ist es, wenn Sie Ihre Rede vor dem Spiegel üben, sie auf Kassettenrekorder sprechen oder eine Videoaufzeichnung machen. Sie können sich dann selber sehen bzw. hören und vielleicht selbst Verbesserungsmöglichkeiten erkennen. Vor allem aber werden Sie feststellen, dass Sie besser wirken, als Sie sich das vorgestellt haben.

Generalprobe Empfehlenswert ist, eine Art Generalprobe vor vertrauten Personen (Eltern, Freunden, Geschwistern) durchzuführen. Sie erkennen dabei selbst noch kleine Unstimmigkeiten, z. B. dass ein Übergang nicht rund ist oder die Abstimmung mit den Medien noch nicht funktioniert. Außerdem können Sie sich von Ihren Zuhörern ein Feedback geben lassen. Sicher werden Sie viel positive Rückmeldung bekommen, aber vielleicht auch den ein oder anderen Verbesserungsvorschlag. Betrachten Sie dies als Chance.

> Übung macht den Meister!

Nutzen Sie jede Möglichkeit, in der Öffentlichkeit eine Rede zu halten. Betrachten Sie gute Redner als Vorbilder. Schauen Sie sich etwas ab. Aber auch von schlechten Rednern können Sie etwas lernen: was nicht gut ankommt.

4 Positive Auswirkungen des Lampenfiebers

> *Anspannung ist gut, aber es darf einen nicht zerreißen! (Friedhelm Franken)*

Neben den negativen Folgen aktiviert Lampenfieber auch Ihre Leistungsfähigkeit und macht Sie wach, konzentriert und ausdrucksstark. Ob die Anspannung als Gewinn oder als Nachteil erlebt wird, hängt vom Maß der Erregung ab. Ein mittleres Maß an Erregung gibt Ihnen den Schwung, den Sie für Ihre Präsentation brauchen. Folgende Schaubild zeigt den Zusammenhang zwischen Leistungsfähigkeit und Anspannung:

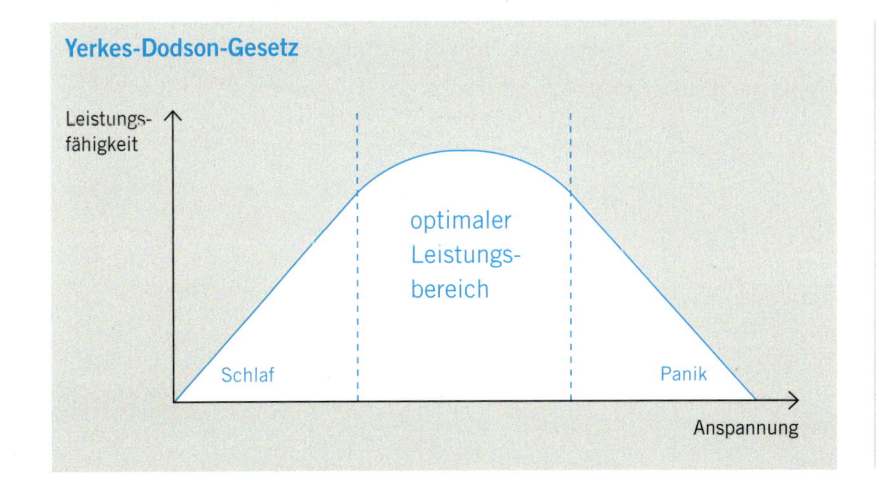

Yerkes-Dodson-Gesetz

(Diagramm: Leistungsfähigkeit in Abhängigkeit von Anspannung – umgekehrte U-Kurve mit Bereichen „Schlaf", „optimaler Leistungsbereich" und „Panik")

Lampenfieber in Maßen

– wirkt wie ein Aufputschmittel
– steigert das Leistungsvermögen
– erzeugt mehr Spannung
– stärkt Ihre Ausstrahlung

Ohne Lampenfieber ist ein Auftritt lahm!

5 Sicher und überzeugend auftreten

Als Redner haben Sie das Ziel, Ihre Zuhörer zu überzeugen. Falls Sie sehr unsicher auftreten, besteht die Gefahr, dass sich diese persönliche Unsicherheit auf Ihre Argumente überträgt. Bei Ihrem Publikum kommt es so an, als wären Sie von Ihren Argumenten selbst nicht überzeugt. Die Folge kann sein, dass die Zuhörer Ihren Argumenten nicht vertrauen.

→ Seite **118** *Rhetorik*

Der erste Schritt, um andere zu überzeugen, ist, selbst von der Sache überzeugt zu sein, und der zweite Schritt, dies durch sicheres Auftreten zu demonstrieren.

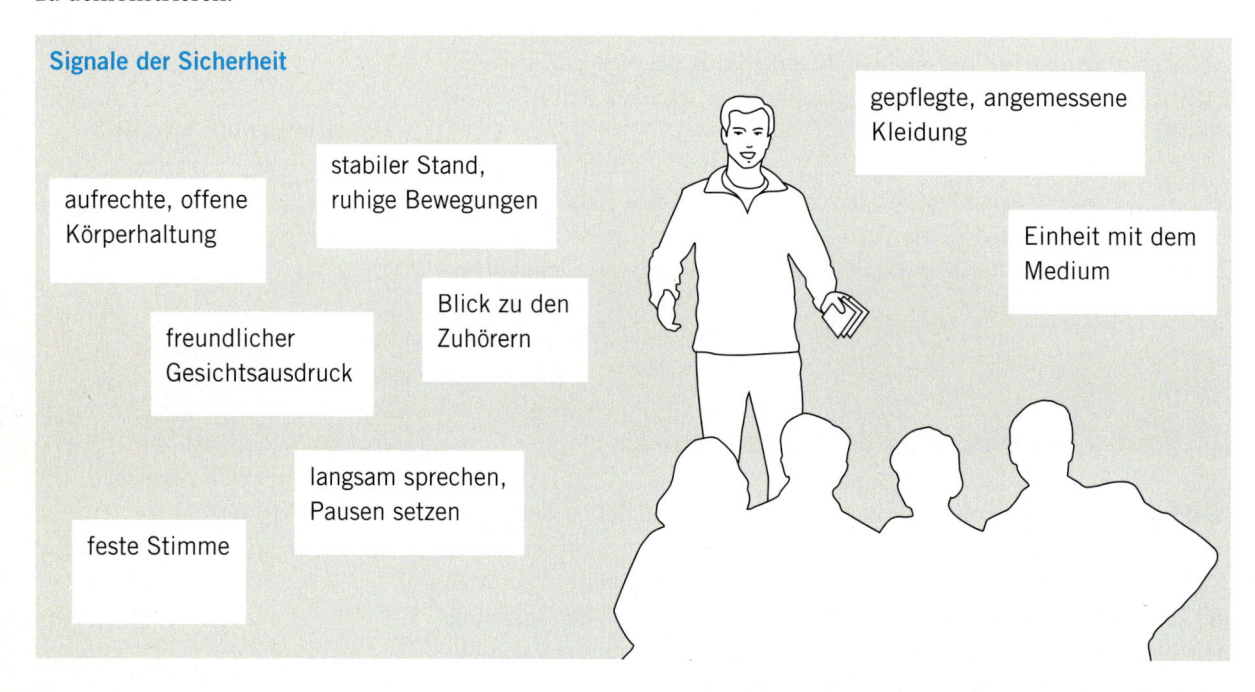

Signale der Sicherheit

- aufrechte, offene Körperhaltung
- stabiler Stand, ruhige Bewegungen
- gepflegte, angemessene Kleidung
- freundlicher Gesichtsausdruck
- Blick zu den Zuhörern
- Einheit mit dem Medium
- langsam sprechen, Pausen setzen
- feste Stimme

Der Countdown läuft …

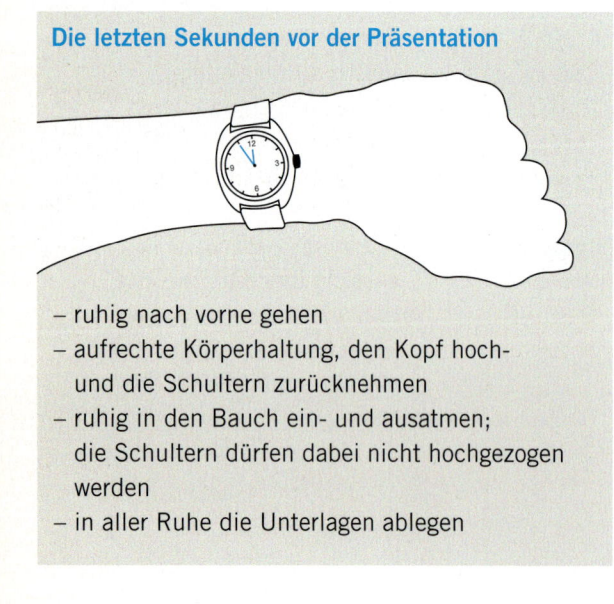

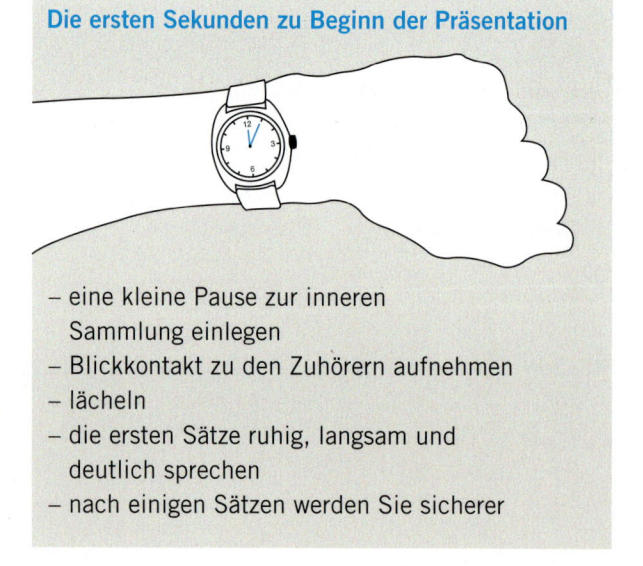

Die letzten Sekunden vor der Präsentation

- ruhig nach vorne gehen
- aufrechte Körperhaltung, den Kopf hoch- und die Schultern zurücknehmen
- ruhig in den Bauch ein- und ausatmen; die Schultern dürfen dabei nicht hochgezogen werden
- in aller Ruhe die Unterlagen ablegen

Die ersten Sekunden zu Beginn der Präsentation

- eine kleine Pause zur inneren Sammlung einlegen
- Blickkontakt zu den Zuhörern aufnehmen
- lächeln
- die ersten Sätze ruhig, langsam und deutlich sprechen
- nach einigen Sätzen werden Sie sicherer

Tipps

→ Üben Sie Ihren Auftritt so oft wie möglich.

→ Setzen Sie Ihre Medien als „Spickzettel" ein.

→ Lernen Sie den ersten und den letzten Satz Ihres Vortrages auswendig.

→ Rechnen Sie mit Ihren typischen Symptomen und akzeptieren Sie diese.

→ Gehen Sie niemals davon aus, dass von Ihnen der perfekte Auftritt verlangt wird.

→ Haben sie den Mut, Fehler zu machen. Perfekte Auftritte wirken nicht in jedem Falle sympathisch.

→ Denken Sie weniger an Ihr Lampenfieber, denken Sie stattdessen an den Inhalt und an die Zuhörer Ihrer Präsentation.

→ Denken Sie daran, dass Lampenfieber normal ist und Ihre Konzentration fördern kann.

→ Denken Sie an frühere Erfolgserlebnisse.

→ Verlassen Sie sich darauf, dass nach den ersten Sätzen das Lampenfieber automatisch abklingt.

→ Checken Sie vor Ihrem Auftritt den Veranstaltungsraum und die Medien. Führen Sie eine „Sprechprobe" durch.

→ Setzen Sie eine Vertrauensperson in die erste Reihe.

→ Suchen Sie am Anfang den Blickkontakt zu freundlichen Zuhörern.

→ Atmen Sie unmittelbar vor Beginn ruhig aus, atmen Sie ein und beginnen Sie dann, langsam zu sprechen.

Übungen

1 Lampenfieber analysieren

Bilden Sie Gruppen mit zwei bis vier Teilnehmern. Jede Gruppe erhält eine andere Arbeitsanweisung:

Gruppe A Gründe für Lampenfieber
– Sammeln Sie Gründe für Lampenfieber.
– Gestalten Sie eine Metaplantafel.
– Präsentieren Sie die Gründe für Lampenfieber.

Gruppe B Symptome
– Wie äußert sich Lampenfieber?
– Gestalten Sie eine Metaplantafel.
– Präsentieren sie Ihre Ergebnisse.

Gruppe C Maßnahmen gegen das Lampenfieber
– Was können Sie gegen Lampenfieber tun?
– Gestalten Sie eine Metaplantafel.
– Präsentieren sie Ihre Ergebnisse.

Gruppe D Positive Selbstprogrammierung
– Was ist „positive Selbstprogrammierung"?
– Entwickeln Sie ein Programm.
– Gestalten Sie eine Metaplantafel.
– Präsentieren sie Ihre Ergebnisse.

Gruppe E Signale der Sicherheit
– Welche Verhaltensweisen vermitteln Sicherheit?
– Gestalten Sie eine Metaplantafel.
– Präsentieren sie Ihre Ergebnisse.

2 Positive Selbstsuggestion (Selbstprogrammierung)

Suggestiv-Rezept

Der Kursleiter liest den Text möglichst akzentuiert vor. Dann bekommt jeder Teilnehmer eine Kopie des Textes und wählt sich einen Partner.

Ich kann reden!

Ich kann reden! Das weiß ich ganz genau. Ich rede so oft, und immer komme ich gut durch. Immer fällt mir etwas Sinnvolles ein. Ich werde den Faden schon nicht verlieren. Und wenn doch, dann ist das auch nicht schlimm, denn das passiert schließlich den anderen auch. Nur Ruhe bewahren, dann fließen und sprießen die Gedanken ganz schnell wieder.

Ich habe keine Angst. Nein! Vor wem denn auch. Ich habe mich gut vorbereitet; ich weiß Bescheid. Wenn ich rede, dann bin ich der Experte. Viele andere können mir nicht einmal das Wasser reichen. Und wenn ein bisschen Lampenfieber da ist – was soll's?! Das ist normal und macht mich nur noch leistungsfähiger.

Ich atme tief durch, halte die Luft etwa 4 Sekunden an und atme dann ganz langsam aus, bevor ich mit dem Reden beginne. Das beruhigt und strafft den Oberkörper. Ich bemühe mich, nicht zu schnell zu reden, denn das fördert nur die Hektik. Ich bremse gelegentlich mein Sprechtempo und lasse auch schon mal eine kurze Pause. Das ist für mich gut – und für meine Zuhörer auch!

Meine Gedanken sind klar und gut verständlich. Meine Körperhaltung spiegelt mein Selbstvertrauen. Ich spreche deutlich, natürlich! Meine Stimme ist kräftig. Ich habe keine Scheu, die Mitschüler selbstbewusst anzuschauen, meinen Blick ruhig schweifen zu lassen – von einem zum anderen. Ich spreche ruhig und locker, freundlich und lebendig. Ich will überzeugen, und ich kann überzeugen! Ich bemühe mich. Ich arbeite an mir. Und mehr kann niemand von mir verlangen.

Reden ist besser als Schweigen. Davon bin ich überzeugt. Reden muss sein, damit ich im Leben Erfolg habe. Wer nicht reden kann, der wird schnell untergebuttert. Nein, mit mir nicht. Ich will mich bewähren. Ich will es mir und anderen zeigen, dass ich kein Feigling bin und dass ich schon die richtigen Worte finden werde.

Ich muss ja nicht perfekt sein! Wer ist schon perfekt!? Reden kann man immer nur versuchen. Und je häufiger ich es versuche, um so besser und routinierter werde ich. Ich bin auf dem besten Wege ein guter Redner zu werden. Meine Mitschüler werden staunen, wie gut ich reden kann. Reden können ist ein Hochgenuss!

Quelle: Klippert, Heinz: Kommunikations-Training, Übungsbausteine für den Unterricht, Weinheim 1998, S. 163

Arbeitsauftrag

– Lesen Sie den Text gemeinsam mit Ihrem Partner.
– Bereiten Sie sich mit Ihrem Partner vor, den Text in der „Ich-Form" vorzutragen.
– Visualisieren Sie (z. B. Mindmap mit Bildelementen) den Inhalt der Textvorlage mit Ihrem Partner auf einem DIN-A3-Blatt.
– Tragen Sie Ihrem Partner Ihre Individual-Version vor.
– Nach der Partnerarbeit tragen zwei Schüler Ihre Text-Version im Plenum vor.

3 Lampenfieber abbauen

Text zum Vorlesen

Der Kursleiter liest den Text möglichst dramatisierend vor. Dann bekommt jeder Teilnehmer eine Kopie dieses Textes. Es werden Teams mit jeweils 3 bis 4 Teilnehmern gebildet.

Sprechhemmungen und Redeängste

Die Redeangst ist eine heimliche Seuche. Jeder hat sie und jeder glaubt, dass er der einzige wäre, der sie hat. Deshalb versucht sie jeder zu verbergen und zu unterdrücken, um sich nicht vor anderen mit der „Krankheit" lächerlich zu machen.

Bei einer groß angelegten Untersuchung aller repräsentativen Berufsschichten kam heraus, dass 90 % aller Befragten mit Redeangst zu kämpfen haben. Auch die, die täglich im Beruf reden und überzeugen müssen.

Woher kommt das, was kann man dagegen tun? (…) Angst soll entweder zur Flucht oder zum Angriff führen, um es von unseren Urahnen einmal so abzuleiten. Stand unser Ur-Vorfahr plötzlich vor (…) einem großen Bären (…), sollte ihm die Angst die schnelle Flucht ermöglichen.

Genauso ist es mit Reden: Entweder Sie drücken sich wirkungsvoll vor jeder Rede – und werden dadurch nie zu einem Redner und Überzeuger – oder Sie gehen in den Angriff über und bekämpfen diese Angst wirkungsvoll. Attacke ist noch immer das beste Gegenmittel zur Angst.

Als Sie das erstemal hinter einem Steuerrad saßen und den Verkehr durch die Windschutzscheibe sahen, hatten Sie unsägliche Angst. Das gleiche passierte, als Sie als Kind auf das Fahrrad oder auf ein Pferd gesetzt wurden. Auch wenn Sie mit Skiern oben auf einem Berg stehen und herunterschauen, haben Sie erst einmal Angst.

Die Angst bezieht sich darauf, dass Sie ein Neuland betreten sollen und nicht wissen, wie es ausgeht. Sie haben Angst vor dem Versagen, dass etwas passieren könnte, was Sie nicht kalkulieren können, und das spüren Sie an folgenden Reaktionen. Die gleichen Reaktionen haben Sie übrigens auch, wenn Sie eine Rede halten sollen:

- Das Herz schlägt höher, dadurch wird der Atem kürzer und das Gehirn scheint wie blockiert.
- Da auch die Blutgefäße im Bauch sich verengen, bekommt man das übliche flaue Gefühl in der Magengegend.
- Die Schweißdrüsen werden zu höchster Aktivität angeregt, der „Kalte Schweiß" bricht aus.
- Die Atemwege trocknen aus, man muss sich räuspern und man hat einen Kloß im Hals.
- Die Fingerspitzen zittern.

Wer diese Reaktionen kennt, braucht keine Angst vor ihnen zu haben. Vielmehr kann er sich auf diese Reaktionen verlassen, da er ja weiß, dass sie in bestimmten Situationen auftreten. Das gibt ihm Sicherheit, denn er weiß, nach einer kurzen Anfangsphase sind diese Symptome verschwunden. Man bezeichnet diese Reaktionen auch als Lampenfieber – jeder Schauspieler, obwohl er seit vierzig Jahren auf der Bühne steht, wird Ihnen bestätigen, dass er vor jedem neuen Auftritt Lampenfieber hat.

Quelle: Rhetorik. Überzeugen – aber wie?
Hrsg. von N. B. Enkelmann, Wiesbaden 1995, S. 28

Arbeitsauftrag

Lesen Sie den vorgegebenen Text.
Bearbeiten Sie im Team folgende Fragen.
- Wie wirkt sich Lampenfieber aus?
- Was können Sie gegen Lampenfieber tun? Welche Tricks gibt es, um zu mehr Ruhe, Gelassenheit und Selbstvertrauen zu kommen?
- Visualisieren Sie Ihre Ergebnisse auf einer Metaplanwand.
- Tragen Sie Ihre Ergebnisse im Plenum vor.
- Die Vorschläge der verschieden Teams werden gesammelt und auf einem Plakat zusammengefasst.

4 Rote Wangen, feuchte Hände, wackelige Knie, trockener Hals

Übungen zur Steigerung des Selbstvertrauens helfen Ihnen, das Lampenfieber in den Griff zu bekommen:

Nichts wirkt so negativ auf unser Selbstvertrauen wie der weit verbreitete Glaube, die anderen seien sowieso besser, schöner, klüger. Ersetzen Sie die negativen Gedanken durch positive! Schreiben Sie eine Liste:

Positive Selbstsuggestion

Ich bin stark!

Was mag ich an mir?
–
–

Was kann ich gut?
–
–

Was habe ich schon geschafft?
–
–

5 Negatives Denken – Positives Denken

Nicht die Dinge selbst beunruhigen die Menschen, sondern die Vorstellungen von den Dingen.
(Epiktet)

Bilden Sie Gruppen mit zwei bis drei Teilnehmern:
– Überlegen Sie gemeinsam, was das Bild und das Zitat aussagen.
– Zeigen Sie einen Zusammenhang zwischen der Aussage von Epiktet und Lampenfieber auf.
– Wie können Sie folglich Lampenfieber vermindern?

6 Was ist das Gegenteil von Angst?

Bearbeiten Sie im Team folgende Fragen:
– Was ist Angst?
– Was ist das Gegenteil von Angst?
– Visualisieren Sie Ihre Ergebnisse auf einer Metaplanwand.
– Tragen Sie die Ergebnisse im Plenum vor.

7 Negative Gedanken – positive Gedanken

Denken Sie an Ihre letzte Präsentation, welche negativen Gedanken hatten Sie vor, während und nach der Präsentation? Schreiben Sie Ihre Gedanken auf und formulieren Sie jeden negativen in einen dazu passenden positiven Gedanken um!

8 Folgen positiven und negativen Denkens

Teufelskreis der Redeangst

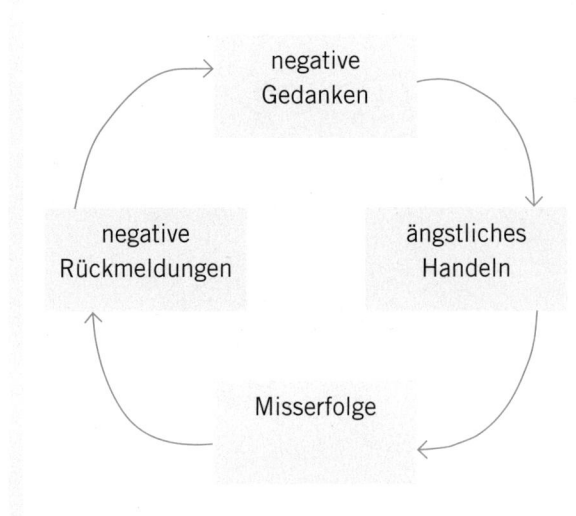

negative Gedanken → ängstliches Handeln → Misserfolge → negative Rückmeldungen → (zurück zu negative Gedanken)

Engelskreis des positiven Denkens

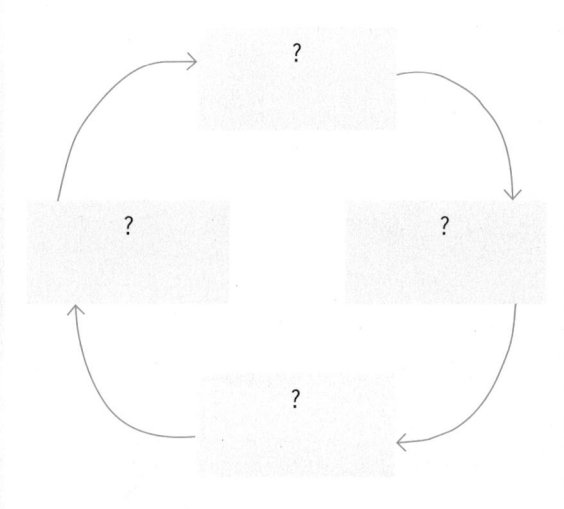

? → ? → ? → ? → (Kreislauf)

Bilden Sie Gruppen mit zwei bis drei Teilnehmern:
– Interpretieren Sie gemeinsam mit Ihren Partnern das Schaubild.
– Erstellen Sie analog zum gegebenen Schaubild ein zweites Schaubild, das die Wirkungsweise positiven Denkens beschreibt: „Der Engelskreis positiven Denkens".

– Zeichnen Sie beide Schaubilder auf ein Plakat und erläutern Sie diese gemeinsam mit Ihrem Teampartner im Plenum. Überlegen Sie sich für Ihre Präsentation einen wirkungsvollen Ablauf.

9 Lampenfieber: Der Profi braucht es, der Amateur fürchtet es.

Bilden Sie Gruppen mit jeweils drei Teilnehmern:
– Überlegen Sie gemeinsam mit Ihren Partnern, was mit dieser Aussage gemeint sein könnte.
– Führen Sie mindestens drei Gründe an, warum ein Amateur Lampenfieber fürchtet.
– Führen Sie mindestens drei Gründe an, warum ein Profi Lampenfieber braucht.

– Bereiten Sie ein Rollenspiel vor: Profi und Amateur versuchen jeweils die eigene Sichtweise darzustellen und den anderen von ihrer Sichtweise zu überzeugen.
– Führen Sie das Rollenspiel vor. Ein Schüler übernimmt die Rolle des Profis, einer die des Amateurs und ein Schüler ist Beobachter.

Bewertung einer Präsentation

Auf einen Blick: In diesem Kapitel lernen Sie
⟶ nach welchen Kriterien Sie eine Präsentation bewerten können,
⟶ welche Feedback-Regeln Sie bei der Bewertung beachten sollten,
⟶ welche Schwierigkeiten und welche Chancen sich bei der Bewertung von Präsentationen ergeben.

Es ist noch kein Meister vom Himmel gefallen!

1 Grundsätze zur Bewertung einer Präsentation

Eine Präsentation bildet zumeist den krönenden Abschluss eines umfangreicheren Projektes oder sonstigen Arbeitsprozesses. Die Vorbereitung einer professionellen Präsentation stellt einen nicht zu unterschätzenden Arbeits- und Zeitaufwand dar. Darüber hinaus präsentiert man nicht nur seine Arbeitsergebnisse vor einem mehr oder weniger großen Publikum, sondern letztlich auch sich selbst. Nicht umsonst sind daher die Erwartungen aller Beteiligten an eine solche Präsentation zumeist sehr hoch. Dies gilt nicht zuletzt für die Vortragenden selbst, für die die Darstellung ihrer Ergebnisse – zumal dann, wenn sie darin noch nicht allzu erfahren sind – ein großes Ereignis bedeutet. Aus diesem Grund muss die Bewertung solcher Präsentationen im Vorfeld gut durchdacht und danach sorgfältig durchgeführt werden.

> Die Kriterien einer Bewertung müssen transparent sein.

Festlegung von Bewertungskriterien Die wichtigste Voraussetzung für die offene und faire Bewertung einer Präsentation ist die Definition von Bewertungskriterien. Ein solcher Kriterienkatalog sollte gemeinsam mit allen Beteiligten – insbesondere mit den späteren Präsentatoren – festgelegt werden. Als Ausgangspunkt sollten nur solche Teilaspekte (z. B. Medieneinsatz, Visualisierung, Strukturierung, Rethorik) herangezogen werden, die zuvor ausdrücklich angesprochen und entsprechend geübt wurden. Werden in einer Bewertung plötzlich Maßstäbe herangezogen, die zuvor nie Gegenstand der Diskussion waren, so werden sie zu Recht als ungerecht empfunden.

> Es kann nur bewertet werden, was ausreichend geübt wurde.

Bei der Festlegung der Bewertungskriterien sollten Sie besonders darauf achten, dass fachliches Wissen, methodisches Können sowie Kommunikations- und Kritikfähigkeit gleichermaßen berücksichtigt sind. Die Kriterien dürfen sich z. B. nicht allein auf rein inhaltliche Aspekte der Präsentation oder ausschließlich auf methodische Gesichtspunkte wie die Qualität des Medieneinsatzes oder Ähnliches stützen.

Die in der folgenden Tabelle aufgeführten Beobachtungsfelder können Ihnen als Leitfaden zur Aufstellung eines Bewertungskataloges für alle Arten von Präsentationen dienen. Den hellblau unterlegten Kriterien sollten Sie dabei besondere Bedeutung beimessen.

Beobachtungsfelder und Bewertungskriterien bei Präsentationen

Planung	Eigeninitiative	Kommunikation	Teamwork	Präsentation
Auswahl	Definition eigener Ziele	verständliche Darstellung von Sachverhalten	Rollenübernahme und Übernahme von Verantwortung	Redegewandtheit, freies Sprechen
Strukturierung komplexer Sachverhalte	selbstverständliche Lösungsvorschläge	aktives Zuhören	Kommunikationsfähigkeit	Sicherheit des Auftretens
Zielorientierung	stellt sich selbst Aufgaben	Einbringen eigener Ideen	Vorschläge anderer aufgreifen	Präzision der Darstellung
Kreative Lösungen	Beharrlichkeit und Frustrationstoleranz	Belastbarkeit	Entscheidungsfähigkeit	Sicherheit bei der Beantwortung von Nachfragen
Entwicklung von Teilschritten		aktives Nachfragen		
Aspektvielfalt	Vertreten des eigenen Standpunktes	Kontakte aufrechterhalten	Feedback	mediale Unterstützung
Realisierung: – Verbindlichkeit – Flexibilität	Kreativität		Gruppenentscheidungen akzeptieren	Visualisierung
			Konflikt- und Kompromissfähigkeit	Vereinfachung

2 Bewertungskriterien – Leitfaden für ein faires Feedback

Haben Sie sich über die Bewertungskriterien mit allen an der Präsentation beteiligten Personen geeinigt, so ist es sinnvoll, die entsprechenden Gesichtspunkte in einer Art von *Checkliste* festzuhalten. Dabei können Sie diese Bewertungsbögen – etwa in Abhängigkeit vom „Professionalitätsgrad" der Vortragenden – unterschiedlich detailliert gestalten. Ganz zu Beginn von Präsentationsübungen kann es durchaus sinnvoll sein, wenn Sie für die anschließende Besprechung einfache Bewertungstabellen verwenden, in denen die Beobachter ihre jeweiligen Eindrücke handschriftlich festhalten (siehe nebenstehendes Foto).

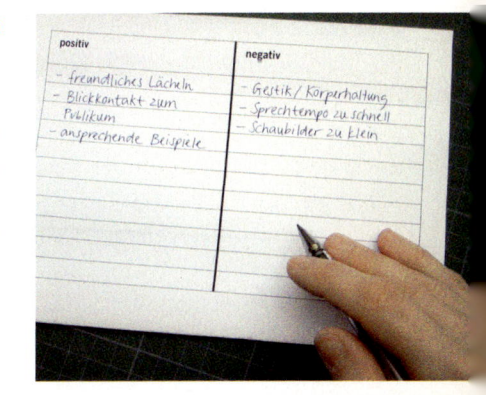

Bewertung einer Präsentation

Bewertungsbogen In einer weiteren Phase können Sie einfache Beobachtungsbögen mit vorgegebenen Bewertungskriterien einsetzen. Dabei sollten Sie sich jedoch auf wenige Kriterien und eine relativ geringe Abstufung innerhalb der einzelnen Beobachtungsfelder beschränken. Das folgende Beispiel zeigt einen Entwurf für einen solchen einfach strukturierten Bewertungsbogen.

weitere Beispiele für Bewertungsbögen →

Beispiel für einen einfachen Bewertungsbogen

Bewerten Sie die Präsentation im Hinblick auf	Bewertung			
	sehr gut	gut	weniger gut	schlecht
Begrüßung, Selbstvorstellung	☐	☐	☐	☐
Inhalt fachlich richtig	☐	☐	☐	☐
wesentliche Informationen ausgewählt	☐	☐	☐	☐
Aufbau verständlich strukturiert	☐	☐	☐	☐
Sprache, Fachsprache	☐	☐	☐	☐
Lautstärke, Sprechtempo, Sprechpausen, Variation der Stimme	☐	☐	☐	☐
Visualisierung (Schaubilder, Tabellen …)	☐	☐	☐	☐
Medieneinsatz (Metaplantafel, Folie …)	☐	☐	☐	☐
Körpersprache (Mimik, Gestik)	☐	☐	☐	☐
Begeisterungsfähigkeit	☐	☐	☐	☐
Gesamtbewertung	☐	☐	☐	☐

Mögliche Arbeitsaufträge:
1. Ordnen Sie den einzelnen Merkmalen der Präsentation eine Note zu!
2. Was hat Ihnen besonders gut gefallen?
3. Was hat Sie gestört?
4. Geben Sie Ratschläge für die nächste Präsentation!

Auf dieser Grundlage können Sie in weiteren Schritten sowohl die Beobachtungskriterien als auch die Abstufung innerhalb der einzelnen Felder erweitern und differenzieren. Mehr als zehn bis zwölf Kriterien und mehr als fünf bis sechs Bewertungsabstufungen sind in der Praxis bei der Bewertung von Präsentationen jedoch nur noch sehr schwer zu überblicken. Das Beispiel auf der folgenden Seite gibt einen solchen, bereits recht detaillierten Bewertungsboden wieder.

Beispiel für einen detaillierten Bewertungsbogen

Thema: Präsentator/in:

		++	+	−	−−	
Inhalt	sachlich richtig, angemessene Gewichtung von Haupt- und Nebenpunkten	☐	☐	☐	☐	sachliche Fehler, wichtige Punkte zu kurz, nebensächliche Punkte zu ausführlich
Struktur	roter Faden erkennbar, zielgerichtet, schlüssige Argumentation	☐	☐	☐	☐	roter Faden nicht erkennbar, Ziel nicht klar, sprunghaft in der Argumentation
Zuhörerorientierung	Interesse der Zuhörer geweckt, spricht Zuhörer an	☐	☐	☐	☐	Nutzen für die Zuhörer nicht erkennbar, langweilig, unpassende Beispiele
Sprechweise	deutlich, angemessen in Lautstärke, Betonung wird variiert, redet frei	☐	☐	☐	☐	undeutlich, zu leise oder zu laut, monoton, liest vom Blatt ab
Sprechtempo	ausgeglichen, dynamisch, gute Pausentechnik	☐	☐	☐	☐	zu schnell, keine Pausen; stockend, Blackouts
Sprache	verständlich in Satzbau und Wortwahl, sicher im Ausdruck, angemessene Fachsprache	☐	☐	☐	☐	unverständlich, umständlich, unsicher, unangemessen
Blickkontakt	Blick zu den Zuhörern, jeder fühlt sich angesprochen	☐	☐	☐	☐	fehlt, einseitig, schaut häufig zur Projektionswand
Gestik/Haltung	offen, freundlich, unterstreicht die Aussagen	☐	☐	☐	☐	blockiert, verschlossen, abgewandt, steif; übertrieben, unfreundlich
Visualisierung	aussagekräftige Schaubilder, übersichtliche Tabellen, Farben strukturieren und heben Wichtiges hervor	☐	☐	☐	☐	keine oder überladene Schaubilder, unübersichtliche Tabellen, zuviel Farben, wirkt verwirrend
Medien	funktionieren, werden richtig bedient, Medieneinsatz angemessen	☐	☐	☐	☐	funktionieren nicht, kann die Medien nicht bedienen, zu viel Medieneinsatz
Präsentator ↔ Medien	Medien unterstützen Präsentator	☐	☐	☐	☐	Medien und Präsentator bilden keine Einheit
Teamarbeit	partnerschaftliches Präsentieren, flexibles Reagieren, stimmige Übergänge	☐	☐	☐	☐	dominantes Präsentieren, reagiert unflexibel, Brüche
Glaubwürdigkeit	überzeugt die Zuhörer	☐	☐	☐	☐	wirkt unglaubwürdig
Begeisterungsfähigkeit	begeistert die Zuhörer	☐	☐	☐	☐	langweilt die Zuhörer

Gesamteindruck:
Note:

Verbesserungsvorschläge (Ziele für die nächste Präsentation):

Bewertung einer Präsentation

3 Kritik ertragen, Lob annehmen – Feedback-Regeln

Beobachtet, bewertet und beurteilt zu werden, ist bei den meisten Menschen mit unangenehmen Gefühlen verbunden. Die Angst zu versagen, vor anderen bloßgestellt zu werden und sich zu blamieren, sind dabei zumeist die Hauptbeweggründe, sich einem solchen Feedback ungern auszusetzen. Aber auch zu viel Lob vor der Gruppe kann durchaus unangenehm sein, wenn es einen zum „Streber" und zum Außenseiter werden lässt. Dabei versteht sich ein solches Feedback immer nur als ein Angebot, auf mögliche Stärken und Schwächen hinzuweisen, ohne abzuurteilen. Was man aus den Anregungen macht, bleibt letztlich jedem selbst überlassen.

> **Niemand ist auf der Welt, um so zu sein, wie andere ihn gern hätten.**

Aus diesem Grund ist es für alle Beteiligten – für die Beobachter ebenso wie für den Präsentatoren – wichtig, einige entscheidende Grundregeln eines Feedbacks einzuhalten. Nur so ist eine für alle lehrreiche Besprechung und Bewertung einer Präsentation gewährleistet, die die Grundlage für zukünftige Verbesserungen liefert.

Feedback-Regeln

…für das Geben von Feedback	…für das Annehmen von Feedback
– Feedback nur dann geben, wenn es gewünscht wird	– Zuhören und den Gesprächspartner nicht unterbrechen
– Möglichst mit positiven Eindrücken beginnen	– Offen für die Kritik sein und die vorgebrachten Argumente versuchen zu verstehen
– Persönlichen Eindruck möglichst konkret anhand bestimmter Handlungen und Verhaltensweisen beschreiben. So nicht: „Die Präsentation war schlecht." Sondern so: „Mir hat gefallen, dass…", „…, das hat mich gestört."	– Sich nicht verteidigen
	– Sich mit allgemeinen Aussagen nicht zufrieden geben, sondern nach konkreten Kritikpunkten fragen
– Erlebtes und Beobachtetes als Ich-Botschaft formulieren: „Meiner Meinung nach…", „Mir ist aufgefallen…"	– Gegebenenfalls Verständnisfragen stellen wie z. B.: „Wie kommst du zu diesem Eindruck?"
– Ehrlich, respektvoll und nicht verletzend sein	– Das Feedback als Chance und nicht als Gefahr sehen
– Realistisch und nicht utopisch argumentieren und möglichst Alternativen vorschlagen	
– Nur konstruktive Kritik äußern und „Richtig-Falsch-Aussagen" vermeiden	

Trotz dieser Hilfen zur Beurteilung und Bewertung von Präsentation ist es in der Praxis oft schwirig, eine sinnvolle und konstruktive Kritik zu formulieren. Dies liegt in erster Linie an der Art der zu bewertenden Faktoren. Die fachliche Kompetenz des Präsentators lässt sich noch relativ einfach beurteilen, schwieriger ist es hingegen, Persönlichkeitsmerkmale wie Gestik, Mimik und Sprachverhalten eines Menschen gezielt zu bewerten.

Und dennoch – all diese Schwierigkeiten sollten keinen Anlass dazu geben, auf eine Bewertung von Präsentationen zu verzichten. Vielmehr sind sie ein wesentlicher Bestandteil des Lernprozesses, ohne den eine Verbesserung von Präsentationsleistungen nicht möglich wäre. Was für das Lernen von Präsentationstechniken gilt, gilt auch für die Bewertung: Nur wenn Sie häufiger Präsentationen bewertet haben, wird sich Ihr Blick für die verschiedenen Aspekte, auf die man dabei achten muss, allmählich schärfen. Auch dies ist ein wichtiger Lernerfolg. Und auf diesen Lernfortschritt kommt es schließlich an, mehr noch als auf das absolute Endergebnis selbst.

> **Bewertung der Präsentation: eine Chance und keine Gefahr!**

Es gibt eine Reihe weiterer Punkte, die für eine Bewertung von Präsentatoren sprechen:
- Die Präsentatoren lernen mit Hilfe der Bewertungskriterien, worauf es bei einer guten Präsentation ankommt.
- Die Zielsetzung und die Arbeitsmethoden können aufgrund der Bewertungsergebnisse überdacht und eventuell korrigiert werden (Evaluation).
- Die Teilnehmer von Präsentationsübungen lernen zwischen effizienten und weniger effizienten Arbeitsweisen bei der Vorbereitung und Durchführung von Präsentationen zu unterscheiden.
- Das Lern- und Arbeitsklima wird qualitativ besser.

Es bietet sich an, die eigenen Fortschritte als Präsentator zu dokumentieren. Dies dient sowohl der Motivation – nichts wirkt sich positiver auf die Leistungsbereitschaft aus als der eigene Erfolg – als auch zur Kontrolle des Lernfortschritts. Hierzu kann eine „Bewertungsspinne" eingesetzt werden, wie sie das Beispiel zeigt. Darin stellen die einzelnen Achsen, die von der Mitte des „Spinnennetzes" ausgehen, die verschiedenen Bewertungskriterien dar, die konzentrisch angeordneten Linien sind unterschiedliche Leistungsniveaus (Schulnoten 1 bis 6). Trägt man die Bewertungsergebnisse eines Präsentators nach verschiedenen Vorträgen in dieses „Netz" ein, so lassen sich positive Entwicklungen der Präsentationskompetenz ebenso anschaulich vor Augen halten wie ein möglicher weiterer Übungsbedarf.

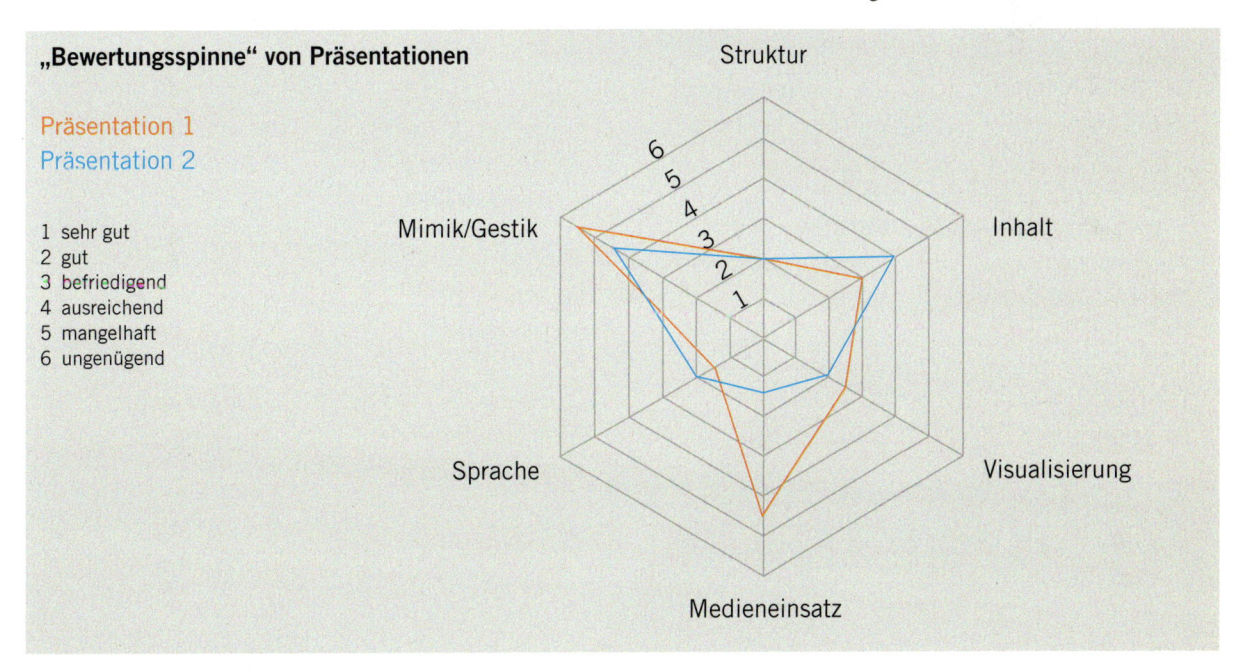

„Bewertungsspinne" von Präsentationen

Präsentation 1
Präsentation 2

1 sehr gut
2 gut
3 befriedigend
4 ausreichend
5 mangelhaft
6 ungenügend

Achsen: Struktur, Inhalt, Visualisierung, Medieneinsatz, Sprache, Mimik/Gestik

Bewertung einer Präsentation

Übungen

1 Eigene Bewertungskriterien für eine Präsentation entwickeln

Jeder Teilnehmer erhält 25 Karten. Auf 20 Karten steht je eine Aussage, die ein mögliches Merkmal einer erfolgreichen Präsentation beschreibt. Fünf Karten sind leer, darauf können die Teilnehmer weitere Merkmale notieren. Jeder bekommt 10 Minuten Zeit, um 5 Karten auszuwählen bzw. zu beschriften.

Es werden Gruppen (3 bis 4 Mitglieder) gebildet. Jede Gruppe versucht sich zu einigen, welche Merkmale eine gute Präsentation kennzeichnen und erstellt eine „Checkliste" (= Kriterienkatalog) für die Bewertung einer Präsentation. Die Checklisten jeder Gruppe werden im Plenum vorgestellt.
Endziel ist es, dass sich die Teilnehmer auf eine Checkliste einigen, sei es, dass aus den vorgestellten eine neue Checkliste entsteht oder eine der vorgestellten von allen als gut befunden wird.

Alternativ kann der Kriterienkatalog für die Bewertung von Präsentationen auch mit Hilfe der Metaplantechnik erstellt werden. Dabei bekommen die Teilnehmer jeweils fünf leere Metaplankärtchen mit dem Arbeitsauftrag, auf jede Karte stichwortartig ein Merkmal einer guten Präsentation zu schreiben. Anschließend werden die Karten eingesammelt und gemeinsam mit den Teilnehmern auf einer Metaplanwand angepinnt und geordnet. Damit ist der Kriterienkatalog in Rohform schon fertig. Bei dieser Vorgehensweise müssen die Teilnehmer schon über Kenntnisse zur Präsentation verfügen. Ansonsten besteht die Gefahr, dass wichtige Merkmale einer guten Präsentation nicht einbezogen werden.

Karten mit möglichen Merkmalen einer erfolgreichen Präsentation:

Es ist ein roter Faden erkennbar.	Der Inhalt ist gut strukturiert.	Die eingesetzten Medien unterstützen den verbalen Vortrag.	Die Beispiele sind interessant.
Die Körperhaltung wirkt sicher.	Die Sprache ist verständlich.	Gestik und Mimik wirken sicher und offen.	Der/die Vortragende begeistert die Zuhörer.
Die Schaubilder sind ansprechend.	Der Zuhörer hat vom Vortrag einen Nutzen.	Die Ausdrucksweise ist verständlich.	Der Gesichtsausdruck ist freundlich.
Die Koordination zwischen den Vortragenden stimmt.	Lautstärke und Sprechtempo sind angenehm.	Jeder fühlt sich angesprochen.	Der Vortrag wirkt lebhaft.
Die Stoffauswahl ist gelungen.	Es wird nicht vom Blatt abgelesen.	Der/die Vortragende wirkt glaubwürdig.	Die Argumente überzeugen.

2 Eigene Fähigkeiten als Präsentator testen

Um erfolgreich zu präsentieren, sollten Sie Ihre Fähigkeiten immer wieder testen. Eine Bewertung kann Ihnen dabei helfen, die Bereiche einer Präsentation festzustellen, in denen Sie schon besondere Stärken besitzen und solche, in denen Sie Ihre Kompetenz noch steigern sollten.

Arbeitsauftrag
Lesen Sie die folgenden Aussagen durch und kreuzen Sie jeweils die Kategorie an, die auf Sie Ihrer Meinung nach zutrifft. Wählen Sie aus den 20 Punkten drei Punkte aus, die Ihnen nach Ihrem eigenen Eindruck schon gut gelingen und drei Punkte, bei denen Sie sich unbedingt verbessern wollen. Suchen Sie sich einen Partner und erläutern Sie sich gegenseitig Punkt für Punkt ihren ausgefüllten Fragebogen.

Haben Sie bei einem der Aspekte die Kategorien 1, 2 oder 3 angekreuzt, ist es empfehlenswert, dass Sie sich über die jeweils angesprochenen Themen genauer informieren und diese bei der nächsten Präsentation besonders berücksichtigen.

Aussage	nie				immer
– Ich lege einige Grundziele fest, bevor ich eine Präsentation plane.	1	2	3	4	5
– Ich analysiere die Werte, Bedürfnisse und Zwänge meiner Zuhörer.	1	2	3	4	5
– Ich schreibe zuerst einige Hauptgedanken nieder, um die die Präsentation aufgebaut wird.	1	2	3	4	5
– Meine Präsentation enthält zu Beginn einen Überblick über die wichtigsten Gedanken und am Schluss deren Zusammenfassung.	1	2	3	4	5
– Ich entwickle eine Einleitung, die die Aufmerksamkeit meiner Zuhörer fesselt und auch die notwendige Hintergrundinformation liefert.	1	2	3	4	5
– Meine Zusammenfassung bezieht sich auf die Einleitung und enthält, falls erforderlich, eine Aufforderung zum Handeln.	1	2	3	4	5
– Die visuellen Hilfsmittel, die ich einsetze, sind sorgfältig vorbereitet, adressatenorientiert, leicht zu lesen und prägnant.	1	2	3	4	5
– Die Anzahl der visuellen Hilfsmittel wird die Aufmerksamkeit meiner Zuhörer erhöhen und sie nicht von meiner Präsentation ablenken.	1	2	3	4	5
– Bei einer Präsentation, die überzeugen soll, werde ich logische Argumente verwenden, die meine Behauptungen unterstützen.	1	2	3	4	5
– Ich traue mir zu, dass mir eine Präsentation gut gelingt.	1	2	3	4	5
– Ich vergewissere mich, dass der Nutzen für meine Zuhörer klar erkennbar ist.	1	2	3	4	5
– Ich teile Ideen begeistert mit.	1	2	3	4	5
– Ich übe vorher, dass ich mich weniger auf meine Notizen konzentrieren muss und meinen Zuhörern dadurch ein Maximum an Aufmerksamkeit schenken kann.	1	2	3	4	5
– Meine Notizen enthalten nur Stichwörter. Dadurch vermeide ich es, vom Manuskript abzulesen.	1	2	3	4	5
– Ich übe meine Präsentationen im Stehen und verwende dabei meine visuellen Hilfsmittel.	1	2	3	4	5
– Ich bereite Antworten auf Fragen vor, die ich erwarte und übe deren Beantwortung.	1	2	3	4	5
– Ich arrangiere die Sitzordnung (falls erforderlich) und überprüfe die Geräte vor der Präsentation.	1	2	3	4	5
– Ich halte ständig den Blickkontakt zu den Zuhörern.	1	2	3	4	5
– Meine Gestik ist natürlich und nicht durch Angst gehemmt.	1	2	3	4	5
– Meine Stimme ist laut, klar und nicht monoton.	1	2	3	4	5

Bewertung einer Präsentation

3 Zehn wichtige Tipps für eine erfolgreiche Präsentation

Sie müssen für Präsentationsanfänger einen Crash-Kurs „Erfolgreich präsentieren" halten. Welche zehn Tipps würden Sie den Teilnehmern geben?
Überlegen Sie sich dazu: Welcher Referent bzw. welche Präsentation hat mir in letzter Zeit gut gefallen? Versuchen Sie genau zu benennen, was Ihnen im Einzelnen gefallen hat.

Arbeitsauftrag
- Bilden Sie Gruppen aus 3 bis 4 Personen.
- Gestalten Sie ein Plakat mit Ihren zehn Tipps für eine erfolgreiche Präsentation. Illustrieren Sie ihr Plakat mit assoziativen Bildern.
- Halten Sie den Crash-Kurs im Plenum.

4 Anwendung eines Bewertungsbogens

Bilden Sie Gruppen mit zwei bis drei Personen. Jeder Teilnehmer erhält eine Tabelle mit Beurteilungskriterien (Checkliste).
- Wählen Sie ein beliebiges Thema und planen Sie eine Kurzpräsentation (zwei bis fünf Minuten). Beachten Sie dabei besonders die in der Checkliste aufgeführten Beurteilungskriterien.
- Präsentieren Sie die Kurzvorträge.
- Beobachten Sie die einzelnen Teilnehmer beim Präsentieren und beurteilen Sie die Präsentation anhand der Checkliste.
- Teilen Sie den Vortragenden Ihre Beurteilungsergebnisse mit. Beachten Sie dabei die Feedback-Regeln.

Statt eigener Kurzpräsentationen können Sie auch die Ausschnitte aus den Schülerpräsentationen auf der CD bewerten.

→ Kapitel Bewertung
Videosequenzen

Weiterführende Literatur

→ Gora, Stephan: *Schule der Rhetorik*, Klett Verlag, Leipzig 2001

→ Hartmann, Martin/Ulbrich, Bernhard/Jacobs-Strack, Doris: *Gekonnt vortragen und präsentieren*, Verlagsgruppe Beltz, Weinheim 2004

→ Heuermann, Alfons/Krützkamp, Marita: *Selbst-, Methoden- und Sozialkompetenz*, Cornelsen Verlag, Berlin 2003

→ Hierhold, Emil: *Sicher präsentieren – wirksamer vortragen*, Redline Verlag, Frankfurt 2005

→ Horst, Uwe/Ohly, Karl Peter (Hg.): *Lernbox – Lernmethoden – Arbeitstechniken*, Friedrich Verlag 2001

→ Hüttner, Heinz: *Zeitmanagement*, Cornelsen Verlag, Berlin 2002

→ Kellner, Hedwig: *Reden Zeigen Überzeugen*, Carl Hanser Verlag, München 2000

→ Klippert, Heinz: *Kommunikations-Training*, Verlagsgruppe Beltz, Weinheim 2004

→ Kürsteiner, Peter: *Reden, vortragen, überzeugen*, Verlagsgruppe Beltz, Weinheim 1999

→ Kürsteiner, Peter/Schildt, Thorsten: *100 Tipps & Tricks für Overhead- und Beamerpräsentationen*, Verlagsgruppe Beltz, Weinheim 2003

→ Lenzen, Andreas: *Präsentieren – Moderieren*, Cornelsen Verlag, Berlin 2006

→ Pabst-Weinschenk, Marita: *Reden im Studium*, Cornelsen Verlag, Berlin 1995

→ Schardt, Friedel: *Meinungen äußern, Ergebnisse präsentieren*, Stark-Verlag, Freising 2002

→ Seifert, Josef: *Visualisieren, Präsentieren, Moderieren*, Gabal Verlag, Offenbach 2005

→ Seiwert, Lothar: *Mehr Zeit für das Wesentliche*, Redline Verlag, Frankfurt 2005

→ Zelazny, Gene: *Wie aus Zahlen Bilder werden*, Gabler Verlag, Wiesbaden 1999

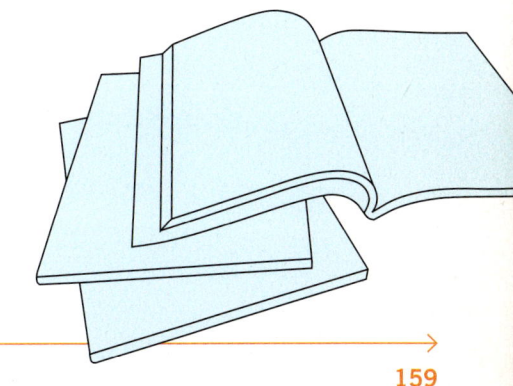

Bildquellenverzeichnis

14 OKAPIA/Joe McDonald
15/1 AP/Markus Schreiber
15/2 picture-alliance/dpa/Jörg Carstensen
15/3 picture-alliance/dpa/Johannes Eisele pool
24 unlike by STO/Felbert + Eickenberg
30 V+I+S+K Büro für Visuelle Kommunikation, Berlin
52 CORBIS
59/1, 59/2 V+I+S+K Büro für Visuelle Kommunikation, Berlin
64 Corbis/zefa/Matthias Kulka
67/1 (Cartoon Zahnarzt) Butschkow, P., Lappan Verlag
67/2 (Zwerchgiebel) Dietmar Kegel, Weinheim
68 picture-alliance/dpa/epa/Barry Batchelor
90/1, 90/3 (Cartoons „ins Leben" und „Schule") Reinhold Löffler, Dinkelsbühl
90/2 (Schulanfänger) picture-alliance/ZB/Ronald Bonß
90/4, 91/1 (Schülergruppe) Dietmar Kegel, Weinheim
90/5, 93 (Cartoon „Nummer 1") V+I+S+K Büro für Visuelle Kommunikation, Berlin
90/6 (nachdenklicher Junge) Pressebild Paul Glaser, Berlin
91/2 (Hund) Juniors Tierbildarchiv, Ruhpolding/Wegler
92 (alle Zeichnungen) V+I+S+K Büro für Visuelle Kommunikation, Berlin
95 Dietmar Kegel, Weinheim
96 (alle Zeichnungen) V+I+S+K Büro für Visuelle Kommunikation, Berlin
109 getty images/Iconica/John Feingersh
110 vario images, Bonn
112 Peter Widmann, Tutzing
114 project photo, Augsburg
126/1 picture-alliance/dpa/Frank May
126/2 ullstein-bild/Unkel
126/3 Cornelsen Verlag/Pressebild
126/4 ullstein-bild/CARO/Ruffer
127, 128, 130 Bernhard Rausch, Mannheim
132/1 vario images, Bonn
132/2 A1PIX/KTP, München
132/3 Pressefoto René Lezard
132/4 Picture Press, Hamburg/Thomas Schlömann
134 Bernhard Rausch, Mannheim
140 Arco Images, Lünen/Züger
141 pictur-alliance/dpa/Rainer Jenssen
142 CORBIS
151 V+I+S+K Büro für Visuelle Kommunikation, Berlin

Hoffentlich konnten wir Sie überzeugen: Präsentieren macht Spaß!